CB139732

200 receitas de bons carboidratos

SANDRA WOODRUFF

200 receitas de bons carboidratos

Refeições saborosas, saudáveis e fáceis de preparar que vão ajudar você a perder peso, manter os níveis de açúcar do sangue e ter mais saúde e bem-estar.

SEXTANTE

Título original: *The Good Carb Cookbook*
Copyright © 2001 por Sandra Woodruff, R.D.
Copyright da tradução © 2004 por Editora Sextante (GMT Editores Ltda.)
Todos os direitos reservados. Nenhuma parte deste livro pode ser reproduzida sob quaisquer meios existentes sem a autorização por escrito dos editores.
Publicado em acordo com a Avery, uma divisão da Penguin Group Inc.

tradução: Ana Beatriz Rodrigues
preparo de originais: Ana Lúcia Prôa / Valéria Inez Prest
assistente editorial: Alice Dias
revisão técnica: Veronica Dobal
revisão: Sérgio Bellinello Soares
projeto gráfico e diagramação: Cacau Mendes | Matiz
fotolitos: R R Donnelley América Latina
impressão e acabamento: Cromosete Gráfica e Editora Ltda.

CIP-BRASIL. CATALOGAÇÃO-NA-FONTE
SINDICATO NACIONAL DOS EDITORES DE LIVROS, RJ

W859L Woodruff, Sandra
200 receitas de bons carboidratos / Sandra Woodruff ; tradução de Ana Beatriz Rodrigues. – Rio de Janeiro : Sextante, 2004.

ISBN 85-7542-137-9

1. Culinária. 2. Dieta de baixo carboidrato. 3. Dieta de emagrecimento. I. Título.

04-1833. CDD 641.5638
CDU 641.561

Todos os direitos reservados, no Brasil, por
Editora Sextante (GMT Editores Ltda.)
Rua Voluntários da Pátria, 45 – Gr. 1.404 – Botafogo
22270-000 – Rio de Janeiro – RJ
Tel.: (21) 2286-9944 – Fax: (21) 2286-9244
Central de Atendimento: 0800-22-6306
E-mail: atendimento@esextante.com.br
www.sextante.com.br

Sumário

Dedico este livro

aos meus provadores preferidos,

Willey, C.D. e Beele.

Introdução

Este livro trata da escolha de alimentos saudáveis, que produzem um impacto mínimo sobre os níveis de insulina e de açúcar no sangue. Baseia-se no índice glicêmico (IG), uma classificação dos alimentos contendo carboidratos de acordo com o seu potencial de elevar os níveis de açúcar no sangue.

Por que devemos optar por alimentos com IG baixo? Recentemente, o IG surgiu como um dos mais importantes indicadores da saúde. Descobriu-se que a escolha de alimentos que mantêm baixos os níveis de insulina e de açúcar no sangue ajuda a proteger contra obesidade, doenças cardiovasculares e diabetes e pode ser essencial para o tratamento de diversos outros problemas de saúde.

A primeira parte do livro apresenta essa forma revolucionária de ver os carboidratos e explica por que nem todos eles são iguais. Oferece instruções para a escolha dos melhores alimentos dentro desse conceito e explica como a adoção do estilo de vida com IG baixo pode facilitar o emagrecimento e promover a saúde. Além disso, expõe a transformação da alimentação na prática, fornecendo inúmeras dicas para o planejamento de refeições, lanches, compras em supermercados e as melhores maneiras de você preparar os pratos.

O restante do livro traz mais de 200 receitas deliciosas e fáceis, provando que adotar uma alimentação com IG baixo pode ser simples e muitíssimo agradável. Cada capítulo se concentra em uma refeição específica ou em um tipo de prato. Está precisando de algumas idéias para começar seu dia? No capítulo com receitas para o café da manhã há uma ampla seleção de pratos: de Ovos Benedict Light e Fritada de Brócolis à Vitamina Deliciosa e Muesli Matinal. Ou talvez você esteja procurando tira-gostos e entradas para sua próxima festa, que sejam saborosos e não interfiram em seu estilo de vida saudável. No capítulo sobre pratos principais, você encontrará incríveis receitas. Outros capítulos ensinam a preparar sopas e ensopados, saladas, sanduíches, acompanhamentos, massas e até sobremesas deliciosas para satisfazer os paladares mais exigentes.

Além de utilizarem ingredientes com IG baixo, as receitas também foram desenvolvidas para proporcionar o máximo de nutrição com o mínimo de gordura e calorias. A ênfase está em chegar a um equilíbrio saudável na ingestão de gorduras, limitando ingredientes com alto teor de gorduras saturadas e do tipo trans (causadoras de problemas cardíacos) e utilizando pequenas quantidades de gorduras saudáveis, como azeite e óleo de canola, bem como quantidades moderadas de nozes e sementes. Carnes magras e laticínios com pouca gordura são usados em muitas receitas. E hortaliças, frutas e grãos integrais aparecem em quantidades generosas. As receitas, em sua maior parte, são compatíveis com uma dieta que tem de 20 a 25% das calorias sob a forma de gordura e é rica em fibras, vitaminas, minerais, antioxidantes e substâncias fitoquímicas que promovem a saúde. Além disso, utilizam o mínimo de açúcar, sal e ingredientes com alto teor de sódio.

Você ficará satisfeito ao constatar que cada receita está em um formato simples e fácil de seguir. Eu me esforcei para utilizar o menor número possível de panelas, frigideiras e utensílios. Isso poupará tempo e facilitará a limpeza – considerações importantes para todos nós atualmente. Por fim, cada receita vem acompanhada de uma análise nutricional completa, para que você saiba exatamente o que está ingerindo e possa planejar refeições que supram suas necessidades orgânicas.

As escolhas alimentares que você faz coloca em suas mãos um enorme poder no que diz respeito à sua saúde. As informações aqui contidas podem ser essenciais para ajudá-lo nas escolhas certas. Espero que este livro prove que a adoção de um estilo de vida com IG baixo é agradável, prático e fácil de manter em qualquer lugar, a qualquer momento.

PARTE I

OS SEGREDOS DO ÍNDICE GLICÊMICO

Capítulo 1

Nem todos os carboidratos são iguais

Se você está confuso quanto aos carboidratos, saiba que não é o único. Nos últimos anos, as opiniões sobre o papel dos carboidratos em uma dieta saudável variaram de "coma mais carboidratos para ter a saúde ideal" a "nada pode ser pior para a saúde". A verdade sobre os carboidratos, porém, se encontra em algum lugar no meio do caminho. Na realidade, o tipo de carboidrato que ingerimos é um dos maiores indicadores da saúde. Como veremos, uma dieta composta dos tipos errados de carboidratos pode causar obesidade, resistência à insulina, diabetes, doenças cardiovasculares e grande parte de outros problemas de saúde que nos assolam hoje. Por outro lado, uma dieta que inclua os carboidratos certos pode ajudar a evitar essas mesmas doenças e colocá-lo no caminho ideal para uma excelente saúde.

Ao longo das duas últimas décadas, o meio médico prestou pouca atenção no impacto dos carboidratos sobre a saúde e o bem-estar. No entanto, indícios cada vez mais numerosos os tornaram um assunto que não pode mais ser ignorado. A verdade é que existem carboidratos bons e ruins, e fazer as escolhas certas é essencial para nossa busca do peso corporal saudável e da saúde ideal.

O que torna alguns alimentos com carboidratos melhores opções do que outros? Um dos fatores mais importantes é o ritmo no qual elevam os níveis de açúcar no sangue – ou seu índice glicêmico (IG). Este capítulo apresentará essa forma revolucionária de vermos os carboidratos e mostrará por que nem todos eles são iguais. Os capítulos seguintes o ajudarão a aplicar o IG ao seu dia-a-dia e a criar refeições simples e satisfatórias que melhorarão sua saúde nos próximos anos.

Uma breve história dos carboidratos

Para entender como os carboidratos afetam a saúde, é importante analisar como os carboidratos que ingerimos mudaram com o tempo. Ao longo de quase toda a história, os únicos carboidratos disponíveis eram as raízes silvestres, os tubérculos, as frutas, as hortaliças e as nozes que as pessoas procuravam e colhiam. Esses alimentos eram repletos de fibras e nutrientes, sendo lentamente digeridos e absorvidos, fornecendo uma forma sustentada de energia de lenta liberação.

Com o advento da agricultura, há cerca de 10.000 anos, as pessoas aprenderam a cultivar grãos como trigo, arroz, milho, aveia e cevada. Esses alimentos – que rapidamente se tornaram a base da alimentação humana – eram consumidos em sua forma natural, não processada. Grãos integrais (triturados ou pouco moídos) eram usados no preparo de mingaus ou saudáveis pães. Esses alimentos também eram ricos em fibras e nutrientes.

Embora a introdução dos grãos tenha mudado substancialmente a dieta dos seres humanos, os últimos 200 anos exerceram impacto ainda maior sobre os tipos de carboidratos disponíveis na oferta de alimentos – começando pela invenção dos moinhos de alta velocidade, no início do século XIX. Usando essa tecnologia, os moleiros aprenderam a remover o farelo fibroso e o germe nutritivo dos grãos e a produzir farinha finamente moída. As pessoas adotaram avidamente essa nova farinha (branca), que podia ser armazenada por muito tempo e que permitia a produção de pães, bolos e massas mais macios e leves. Infelizmente, a farinha branca é praticamente desprovida de vitaminas, minerais e fibras encontrados nos grãos integrais. E sua textura superfina faz com que seja rapidamente digerida e absorvida pelo organismo, causando a rápida liberação de glicose e insulina no sangue. Nos últimos 50 anos ocorreram as mudanças mais drásticas em nossos alimentos. Por exemplo:

- Produtos feitos com farinhas brancas facilmente digeríveis – como pães, bolachas e misturas para bolo – tornaram-se a base da alimentação da maior parte das pessoas.
- Novas tecnologias foram desenvolvidas para processar os grãos, como extrusão e descamação. Produtos que utilizam essas tecnologias – inclusive cereais matinais, aperitivos e uma grande variedade de alimentos instantâneos e de rápido cozimento – também são facilmente digeridos, causando um súbito aumento nos níveis de glicose e insulina no sangue. Assim como os produtos feitos com farinha branca, esses alimentos constituem grande parte da dieta de muitas pessoas.
- O consumo dos açúcares refinados está mais alto do que nunca.
- O tamanho das porções de alimentos contendo carboidratos refinados, como *muffins*, balas e refrigerantes, aumentou desenfreadamente.

Tendências no consumo de carboidratos nos últimos 20 anos

O consumo de grãos vem apresentando um aumento constante desde o final da década de 1970. Infelizmente, a maior parte do aumento vem de tira-gostos industrializados, refrigerantes adoçados, produtos à base de farinha branca e doces altamente refinados e processados, e não de alimentos feitos com grãos integrais, com um mínimo de processamento. Atualmente, a maior parte das pessoas come menos de uma porção de alimentos integrais por dia.

Aperitivos (bolachas, *pretzels*, salgadinhos, etc.)	↑ 200%
Refrigerantes adoçados	↑ 160%
Misturas de grãos (pizza, lasanha, *burritos*, etc.)	↑ 110%
Massas	↑ 51%
Cereais matinais	↑ 51%
Sobremesas com leite	↑ 29%
Bolos, biscoitos, massas e tortas	↑ 15%

Fonte: USDA Economic Research Service, 1999.

Essa inundação de carboidratos rapidamente digeridos e pobres em nutrientes representa grande parte do que está errado na alimentação atual. Hoje, cerca de 85% de todos os grãos ingeridos por nós são refinados. E, juntos, grãos refinados e açúcares constituem cerca de 40% de todas as calorias consumidas! O que podemos fazer para equilibrar novamente a alimentação? Conhecer o IG é um ótimo começo.

O que é o índice glicêmico (IG)?

O IG é uma classificação dos alimentos baseada em seu potencial de elevar os níveis de açúcar no sangue. Quanto mais alto o IG do alimento, mais rápida a elevação nos níveis de açúcar no sangue após sua ingestão. E quanto mais alto o IG, maior será a tendência de reação da insulina no organismo. Por que isso é importante? Níveis altos de açúcar e insulina estão relacionados a grande parte dos problemas de saúde tão comuns hoje.

O IG é assunto de pesquisas científicas há mais de 20 anos. Foi desenvolvido originalmente como estratégia alimentar para ajudar pessoas com diabetes a controlar de forma melhor os níveis de açúcar no sangue. Hoje, o IG é amplamente aceito no Canadá, na Austrália e em grande parte da Europa, e seu uso se expandiu, passando a incluir a função de tratar da obesidade, das doenças cardiovasculares e de vários outros distúrbios. Entretanto, isso está mudando rapidamente, porque indícios crescentes dos benefícios do IG fazem com que esse assunto não seja mais ignorado. Os efeitos dos alimentos com IG alto versus alimentos com IG baixo sobre a saúde estão resumidos a seguir:

ALIMENTOS COM IG ALTO	ALIMENTOS COM IG BAIXO
■ São rapidamente digeridos, causando uma rápida elevação nos níveis de insulina e açúcar no sangue.	■ São lentamente digeridos, permitindo um aumento gradual nos níveis de insulina e açúcar no sangue.
■ Geram explosões de energia súbitas que podem ser rapidamente acompanhadas pela fome e por um padrão do tipo *montanha-russa*.	■ Geram uma forma de energia de lenta liberação que sustenta o organismo entre as refeições e promove um peso corporal saudável.
■ Promovem a secreção excessiva de insulina, que pode aumentar o risco de diabetes, doenças cardiovasculares e alguns tipos de câncer, além de contribuir para vários outros problemas de saúde.	■ Protegem o organismo dos efeitos nocivos do excesso de insulina.

Como classificar alimentos pelo IG

Calcular o IG de um alimento é um processo razoavelmente complicado (veja o quadro "Como os pesquisadores calculam o IG dos alimentos?", na página 15, para ver os detalhes). Portanto, não sabemos o IG de todos os alimentos. Entretanto, pesquisadores testaram uma variedade de alimentos comuns, alguns dos quais aparecem no Apêndice. Essas tabelas listam os índices glicêmicos dos alimentos quando comparados à glicose pura, que tem um IG de 100. Ao comparar alimentos, a seguinte escala o ajudará a colocar o IG em perspectiva:

- **IG muito baixo** = 39 ou menos
- **IG baixo** = 40 a 54
- **IG moderado** = 55 a 69
- **IG alto** = 70 ou mais

Como os pesquisadores calculam o IG dos alimentos?

Pesquisadores de universidades do Canadá e da Austrália compilaram a maior parte das informações atualmente disponíveis sobre os índices glicêmicos dos alimentos. Eis como eles testam alimentos específicos:

- Os pesquisadores medem uma parte do alimento a ser testado que contenha 50 gramas de carboidrato disponível (digerível). Por exemplo: 4 1/2 fatias de pão integral, 1 1/4 de xícara de arroz integral cozido, 680 gramas de cenoura e três maçãs médias fornecem, cada um, cerca de 50 gramas de carboidrato disponível. Servem, então, a porção medida do alimento a um grupo de voluntários.
- Os pesquisadores coletam amostras de sangue dos voluntários a cada 15-30 minutos até três horas após a ingestão do alimento em questão, para verificar os níveis de açúcar no sangue. Esses níveis são mostrados em um gráfico e a curva é calculada de forma que os pesquisadores possam determinar a magnitude das respostas do nível de açúcar no sangue dos voluntários.
- As respostas do nível de açúcar no sangue dos voluntários são comparadas às suas respostas ao comerem 50 gramas (cerca de três colheres de sopa) de glicose pura. Por exemplo: se o alimento do teste for maçã, e ela provoca um aumento no nível de açúcar no sangue de apenas 36% em relação à glicose, a maçã recebe o IG de 36.

Sem dúvida, no futuro, os pesquisadores descobrirão outras formas de calcular o IG dos alimentos. Isso aprofundará nossos conhecimentos a respeito da ação dos alimentos sobre a saúde e facilitará a aplicação do IG no dia-a-dia.

Talvez você se surpreenda quando der uma olhada no Apêndice. Muitos alimentos considerados saudáveis – bolinhos de arroz e batata assada, por exemplo – têm índices muito altos, enquanto alimentos chamados pelos nutricionistas de vazios, como batata frita de saquinho e chocolate, têm índices relativamente baixos. O IG faz mesmo sentido?

Sim. O que acontece é que inúmeros fatores influenciam o IG de um alimento, como seu grau de processamento, seu grau de cozimento, o tipo de amido, açúcar ou fibras que contém e sua acidez. Em geral, qualquer coisa que acelere o ritmo de digestão e absorção do alimento aumentará seu IG.

Obviamente, o IG não pode ser o único fator que determina quais alimentos devemos comer. Como podemos observar no Apêndice, o fato de o alimento ter um IG baixo não significa necessariamente que ele seja bom para você. É importante considerar todas as qualidades nutricionais do alimento ao planejar a dieta. Este livro o ajudará a fazer as melhores escolhas baseadas nessa filosofia.

Embora o IG não deva ser o único critério utilizado na escolha dos alimentos, observamos alguns fatos gerais que podem ajudar a orientá-lo na escolha dos alimentos:

ALIMENTOS QUE ELEVAM O IG DA ALIMENTAÇÃO	ALIMENTOS QUE DIMINUEM O IG DA ALIMENTAÇÃO
■ Pães ■ Batatas ■ Cereais matinais ■ Aperitivos processados, como salgadinhos, bolachas e *pretzels*.	■ Hortaliças ■ Frutas ■ Leguminosas ■ Grãos integrais com um mínimo de processamento ■ Massas ■ Laticínios

Observe que há algumas variações dentro dessas listas. Por exemplo: nem todos os tipos de pães e batatas têm IG alto. Os capítulos seguintes deste livro o ajudarão a fazer essas distinções e a planejar lanches e refeições variados e satisfatórios.

Perspectiva sobre as porções

Como o tamanho das porções afeta o IG? Quanto maior a quantidade de carboidratos ingerida na refeição, mais insulina o pâncreas precisa secretar para processar os carboidratos. Escolher alimentos com IG baixo diminuirá a quantidade de insulina que secretamos quando ingerimos carboidratos, mas as porções ainda são importantes. O capítulo 2 lhe dará uma idéia da quantidade de carboidrato certa para você.

ÍNDICE GLICÊMICO VERSUS CARGA GLICÊMICA

Reconhecendo que tanto o IG do alimento que contém carboidrato quanto a quantidade ingerida de carboidrato afetam os níveis de açúcar no sangue, os pesquisadores criaram o termo "carga glicêmica" para descrever esses dois fatores considerados ao mesmo tempo. A carga glicêmica é um melhor indicador da demanda total de insulina e da carga do pâncreas do que o IG isoladamente. Esse termo vem se tornando mais popular na literatura científica. Portanto, ao encontrá-lo, perceba que ele reflete tanto o tipo quanto a quantidade de carboidrato alimentar.

Insulina: amiga ou inimiga?

Embora muitas vezes seja retratada como uma substância nociva e tóxica, e como causa subjacente de várias doenças, a insulina é essencial à vida. Esse hormônio produzido pelo pâncreas regula o armazenamento e a liberação de energia no organismo.

Para entender como funciona a insulina, é útil saber um pouco mais sobre o processo de digestão. Quando comemos, o alimento passa da boca para o estômago e, em seguida, para o intestino, onde é sistematicamente decomposto em glicose, aminoácidos e ácidos graxos, substâncias que o organismo pode absorver e utilizar. A glicose que entra na corrente sangüínea a partir dos carboidratos digeridos é o mais potente estimulador da secreção da insulina.

À medida que os níveis de glicose se elevam, a insulina a conduz até às células, nas quais é utilizada para gerar energia. Toda glicose que não é imediatamente usada para energia é armazenada nos músculos e no fígado, para uso posterior. Depois que as células dos músculos e do fígado estão cheias da quantidade de glicose que conseguem suportar, qualquer glicose restante é transformada em gordura e armazenada nas células de gordura. Além de enviar a glicose para ser armazenada, a insulina também conduz os aminoácidos até às células dos músculos e os ácidos graxos até às células de gordura.

Cerca de duas a três horas após fazermos uma refeição, os níveis de açúcar no sangue e de insulina começam a cair gradualmente. Isso dá o sinal para que o organismo libere parte de seus carboidratos e gorduras armazenados para fornecer um suprimento constante de energia entre as refeições e durante o sono.

Como você pode ver, precisamos de insulina, nas quantidades certas, para permanecermos vivos. Entretanto, pode surgir um problema quando ingerimos muitos carboidratos com IG alto. Como são rapidamente absorvidos, esses alimentos estimulam excessivamente o pâncreas, que precisa trabalhar mais para lidar com a carga de açúcar que entra na corrente sangüínea. Pesquisadores acreditam que, depois de um longo período, uma dieta com IG alto pode causar exaustão do pâncreas e diabetes tipo 2 em algumas pessoas. A exposição contínua a altos níveis de insulina também pode aumentar o risco de doenças cardíacas, hipertensão e outros problemas de saúde. Por outro lado, carboidratos com IG baixo e de lenta absorção requerem menos insulina e reduzem a carga do trabalho do pâncreas.

Fatores que afetam o IG do alimento

A análise do Apêndice, que relaciona o IG de uma variedade de alimentos comuns, reforça a definição de que nem todos os carboidratos são iguais. Entretanto, à primeira vista, o IG pode não fazer muito sentido. Por que dois alimentos amiláceos, como a massa e a batata, têm índices diferentes? E por que a fruta tem um IG mais baixo do que o pão? Diferenças nos métodos de cozimento e processamento; estrutura química dos amidos, açúcares e fibras dos alimentos; e a presença de gordura, proteína ou ácido podem afetar de forma marcante o IG do alimento. Saber mais sobre como esses fatores afetam a capacidade de digerir os alimentos o ajudará a entender o IG.

Moagem, trituração e processamento de grãos

Técnicas modernas de processamento de alimentos, como trituração, pulverização, inflação, extrusão e outras, que destroem a forma intacta natural dos grãos integrais, facilitam a digestão e a absorção dos grãos. Por isso, a maior parte de pães, cereais matinais, tira-gostos industrializados e bolachas têm um IG tão alto. Esse também é o motivo pelo qual a aveia em grãos finos tem um IG mais alto do que a aveia em flocos mais grossos, à moda antiga.

Cozimento

Quando cozidos e assados, os amidos dos alimentos como grãos, massas, pães e *muffins* absorvem água. Isso faz com que os grânulos de amido inchem e se rompam, processo conhecido como "gelatinização". O amido gelatinizado é logo atacado por enzimas digestivas, sendo rapidamente digerido e absorvido. O pão tem um IG alto, em parte, porque o amido da farinha finamente moída usada para produzi-lo é facilmente gelatinizada. E a massa macia e bastante cozida tem um IG mais alto do que a massa firme e al dente, pois a massa bem cozida absorve mais água durante o cozimento.

Grande parte dos métodos de processamento utilizados na produção de cereais e tira-gostos industrializados que sofrem extrusão são processados em flocos ou inflados envolve cozimento no vapor a altíssimas temperatura e pressão. Isso gelatiniza completamente o amido desses alimentos e contribui para seus índices glicêmicos altos.

Tipos de amido

O amido é um tipo de glicose armazenada encontrada nos alimentos de origem vegetal. Por ser composto por centenas ou milhares de moléculas de glicose que são enfileiradas em cadeias, o amido muitas vezes é chamado de carboidrato complexo. Cientistas acreditaram por muito tempo que ele fosse digerido mais lentamente do que os açúcares simples por ter uma estrutura complexa. No entanto, o IG provou que essa idéia era falsa.

Existem dois tipos principais de amidos presentes nos alimentos de origem vegetal: amilose e amilopectina. Quando esses amidos são digeridos, suas moléculas de glicose são liberadas e absorvidas, causando uma elevação nos níveis de açúcar no sangue. Contudo, dadas as diferenças em suas estruturas químicas, eles produzem efeitos muito diferentes sobre o nível de açúcar no sangue.

A estrutura da amilopectina lembra os galhos de uma árvore e, portanto, é facilmente atacada por enzimas digestivas. Os amiláceos que contêm uma alta proporção de amilopectina – como batata-inglesa e arroz de grão curto – são rapidamente digeridos e produzem a súbita elevação dos níveis de açúcar no sangue. Já a amilose é uma cadeia longa e reta de moléculas de glicose muito próximas umas das outras e que resistem à digestão. Alimentos com alto teor de amilose – como arroz *basmati* – são absorvidos mais lentamente e têm índices glicêmicos mais baixos.

Tipos de açúcar

Muitas pessoas se surpreendem ao saber que, com exceção da glicose (IG = 100), os açúcares, em sua maior parte, têm índices glicêmicos de baixos a moderados. A frutose, açúcar natural das frutas, é absorvida bem lentamente, o que indica um IG de apenas 23. A lactose, açúcar presente no leite e nos laticínios, tem um IG de 46. Esse é um motivo pelo qual a maior parte das frutas e dos laticínios tem índices glicêmicos baixos. A sacarose (açúcar branco de mesa), combinação de partes iguais de frutose e glicose, apresenta um IG de 65. Ela possui frutose em parte de sua composição, e essa é uma das razões de muitos doces terem um IG moderado.

Ácidos

Os ácidos que aparecem naturalmente nas frutas, assim como os ácidos em alimentos fermentados – como iogurte e *buttermilk* (também conhecido como leitelho, que é a parte restante do leite após a retirada da nata na fabricação da manteiga, sendo pobre em gorduras e muito usado sob a forma de leite em pó, leite desnatado e leite magro) –, diminuem o ritmo da digestão e contribuem para o IG baixo desses alimentos.

Outro item que compõe essa categoria é o pão rústico, que é feito por fermentação natural (usa-se uma parte da massa da fornada anterior para produzi-lo). Esse pão possui muito miolo e uma casca grossa. É delicioso, porém difícil de encontrar. Por isso, no dia-a-dia da alimentação com base no IG dos alimentos, ele pode ser substituído pelo pão de centeio ou pelo pão de sete cereais.

Outra dica para se tirar proveito dos ácidos é acrescentar apenas quatro colheres de chá de vinagre ou suco de limão a uma refeição. Isso diminuiu em cerca de 30% o IG do que está sendo consumido. Por esse motivo, usar vinagre ou suco de limão para dar sabor aos alimentos pode ser uma forma poderosa de diminuir o IG de sua dieta.

Fibras

Aveia, cevada, verduras e muitas frutas e hortaliças são ricas em fibras solúveis, que formam um gel espesso quando misturadas com água. Isso retarda sua passagem pelo trato digestivo e contribui para o IG baixo desses alimentos. As fibras insolúveis que formam as camadas externas dos farelos de grãos integrais também retardam a digestão, dificultando o ataque dos amidos pelas enzimas digestivas dentro desses alimentos. Entretanto, quando grãos integrais são moídos, transformando-se em farinhas finas, eles perdem esse efeito.

Gordura

A presença de gordura diminui o IG do alimento ou da refeição, reduzindo sua velocidade ao passar pelo estômago. Por isso, a batata frita de saquinho e a batata frita caseira têm índices mais baixos do que a batata-inglesa assada. Isso não significa que batatas de saquinho e fritas, com alto teor de gordura, sejam melhores opções do que a batata-inglesa assada ou que você deva acrescentar manteiga ao pão para diminuir seu IG. Quando se faz batata de saquinho ou frita, a gordura acrescentada dobra as calorias. E a gordura usada para fazer esses alimentos é, em geral, a do tipo hidrogenada, que obstrui as artérias. Existem formas muito melhores de diminuir o IG de sua dieta do que acrescentar gordura.

Aplicando o IG ao seu dia-a-dia

No dia-a-dia, as pessoas fazem refeições que contêm vários alimentos diferentes. Sendo assim, como saber o IG de toda a refeição? Embora a proteína, a gordura e os outros componentes dos alimentos possam influenciar o IG da refeição, o tipo e a quantidade de carboidrato presente na refeição é, de longe, o principal determinante de seu IG. Na verdade, pesquisadores demonstraram que a porção de carboidrato da refeição indica de 80 a 90% de seu IG e da resposta da insulina, até em refeições que contenham alguma proteína e gordura. Esse conhecimento possibilita calcular o IG de refeições mistas com base no IG dos carboidratos da refeição, em vez de realizar os incômodos exames de laboratório.

Suponhamos que você vai comer um sanduíche de peru, mostarda e pão integral, junto com uma maçã e um copo de leite. Um médico ou pesquisador calcularia o IG da refeição, através da média ponderada da quantidade de carboidrato de cada ingrediente, da seguinte forma:

1. Calcularia a quantidade de carboidrato da refeição através da soma de cada alimento.
2. Determinaria que percentual do conteúdo total de carboidrato da refeição cada alimento fornece.
3. Multiplicaria o percentual de carboidrato que cada alimento fornece por seu IG para ver quanto do IG da refeição é atribuído a cada alimento.
4. Somaria os pontos de cada alimento para obter o IG da refeição.

Consulte a Tabela 1:

Tabela 1. Como calcular o IG de uma refeição mista		
Alimento	**Percentual dos carboidratos totais que contribuem para a refeição (número de gramas dos alimentos/ gramas totais da refeição)**	**Contribuição para o IG da refeição (percentual da contribuição do carboidrato x o IG do alimento)**
2 fatias de pão de trigo integral (carboidratos: 26 g, IG: 69)	26/59 = 44%	0,44 x 69 = 30
Maçã média (carboidratos: 21 g, IG: 36)	21/59 = 36%	0,36 x 36 = 13
1 xícara de leite desnatado (carboidratos: 12 g, IG: 32)	12/59 = 20%	0,20 x 32 = 6
Totais da refeição (carboidrato: 59 g, IG: 49)		

Observe que não é necessário ou recomendável que você tente calcular o IG de suas refeições. Esse exemplo teve por objetivo simplesmente informar como os pesquisadores calculam o IG das refeições mistas, dietas e receitas, sabendo-se que esse método oferece um bom prognóstico de como a refeição afetará os níveis de açúcar no sangue e de insulina. As duas lições principais que aprendemos com isso são:

- O IG da refeição reflete os tipos e as quantidades de todos os alimentos da refeição contendo carboidrato.
- Podemos reduzir o impacto de um alimento com IG alto em uma refeição equilibrando-o com outros alimentos com IG baixo na mesma refeição.

Capítulo 2

Uma questão de equilíbrio

Como mencionei no capítulo 1, tanto o tipo quanto a quantidade de carboidratos ingeridos são importantes determinantes dos níveis de insulina no sangue e da saúde em geral. Além disso, é preciso haver um equilíbrio entre carboidratos, proteínas e gorduras para garantir a nutrição adequada e promover a saúde ideal. Este capítulo dá uma visão mais detalhada dos carboidratos, das proteínas e das gorduras, oferece diretrizes para se fazerem as melhores escolhas dentro de cada grupo e apresenta algumas recomendações para determinar a quantidade certa de cada um para você.

Quanto de carboidratos você deve ingerir?

Recentemente, as recomendações para a ingestão de carboidrato variaram de 40 a 75% das calorias. E, no lado extremo do espectro, os defensores de dietas ricas em proteínas recomendam quase zero. É fácil ver por que as pessoas estão confusas.

A verdade é que o organismo humano pode se adaptar a uma grande variedade de ingestão de carboidratos. Entretanto, o carboidrato é o combustível preferido do organismo, sobretudo para o cérebro e para o sistema nervoso. Por isso, as pessoas se sentem fracas, cansadas e irritadas quando cortam excessivamente os carboidratos de sua dieta. Assim, quanto de carboidrato você deve ingerir? Uma dieta que forneça entre 50 e 60% de calorias em forma de carboidrato é saudável para a maioria das pessoas, desde que você opte basicamente por carboidratos pouco processados, com IG baixo.

A tabela 2.1 mostra as faixas recomendadas para a ingestão de carboidratos para variados pesos corporais. (Se estiver acima ou abaixo do peso, use como dire-

TABELA 2.1 FAIXAS DE INGESTÃO DIÁRIA DE CALORIAS E CARBOIDRATOS

Peso corporal (em quilogramas)	Ingestão diária recomendada de calorias (13-15 calorias por 450 gramas)	Ingestão recomendada de carboidratos – 50% da ingestão de calorias (gramas/dia)	Ingestão recomendada de carboidratos – 60% da ingestão de calorias (gramas/dia)
45 kg	1.300-1.500	162-187	195-225
49 kg	1.430-1.650	179-206	215-247
54 kg	1.560-1.800	195-225	234-270
58 kg	1.690-1.950	211-243	253-292
64 kg	1.820-2.100	227-262	273-315
68 kg	1.950-2.250	243-281	292-337
72 kg	2.080-2.400	260-300	312-360
77 kg	2.210-2.550	276-319	331-382
82 kg	2.340-2.700	292-337	351-405
86 kg	2.470-2.850	308-356	370-427
90 kg	2.600-3.000	325-275	390-450

triz o peso que gostaria de ter.) A intenção dessa tabela não é fazer com que você fique obcecado contando as gramas de carboidrato, mas apenas lhe dar uma noção de qual seria a quantidade saudável desse nutriente. Isso o ajudará a fazer escolhas sábias ao ler rótulos e preparar alimentos. Observe que todo mundo é diferente e que as necessidades de calorias e carboidratos variam muito de uma pessoa para a outra, dependendo da idade, do sexo, do peso corporal e do nível de atividade. Talvez seja necessário fazer algumas experiências para descobrir qual a proporção de carboidrato mais adequada para você. Um médico especializado ou um nutricionista pode ajudá-lo a planejar uma dieta que se adapte às suas necessidades individuais.

Uma visão mais detalhada dos carboidratos

Praticamente todos os alimentos, exceto as carnes e gorduras não processadas, contêm carboidratos na forma de açúcar ou amido. Aqui você terá uma visão mais detalhada dos alimentos, começando com os que são as fontes mais concentradas de carboidratos, inclusive seu valor nutricional e seus efeitos sobre a carga glicêmica. A tabela 2.2. mostra a quantidade média de carboidratos encontrados em diferentes alimentos.

TABELA 2.2 CONTEÚDO MÉDIO DE CARBOIDRATOS E CALORIAS NOS ALIMENTOS

Tipo de alimento	Porção	Quantidade média de carboidratos e calorias
Açúcar	1 colher (sopa) de açúcar, mel, geléia, *maple syrup*, melaço, etc.	12-15 gramas de carboidrato 45-60 gramas de calorias
Grãos (pão, arroz, cereal, massa)	1 fatia de pão (quase 30 g) 1/2 xícara de cereal matinal pronto para consumo 1/2 xícara de grãos cozidos – cerca de 2 1/2 colheres (sopa) de grãos secos 1/2 xícara de massa cozida (quase 30 g de massa crua)	15 gramas de carboidrato 100 calorias

Tipo de alimento	Porção	Quantidade média de carboidratos e calorias
Hortaliças ricas em carboidrato (amiláceos)	1/2 xícara de milho, fava branca, ervilha, batata, batata-doce, abóbora	15 gramas de carboidrato 100 calorias
Legumes	1/2 xícara de feijões secos cozidos, ervilha partida, lentilha	15 gramas de carboidrato 100 calorias
Frutas	1 pedaço pequeno de fruta fresca 3/4 a 1 xícara de frutas vermelhas ou frutas frescas picadas 1/2 xícara de fruta em conserva 1/3 a 1/2 xícara de suco de fruta 3 colheres (sopa) de damasco ou ameixa seca 2 colheres (sopa) de uva-passa	15 gramas de carboidrato 60 calorias
Laticínios	1 xícara de leite ou iogurte comum (semidesnatado)	12 gramas de carboidrato 90 calorias
Hortaliças pobres em carboidrato (não-amiláceos)	1/2 xícara de alcachofra, aspargo, brócolis, couve-de-bruxelas, repolho, cenoura, couve-flor, berinjela, vagem, folhas verdes, quiabo, cebola, pimentão, ervilha fresca, espinafre, abóbora, tomate, nabo, abobrinha, etc.	5 gramas de carboidrato 25 calorias
Hortaliças de salada	1 xícara de alface/espinafre e aipo, pepino, cogumelo, rabanete, etc.	<5 gramas de carboidrato 10 calorias
Nozes	1/4 de xícara de amêndoa, castanha-do-pará, castanha, amendoim, nozes-pecã, sementes de abóbora, sementes de girassol, nozes e outras nozes e sementes	5-8 gramas de carboidrato 200 calorias
Carnes, aves e frutos do mar	90 gramas de carne magra, aves sem pele, frutos do mar	0-4 gramas de carboidrato (apenas carnes processadas, como frios e presunto *tender*, contêm carboidrato)

Açúcar

O açúcar é a fonte mais concentrada de carboidrato que existe, e seu uso quase dobrou ao longo do último século. Atualmente, a alimentação americana fornece, em média, o número recorde de 32 colheres de chá de açúcar refinado por dia, e hoje os açúcares refinados representam de 16 a 18% de todas as calorias ingeridas!

De onde vem todo esse açúcar? Os refrigerantes são, de longe, os que mais contribuem, fornecendo cerca de 10 colheres de chá de açúcar a cada lata de 340 ml. Os próximos da fila são os doces, como biscoitos, bolos, folhados, tortas, sorvetes e balas. Alimentos como cereais matinais, barras de cereais, cachorro-quente, sopas, molho para espaguete, hortaliças em conserva, ketchup, maionese, molhos para salada e pasta de amendoim também contêm açúcar adicionado. Na verdade, o açúcar é o aditivo número um nos alimentos processados.

A maior parte dos açúcares tem IG de baixo a moderado. Por exemplo: a frutose (açúcar da fruta) tem um IG de apenas 23. A sacarose (açúcar de mesa) tem um índice moderado de 65. Talvez você se surpreenda ao saber que a sacarose tem um IG mais baixo do que os amidos encontrados na maior parte dos pães, cereais e batatas, que produzem glicose pura quando digeridos. Isso significa que o açúcar pode fazer parte de uma dieta com IG baixo? Sim, mas em quantidades razoáveis. Saiba que os alimentos adoçados, em sua maior parte, são ricos em calorias e pobres em nutrientes. Portanto, devem ser consumidos tendo em mente nosso objetivo de manutenção do peso e da saúde.

Os outros capítulos deste livro apresentam dicas para cortar o açúcar de suas receitas favoritas e algumas receitas gostosas com baixo teor de açúcar. Utilize as sugestões a seguir para calcular seu consumo de açúcar.

Limite o consumo de açúcar adicionado a não mais do que 24 a 48 gramas (seis a 12 colheres de chá) por dia. A maior parte das mulheres deve ficar na extremidade mais baixa dessa faixa, embora a maioria dos homens e das pessoas muito ativas possa ser um pouco mais liberal.

Verifique o conteúdo de açúcar nos rótulos dos alimentos. Saiba que quatro gramas de açúcar equivalem a uma colher de chá de açúcar.

Ao ler os rótulos de produtos que contenham leite ou fruta, observe que o conteúdo de açúcar relacionado mistura os açúcares refinados adicionados com os açúcares presentes naturalmente no leite e na fruta. Isso faz com que seja impossível determinar exatamente a quantidade de açúcar refinado que o produto contém.

Grãos

O papel dos grãos na dieta tem sido assunto de grandes controvérsias. As recomendações variam de "evite-os completamente" até "coma um pouco em cada refeição". O que devemos fazer? Saiba que a maior parte dos grãos hoje – como cereais matinais, pães e produtos à base de farinha branca – tem um IG muito alto. Substituir esses alimentos por pães, massa, aveia, cevada, trigo *bulgur* (usado para quibe) e arroz integral pode contribuir bastante para diminuir sua carga glicêmica, além de adicionar fibras e nutrientes vitais à sua dieta.

Quanto às quantidades, os grãos são fontes razoavelmente concentradas de carboidrato e calorias (embora nem cheguem perto das calorias dos alimentos gordurosos). Se você é uma pessoa ativa, que queima muitas calorias, acabará emagrecendo se não ingerir um pouco de grãos em cada refeição. Por outro lado, se você tem baixa estatura, não consegue praticar muitos exercícios físicos ou tem facilidade para engordar, seria bom ter uma alimentação baseada em hortaliças e frutas e diminuir o consumo de grãos. As pirâmides dos alimentos com IG baixo, nas páginas 35 a 37, ilustram algumas abordagens que suprem diferentes necessidades.

Leguminosas

Feijões secos, ervilhas e lentilhas estão entre os alimentos de IG mais baixo. Portanto, inclua-os em sua dieta com freqüência. Ricas em proteína, fibras e nutrientes, as leguminosas são uma excelente alternativa à carne. Use-as com freqüência em pratos principais, sopas, saladas, acompanhamentos, molhos e pastas.

Hortaliças amiláceas

Hortaliças amiláceas – como batata, batata-doce, milho, ervilha e feijão-carioca – contêm aproximadamente a mesma quantidade de carboidrato e calorias que os grãos. Por esse motivo, muitos profissionais da saúde acreditam que esses alimentos devem ser considerados substitutos do pão, ao invés das hortaliças. E, na verdade, especialistas em diabetes vêm categorizando hortaliças amiláceas como substitutos do pão há muitos anos.

E o IG das hortaliças com amido? A maior parte das pessoas fica surpresa ao saber que, dentro desse grupo, apenas a batata-inglesa tem o IG alto. Infelizmente, a batata também é a hortaliça mais consumida nos Estados Unidos, constituindo mais do que 1/4 do consumo nacional de hortaliças – freqüentemente servida como batata frita (caseira ou de saquinho), assada e purê. Cortar o consumo de batata ou substituí-la por alternativas com IG mais baixo (como batata-bolinha, milho ou salada de massa) podem contribuir bastante para diminuir a carga glicêmica. Controlando o peso? Você pode cortar calorias de sua dieta substituindo batata por hortaliças verdes, saladas ou frutas de baixa caloria.

Frutas

A maior parte das frutas, como maçã, frutas cítricas, uva, cereja, frutas vermelhas e pêssego, tem um IG muito baixo. Frutas tropicais e melões apresentam índice mais alto, mas a maioria está dentro da faixa de baixo a moderado. As pessoas se surpreendem com o fato de mesmo a banana ter um IG moderadamente baixo. Aprenda a gostar do sabor da fruta fresca madura e consuma várias porções por dia – é uma maneira excelente de satisfazer o desejo de comer doces e as calorias são poucas. Uma das formas mais eficazes de diminuir o IG da dieta é consumir fruta no lugar de lanches com IG alto, como bolachas e salgadinhos de saquinho.

Laticínios

Excelentes fontes de cálcio e proteína, os laticínios têm índices glicêmicos muito baixos. Portanto, se você gosta de laticínios, inclua-os na dieta. Na verdade, fazer um lanche com iogurte semidesnatado, leite, queijo *cottage* ou outro tipo de queijo em vez de bolachas e salgadinhos com IG alto pode contribuir muito para diminuir a carga glicêmica. E, se estiver controlando o peso, saiba que estudos preliminares indicam que pessoas que consomem bastante cálcio pesam menos do que aquelas que fazem dietas pobres em cálcio, mesmo quando a ingestão calórica é semelhante. Por esse motivo, nas receitas da segunda parte deste livro, forneço informações sobre a quantidade de cálcio, além de outras informações nutricionais.

Hortaliças pobres em carboidrato

Excepcionalmente pobres em calorias, hortaliças sem amido – como aspargo, brócolis, repolho, couve-flor, abóbora-moranga e hortaliças para salada – satisfazem, mas não engordam. E, como são pobres em carboidratos e ricas em fibras, exercem

Cenourafobia

Com IG de 71, a cenoura é classificada como um alimento com IG alto. Será que isso significa que devemos evitá-la? Não. A cenoura tem um teor tão baixo de carboidrato que seu efeito sobre o nível de açúcar no sangue é mínimo nas quantidades normalmente consumidas. Lembre-se: quando pesquisadores comparam o IG dos alimentos, o fazem baseando-se em porções que fornecem 50 gramas de carboidrato disponível. Teríamos que comer cerca de 680 gramas de cenoura (10 cenouras médias) para consumir essa quantidade de carboidrato. Portanto, em perspectiva, a cenoura tem apenas um leve efeito sobre os níveis de açúcar no sangue. Na verdade, um estudo revelou que acrescentar de 1 a 1 1/2 xícara de cenoura a uma refeição diminui o IG dos alimentos e aumenta a sensação de saciedade. A cenoura é uma excelente fonte das substâncias fitoquímicas carotenóides e de muitos outros nutrientes que fazem bem à saúde. Por isso, não deixe de incluí-la em sua dieta.

efeitos bastante favoráveis sobre os níveis de açúcar no sangue e de insulina. Até as cenouras, muito denegridas pelos defensores das dietas pobres em carboidrato, exercem um impacto mínimo sobre os níveis de açúcar no sangue.

As hortaliças fornecem inúmeros nutrientes antienvelhecimento e protetores de doenças que, infelizmente, estão ausentes nas dietas da maioria das pessoas. Imagine as hortaliças pobres em carboidrato como alimentos que podem ser ingeridos à vontade e consuma-as em generosas porções em cada refeição.

Nozes e sementes

Ricas em vitaminas, minerais, substâncias fitoquímicas benéficas à saúde e gorduras essenciais, as nozes e sementes contêm uma pequena quantidade de carboidrato (cerca de cinco gramas por 1/4 de xícara). Seu impacto sobre os níveis de açúcar no sangue é insignificante. Contudo, se estiver controlando o peso, preste atenção nas porções: nozes e sementes são muito ricas em calorias (cerca de 800 por xícara!).

Carnes e substitutos da carne

Carnes, aves e frutos do mar frescos e não processados não contêm carboidrato. Algumas carnes processadas, como presunto *tender*, frios e carnes marinadas, podem conter alguns gramas de açúcar, mas não o suficiente para exercer um impacto em sua dieta. O IG de carnes, aves e frutos do mar é considerado zero. Escolha carnes magras e aves sem pele para manter as calorias sob controle.

Substitutos da carne, como hambúrgueres vegetarianos, são ricos em carboidrato, mas, geralmente, o carboidrato vem de ingredientes com IG baixo como hortaliças, arroz integral, aveia, legumes, soja e laticínios. Tofu e substitutos do hambúrguer de tofu têm baixo teor de carboidrato.

O poder da proteína

Ingerir proteína suficiente é crucial para manter a massa corporal enxuta, a força muscular e um sistema imunológico forte. Mas muitas pessoas que seguem dietas pobres em gordura e ricas em carboidrato não consomem quantidades adequadas de proteína. Na tentativa de reduzir gordura e colesterol, optam por comer menos carne ou até eliminá-la. E embora não tenhamos que comer carne para obter proteína suficiente, devemos substituí-la por uma alternativa rica em proteína, como feijões, alimentos à base de soja ou ovos. Infelizmente, muitas pessoas não fazem isso.

Se estiver controlando o peso, saiba que é especialmente importante incluir proteína em todas as refeições. Alimentos ricos em proteína são os que mais satisfazem de todos os alimentos: matam a fome e nos mantêm saciados até a refeição seguinte. Comer a quantidade certa de proteína juntamente com carboidratos com IG baixo é uma das armas mais poderosas no combate à barriga. Leia mais sobre o assunto no capítulo 3.

De que quantidade de proteína você precisa? As recomendações-padrão falam em 10 a 15% de calorias ou cerca de 0,80 grama por quilo de peso corporal ideal. Isso corresponde a cerca de 54 gramas de proteína por dia para uma pessoa de 68 quilos. Entretanto, indícios crescentes mostram que a pessoa com mais de 50 anos tem uma necessidade maior de proteína. Alguns pesquisadores recomendam de 0,45 a 0,57 grama de proteína por 450 gramas de peso em pessoas nessa faixa etária. Isso significa que alguém com 68 quilos precisaria de 68 a 86 gramas de proteína por dia. (Se você estiver abaixo ou acima do peso, use seu peso ideal como diretriz para calcular suas necessidades protéicas.) Como mostra a tabela 2.3, uma dieta bem planejada e balanceada pode fornecer proteína suficiente.

Embora seja essencial ingerir proteínas adequadas para a boa saúde, você também deve evitar passar dos limites, ingerindo proteína demais. Pessoas com determinadas doenças devem ter um cuidado especial e fugir do excesso de proteína, que pode desencadear o desenvolvimento de doenças renais e contribuir para o surgimento de outros problemas de saúde. Por isso, é prudente verificar com seu médico ou nutricionista para saber quanto de proteína você deve ingerir.

Tabela 2.3 Conteúdo de proteína de alguns alimentos

Alimento	Porção	Quantidade de proteína
Frango, peixe, carne, porco	90 g	21 g
Legumes	1 xícara cozida	14 g
Tofu	90 g	13 g
Leite	1 xícara	8 g
Queijo	30 g	8 g
Pão	1 pedaço	3 g
Arroz, massa, grãos	1/2 xícara cozida	3 g
Hortaliças	1/2 xícara cozida	2 g
Fruta	1 pedaço	menos de 1 g

Dicas para escolher alimentos saudáveis ricos em proteína

- Escolha cortes magros de carne vermelha e aves sem pele. Isso o ajudará a reduzir a gordura saturada e as calorias de sua dieta. (Consulte no capítulo 6 as melhores opções.)
- Substitua a carne por peixe ou frutos do mar pelo menos duas vezes por semana. Escolha com freqüência peixes gordurosos de água fria, para aumentar o consumo da gordura ômega-3.
- Substitua a carne por legumes e alimentos de soja o máximo possível de vezes na semana. Isso aumentará seu consumo de fibras e substâncias fitoquímicas, que fazem bem à saúde e têm IG baixo.

Onde entra a gordura?

Como o enfoque da nutrição mudou para os carboidratos, muitas pessoas têm a impressão de que o consumo de gordura não é importante e, na verdade, dietas pobres em gordura não são boas. O que você deve fazer? Em primeiro lugar, observe que a típica dieta americana pobre em gordura não é boa. É muito rica em carboidratos refinados e de rápida digestão e muito pobre em fibras e nutrientes essenciais. Contribuiu para uma epidemia de obesidade, diabetes e doenças cardiovasculares. Mas substituir batata e pão por maionese e manteiga não vai ajudar muito.

A verdade é que o tipo de gordura que ingerimos é um dos determinantes mais importantes da nossa saúde geral. Optando pelas gorduras certas, podemos reduzir bastante o risco de doenças cardíacas, melhorar o sistema imunológico e obter muitos outros benefícios para a saúde. Além disso, controlar o consumo de gordura é uma importante estratégia para controlar as calorias. Com nove calorias por grama, a gordura tem mais do que o dobro de calorias do que o carboidrato ou a proteína. Por isso, alimentos fritos, carnes gordas e laticínios integrais apresentam cerca do dobro de calorias que seus correspondentes desnatados ou semidesnatados.

Que quantidade de gordura devemos ingerir? O limite máximo recomendado é de 30% das calorias e, para a maioria das pessoas, 20 a 25% deve ser até melhor. Isso é mais do que suficiente para proporcionar um equilíbrio saudável da gordura essencial e, ao mesmo tempo, deixar bastante espaço na dieta para os carboidratos saudáveis de IG baixo. A tabela 2.4 mostra algumas variações no consumo de gordura com base nos pesos corporais. (Se estiver acima ou abaixo do peso, utilize o peso que gostaria de ter como diretriz.) Isso lhe dará uma noção de qual seria uma quantidade saudável de gordura e o ajudará a fazer escolhas inteligentes ao ler rótulos dos alimentos e preparar pratos.

Tabela 2.4 Consumo diário recomendado de calorias e gordura

Peso (quilogramas)	Consumo diário recomendado de calorias (13-15 calorias por 450 gramas)	Consumo diário de gordura em gramas (20% do consumo de calorias)	Consumo diário de gordura em gramas (25% do consumo de calorias)	Consumo diário de gordura em gramas (30% do consumo de calorias)
45 kg	1.300-1.500	29-33	36-42	43-50
49 kg	1.430-1.650	32-37	40-46	48-55
54 kg	1.560-1.800	34-40	43-50	52-60
58 kg	1.690-1.950	38-43	47-54	56-65
64 kg	1.820-2.100	40-46	51-58	61-70
68 kg	1.950-2250	43-50	54-62	65-75
72 kg	2.080-2.400	46-53	58-67	69-80
77 kg	2.210-2.550	49-57	61-71	74-85
82 kg	2.340-2.700	52-60	65-75	78-90
86 kg	2.470-2.850	55-63	69-79	82-95
91 kg	2.600-3.000	58-66	72-83	87-100

Quanto ao tipo de gordura a ser ingerida, evite gorduras saturadas e do tipo trans (as gorduras hidrogenadas), que são poderosas promotoras de doenças cardíacas. Dietas ricas em gorduras saturadas também foram associadas à resistência à insulina. E estão surgindo indícios de que as gorduras saturadas promovem o ganho de peso mais facilmente do que as gorduras insaturadas. Ao mesmo tempo, precisamos de maior quantidade de gordura essencial – sobretudo a gordura ômega-3, deficiente na maior parte das pessoas. (Consulte "Como ter um equilíbrio saudável de gorduras essenciais", na página 33, para saber mais sobre as gorduras essenciais.) Isso pode ser feito da seguinte maneira:

- Opte por carnes e laticínios semidesnatados. Isso reduzirá bastante o consumo de gordura saturada.
- Evite alimentos como margarina, salgadinhos e tira-gostos feitos com óleo vegetal hidrogenado ou gordura de óleo vegetal. Isso reduzirá seu consumo das gorduras trans.

Como ter um equilíbrio saudável de gorduras essenciais

Em geral, quando se fala em gordura, a recomendação de um menor consumo é quase uma unanimidade. Entretanto, duas classes de gorduras poliinsaturadas, conhecidas como gorduras ômega-3 e ômega-6, são essenciais à vida. Recentemente, essas gorduras atraíram muita atenção porque cada uma delas tem poderosíssimos efeitos – muito diferentes – no organismo. Por exemplo: a gordura ômega-6 promove a coagulação sangüínea, enquanto a ômega-3 inibe a formação de coágulos. A gordura ômega-6 eleva a pressão arterial, enquanto a ômega-3 ajuda a baixá-la. Essas gorduras também afetam o sistema imunológico de formas diversas. Por causa de seus efeitos poderosos e opostos, o equilíbrio dessas gorduras essenciais na dieta pode afetar bastante sua susceptibilidade a uma variedade de distúrbios.

Os seres humanos evoluíram até chegar a uma alimentação que fornecia quantidades iguais dessas duas gorduras. Mas, com o tempo – e sobretudo no último século –, nossa alimentação sofreu mudanças radicais. Em primeiro lugar, a tecnologia possibilitou a produção em massa de óleos vegetais e nosso suprimento de alimentos foi inundado por óleos vegetais, que são fontes concentradas da gordura ômega-6, mas praticamente desprovidas da gordura ômega-3. Então, os fazendeiros começaram a alimentar o gado com grãos, o que deixou os animais mais gordos e com mais gordura saturada e ômega-6. Para piorar a situação, as indústrias passaram a usar óleos ricos em ômega-6 como principal ingrediente de alimentos como maionese, margarina e molhos para salada. Resultado: a proporção das gorduras ômega-6 para as gorduras ômega-3 na dieta subiu de cerca de 1 para 1 chegando a 20 para 1 – gerando um desequilíbrio que altera a química do organismo e favorece o desenvolvimento de doenças cardíacas, câncer, doenças inflamatórias como artrite reumatóide, doenças auto-imunes e muitos outros problemas de saúde.

Felizmente, chegar a um equilíbrio no consumo dessas duas gorduras é simples. Como? O peixe é uma fonte rica dos ácidos graxos ômega-3. Por isso, consuma-o pelo menos duas vezes por semana. Inclua também generosas quantidades de hortaliças em sua alimentação diária: elas também fornecem alguma gordura ômega-3. Ao cozinhar, opte por óleos como os de canola, de nozes ou de soja e azeite de oliva, que equilibram de forma mais saudável as gorduras ômega-6 e ômega-3 do que óleos como os de semente de algodão, de girassol e de milho. Ao comprar produtos como maionese, margarina e molhos para salada, leia os rótulos para verificar quais óleos eles contêm.

- Use em sua cozinha, basicamente, o azeite de oliva e o óleo de canola. Assim, terá um equilíbrio saudável das gorduras monoinsaturadas e essenciais.
- Inclua na dieta alimentos saudáveis e ricos em gordura, como abacate, azeitona, nozes e sementes, respeitando seu limite de calorias.
- Coma peixe pelo menos duas vezes por semana, escolhendo peixes gordos de água fria, que são fonte de ácidos graxos ômega-3.
- Incorpore às receitas nozes, a fim de aumentar o consumo da gordura ômega-3.
- Escolha ovos enriquecidos com a gordura ômega-3.

Como equilibrar a dieta

Muitas pessoas contam meticulosamente os gramas de carboidrato, gordura e proteína, o que pode até levar a obsessões desnecessárias. Uma forma muito mais simples de equilibrar a dieta é utilizar uma das pirâmides apresentadas nas páginas 35, 36 e 37 como modelo para a escolha de alimentos. Essas pirâmides destacam alimentos com um mínimo de processamento e com IG baixo e enfatizam escolhas com menos gordura.

A primeira pirâmide apresenta uma proporção maior de carboidratos, sendo mais adequada para pessoas muito ativas que não estão querendo emagrecer. A segunda contém uma quantidade moderada de carboidratos e calorias e é mais adequada para adultos de estatura baixa que não queimam muitas calorias, não têm uma vida muito ativa ou apresentam tendência a engordar. A terceira tem um teor moderadamente baixo de carboidratos e alto de proteína – embora não tão extremo quanto algumas dietas ricas em proteína e pobres em carboidrato existentes hoje. Essa pirâmide, com teor moderadamente baixo de carboidratos, pode ser útil para quem tem dificuldade de emagrecer seguindo dietas ricas em carboidratos. Observe, porém, que essas pirâmides são apenas orientações gerais. Cada pessoa é única e uma dieta não serve para todos.

Um programa de alimentação que enfatize muitos carboidratos não processados e ricos em nutrientes, proteínas magras e um equilíbrio inteligente de gorduras essenciais constitui a base de uma vida saudável. Talvez você tenha que fazer algumas experiências para descobrir qual dessas recomendações funciona melhor para o seu caso, já que as necessidades de calorias, carboidratos, proteína e gordura variam muito de uma pessoa para outra. Um médico especializado ou um nutricionista podem ajudá-lo a descobrir o padrão alimentar que melhor se adapta às suas necessidades. Se quiser saber exatamente quais benefícios pode obter ingerindo alimentos com IG baixo, continue lendo.

Pirâmide com IG baixo e alto teor de carboidratos

PIRÂMIDE COM IG BAIXO E MÉDIO TEOR DE CARBOIDRATOS

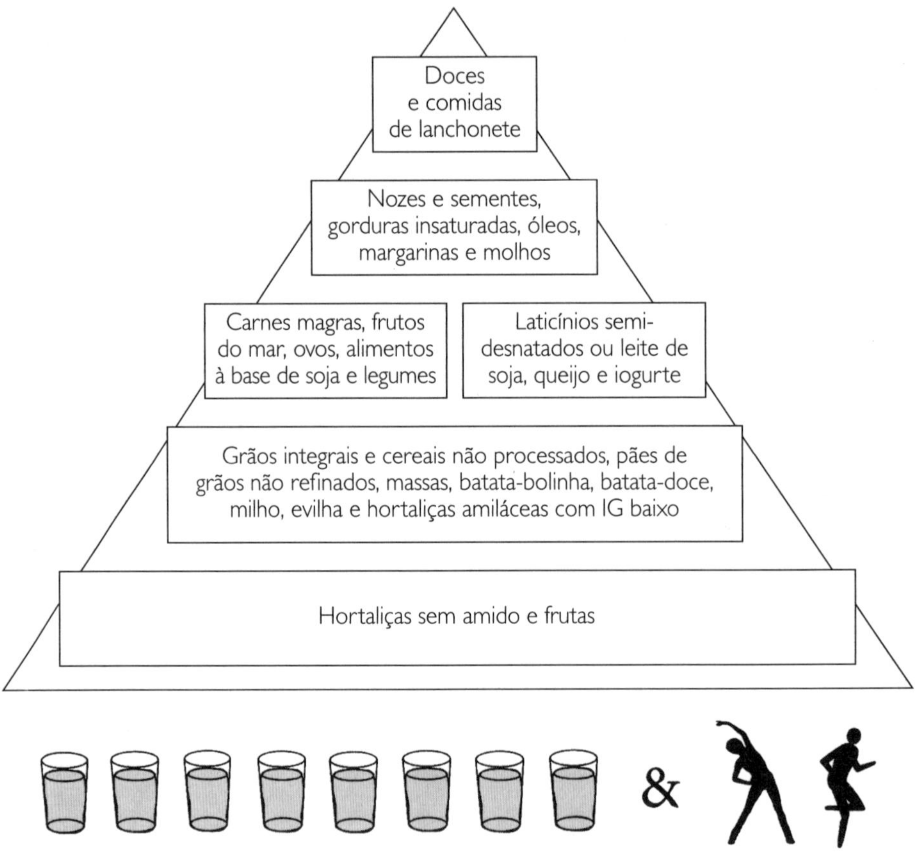

PIRÂMIDE COM IG BAIXO E BAIXO TEOR DE CARBOIDRATOS

Capítulo 3

Índice glicêmico – o que você precisa saber

Todos nós podemos conferir benefícios à saúde optando por alimentos com IG baixo. Nosso organismo foi geneticamente programado para funcionar melhor com carboidratos de lenta digestão e de IG baixo, e foram esses alimentos que sustentaram os seres humanos desde o início dos tempos. Por outro lado, os carboidratos processados, de rápida digestão, que predominam hoje, estimulam excessivamente o pâncreas, elevando os níveis de insulina e contribuindo para uma série de distúrbios orgânicos.

Embora originalmente tenha sido desenvolvido como uma estratégia alimentar para controlar o diabetes, hoje o IG é comprovadamente uma ferramenta valiosa para a prevenção e o tratamento de obesidade, doenças cardiovasculares e diversos outros problemas de saúde. Os efeitos benéficos dos alimentos de IG baixo são comprovados por 20 anos de pesquisas e, à medida que os pesquisadores aumentam o foco nos carboidratos e na saúde, os indícios de sua ação se acumulam rapidamente.

Emagrecimento

O motivo número um pelo qual muitas pessoas estão mudando para uma dieta com IG baixo é um melhor controle do peso. Como o IG pode ajudar alguém a emagrecer? Auxiliando-o a controlar a fome. Os carboidratos com IG baixo são digeridos lentamente e, por isso, produzem uma elevação gradual e constante nos níveis de açúcar no sangue. Isso nos mantém saciados e adia a volta da fome entre as refeições. Já os carboidratos com IG alto provocam curtas explosões de energia, que são rapidamente acompanhadas por fome e geram um padrão tipo montanha-russa.

Qual seria o poder dos efeitos da alimentação com IG baixo? Pesquisadores do Children's Hospital, em Boston, descobriram que adolescentes com excesso de peso que ingeriam um café da manhã com IG baixo – constituído por uma omelete de queijo com baixo teor de gordura e uma grande porção de frutas – sentiam menos fome e consumiam 45% menos calorias no mesmo dia, mais tarde, do que se ingerissem um café da manhã com cereais (IG alto). Um café da manhã com IG intermediário diminuía em 34% seu consumo de alimentos. Em outro estudo realizado com homens adultos, pesquisadores descobriram que uma alimentação com IG baixo não apenas diminuía o consumo de alimentos como também evitava a queda na taxa metabólica que ocorre nas dietas.

Tirando o máximo proveito da dieta de IG baixo

Ingerir alimentos com IG baixo é uma ferramenta poderosa para o emagrecimento, mas não é a única estratégia que devemos usar para emagrecer. Apresento a seguir outras dicas que podem aumentar os benefícios da queima de gordura de seu programa alimentar de IG baixo.

Reduza a gordura

Uma dieta com alto teor de gordura impõe vários obstáculos ao emagrecimento. Primeiro: a gordura tem mais do que o dobro das calorias dos carboidratos ou das proteínas. Por esse motivo, você dobra as calorias da batata ao transformá-la em batata frita, triplica as calorias da massa acrescentando-lhe um molho cremoso e multiplica por dez as calorias do repolho transformando-o em salada de repolho com molho. É fácil ver como uma alimentação rica em gorduras pode estourar o cálculo de calorias em um segundo.

Em segundo lugar, ao contrário da crença popular, a gordura não satisfaz muito. Comparada às proteínas e aos carboidratos, ela é bem ineficaz para satisfazer a fome. Isso significa que você acaba ingerindo muitas calorias antes de se sentir saciado. E, finalmente, a gordura dos alimentos é prontamente armazenada sob a forma de gordura corporal. Quando ingerimos carboidratos em excesso, cerca de

Emagrecimento: um estudo de caso

Karen, uma gerente de escritório de 43 anos, lutava com problemas de peso há dez anos e havia engordado 13 quilos nesse período. Estava preocupada, porque havia casos de diabetes tipo 2 na família e ela queria fazer o possível para evitar o desenvolvimento da doença. Estava tentando emagrecer, há um ano, com a dieta com baixo teor de gordura. Em geral, seu dia começava com uma tigela de flocos de milho ou um pãozinho com requeijão light. No almoço, comia um sanduíche de pão integral com IG alto e uma fatia fina de frios light, acompanhado por um pacote de batata frita. Geralmente, o jantar consistia em 90 gramas de carne magra, batata ou arroz branco e salada ou hortaliças cozidas no vapor.

O principal problema de Karen era a fome, que a levava a beliscar bolachas integrais, *pretzels*, barras de cereais e outros carboidratos refinados e com IG alto ao longo de todo o dia. Não estava conseguindo emagrecer e, na verdade, sentia o peso aumentar lentamente. Além disso, estava cansada de comer "as mesmas coisas de sempre" todo dia e estava ficando entediada com a dieta. Frustrada, resolveu consultar um médico.

O médico explicou como o café da manhã e o almoço com IG alto haviam gerado o círculo vicioso de fome e alimentação em excesso. Ele, então, a ajudou a planejar algumas refeições alternativas. A seguir, algumas das mudanças feitas por Karen:

- Substituiu o café da manhã com sucrilhos ou pãozinho por um prato de mingau de aveia à moda antiga, leite semidesnatado e frutas frescas. Nos fins de semana, comia ovos mexidos (feitos com duas claras e uma gema) com queijo light, uma torrada de pão feito com grãos com IG baixo e frutas. Preparava também alguns *muffins* de farelo de aveia e os guardava no freezer. Quando precisava tomar café na rua, enquanto ia apressadamente a algum lugar, comia um deles com um copo de leite semidesnatado.
- Fez seus sanduíches do almoço com pão de grãos com IG baixo, aumentou a quantidade de carne nos sanduíches para 60 gramas, acrescentou uma fatia de queijo light e hortaliças. Em vez de tira-gostos de pacote, passou a consumir uma xícara de sopa, um pedaço de fruta ou uma mistura de hortaliças frescas picadas.
- Substituiu a maior parte dos aperitivos com IG alto por iogurte, queijo light e frutas frescas.
- Acrescentou massas, legumes e entradas vegetarianas às refeições noturnas.

Karen observou imediatamente uma diferença. O café da manhã satisfazia tanto que não precisava mais do lanche no meio da manhã. O almoço, mais rico em proteínas, também a deixava mais saciada e satisfeita. Um pedaço de fruta com um pouco de queijo ou uma xícara de iogurte à tarde a sustentava até o jantar. Apesar de Karen não sentir mais fome, seu peso começou a cair, no ritmo de 450 gramas por semana. Passou a ter também mais energia e decidiu aumentar a atividade física diária, subindo e descendo escadas várias vezes por dia em vez de usar o elevador e aumentando a duração das caminhadas diárias de 15 para 30 minutos. Além disso, passou mais tempo cuidando do jardim nos fins de semanas. Após seis meses, Karen perdeu os 13 quilos e o médico a ajudou a ajustar a dieta para manter o peso.

Além de emagrecer, ela se sentiu bem ao saber que havia reduzido substancialmente seu risco de desenvolver diabetes. Tinha também aumentado a ingestão de cálcio e estava consumindo muito mais fibras, antioxidantes e substâncias fitoquímicas que a ajudariam a se manter nas melhores condições de saúde possíveis.

80% do excesso de calorias é armazenado como gordura. Entretanto, quando ingerimos gordura em excesso, aproximadamente 95% do excesso de calorias é armazenado.

Alimentos com baixo teor de gordura – como carnes magras, laticínios semidesnatados, hortaliças, frutas, grãos integrais, legumes e margarinas e molhos light – são valiosos acréscimos em uma dieta com IG baixo. A verdade é que as pessoas que conseguem perder peso e mantê-lo prestam atenção no consumo de gordura. Pesquisas revelam que, em média, quem mantém o peso consome cerca de 24% das calorias presentes em sua dieta sob a forma de gordura.

Carregue nas fibras

Alimentos ricos em fibras – como hortaliças, frutas, grãos integrais e legumes – são naturalmente pobres em calorias. Portanto, satisfazem mas não engordam. Alimentos fibrosos também têm mais textura e exigem mais mastigação do que os correspondentes processados, o que colabora para a sensação de saciedade. E como as fibras retardam a passagem dos alimentos pelo trato digestivo, os alimentos ricos em fibras geralmente também são alimentos com IG baixo, o que maximiza seus efeitos sobre o emagrecimento.

Os efeitos das fibras que combatem a gordura foram enfatizados em um estudo de 1999, no qual pesquisadores acompanharam os hábitos alimentares de homens e mulheres durante um período de dez anos. Descobriram que pessoas que consumiam cerca de 28 gramas de fibras por dia tinham níveis de insulina mais baixos e ganhavam, em média, 3,6 quilos a menos do que aquelas que consumiam a metade dessa quantidade de fibras.

Se você não está acostumado a ingerir alimentos ricos em fibras, acrescente-os gradualmente à sua dieta. Algumas pessoas sofrem de gases e inchaço quando começam a seguir uma dieta rica em fibras, embora isso em geral passe depois de algumas semanas, à medida que o organismo se acostuma à ingestão de alimentos integrais e naturais. Quando tiver adotado uma alimentação rica em fibras, também é importante beber pelo menos de seis a oito copos d'água por dia. As fibras precisam absorver água para passar uniformemente pelo trato digestivo e exercer seus efeitos benéficos.

Acrescente proteína às refeições

Alimentos com alto teor protéico são poderosos supressores do apetite, diminuindo a fome mais do que qualquer outro alimento. Portanto, a inclusão de proteínas em suas refeições com IG baixo é a melhor solução possível para afastar a fome. O poder que a proteína tem de saciar ficou claro em um estudo realizado em 1999, no qual se instruiu um grupo de homens e mulheres com excesso de peso a comer tudo o que desejasse de uma dieta com baixo teor de gordura, que incluía 12% ou 25% de proteína. Após seis meses, os dois grupos perderam peso, mas as pessoas que seguiram a dieta mais rica em proteínas perderam 3,6 quilos a mais do que as que fizeram a dieta com baixo teor de proteínas. Por que a dieta rica em proteínas produziu melhores resultados? As pessoas sentiam menos fome e, assim, comiam menos.

Um motivo adicional para incluir proteína na dieta é que, quando emagrecemos, não perdemos apenas gordura corporal, mas também músculos. O consumo suficiente de proteína, associado a um programa de exercícios adequado, ajuda a evitar a perda muscular. Isso é essencial para seu sucesso a longo prazo, já que os músculos mantêm a atividade metabólica alta e ajudam a evitar a recuperação do peso.

Se a proteína é tão boa para o emagrecimento, por que não só evitar carboidratos como também adotar uma dieta rica em carnes, totalmente à base de proteínas? Recentemente, muitas pessoas têm feito exatamente isso. Dietas baseadas em carnes, com alto teor de proteína, produzem um rápido emagrecimento, mas, como restringem tantos alimentos, em geral as pessoas não conseguem segui-las por muito tempo. Resultado: acabam recuperando o peso rapidamente e se arriscam a ter problemas de saúde decorrentes da ingestão excessiva de proteína. Além disso, essas dietas representam diversas ameaças à saúde, que incluem:

- O excesso de proteína sobrecarrega os rins e o fígado, que têm a função de excretar qualquer excesso protéico que o organismo não utiliza.
- Dietas ricas em proteína e pobres em carboidrato privam o cérebro de glicose, seu combustível preferido.
- Carnes e laticínios com alto teor de gordura são ricos em gorduras saturadas, que aumentam o risco de doenças cardíacas.

- Pesticidas e outras toxinas ambientais se acumulam em alimentos que se encontram no topo da cadeia alimentar. Portanto, as carnes e os laticínios (sobretudo as versões ricas em gordura) contêm concentrações mais altas dessas substâncias do que as hortaliças.
- A dieta rica em carnes e pobre em hortaliças carece de substâncias fitoquímicas (nutrientes encontrados apenas nos vegetais), antioxidantes, vitaminas e minerais, que retardam o envelhecimento e previnem o câncer, as doenças cardíacas e muitos outros problemas de saúde.
- Dietas ricas em carne são muito pobres em fibras e podem causar prisão de ventre crônica e doenças intestinais.

Exercite-se com regularidade

Não há como evitar. Os exercícios físicos são uma necessidade para quem deseja emagrecer e manter o peso. Na verdade, a atividade física regular é um dos fatores que mais favorecem a manutenção do peso ideal – e ver televisão é um dos fatores que mais contribuem para a volta dos quilinhos eliminados. A prática de exercícios funciona de várias maneiras para acabar com a gordura corporal:

- Queima calorias e ativa o emagrecimento, além de permitir a ingestão de uma quantidade razoável de alimentos.

Exercícios, luz do sol e carboidratos

A prática de exercícios pode aumentar bastante os benefícios à saúde proporcionados pela dieta com IG baixo. E a prática de exercícios ao ar livre pode intensificar esses benefícios. Por quê? Privar-se da luz natural do sol altera os níveis dos hormônios melatonina e serotonina no organismo. Isso leva algumas pessoas a se sentirem letárgicas, irritadas, deprimidas e com mais vontade de comer carboidratos, o que as faz engordar.

Se você já ouviu essa história antes, a solução pode ser passar mais tempo ao ar livre. Alguns estudos revelam que pessoas que se exercitam regularmente em ambientes abertos sofrem menos sintomas de depressão sazonal e se sentem mais animadas, revigoradas e felizes, enquanto pessoas que se exercitam em lugares fechados tendem a se sentir mais cansadas e deprimidas. Portanto, quando o tempo permitir, saia para caminhar ou correr, cuide do jardim, jogue tênis ou basquete, ande de bicicleta ou pratique natação. Essas atividades simples podem ampliar os programas de controle de peso e aumentar seu bem-estar geral.

- Desenvolve massa muscular. Uma vez que os músculos precisam de mais calorias do que gorduras para se manter, com o tempo os exercícios aumentam seu ritmo metabólico.
- Os exercícios ajudam a reduzir o estresse e a depressão, principais causas do ganho de peso em muitas pessoas.

Qual a quantidade de exercícios adequada? As diretrizes mais recentes divulgadas pelas autoridades da área de saúde dos Estados Unidos estimulam as pessoas a serem ativas durante pelo menos 30 minutos na maior parte dos dias da semana. Entretanto, as pessoas que emagrecem e mantêm o peso fazem muito mais do que isso. Pesquisas revelaram que as que conseguem manter o peso queimam uma média de 2.800 calorias por semana (400 por dia) com exercícios. Isso equivale a uma caminhada de cerca de seis quilômetros ou aproximadamente uma hora de atividades moderadas por dia, o que pode ser feito de uma só vez ou em vários períodos menores.

E você não tem que passar horas tediosas na esteira ou entrar para uma academia para beneficiar sua saúde com os exercícios. Quando praticadas regularmente, atividades cotidianas como caminhar em ritmo acelerado ou passear de bicicleta, varrer as folhas do jardim, cuidar das plantas, praticar esportes, fazer tarefas domésticas e usar a escada no lugar do elevador podem ser tão eficazes quanto um programa de exercícios estruturado. O importante é descobrir quais são as atividades que você gosta de fazer e que se adaptem ao seu estilo de vida, passando a praticá-las com freqüência.

Combatendo a resistência à insulina

A resistência à insulina, conhecida também como síndrome X ou síndrome metabólica, é uma forma de intolerância aos carboidratos na qual o organismo tem uma reação repentina aos efeitos da insulina. Se você é uma das muitas pessoas que são resistentes à insulina – só nos Estados Unidos há 65 a 70 milhões de americanos com o problema! –, suas células não absorvem glicose de forma eficiente e ela começa a se acumular no sangue. Para compensar, o pâncreas passa a secretar insulina adicional suficiente para introduzir glicose nas células. Essa insulina adicional permite que você mantenha níveis de açúcar no sangue normais ou próximos do normal e o protege, evitando o desenvolvimento do diabetes tipo 2.

Embora você esteja a salvo do diabetes, toda essa insulina adicional circulando no sangue gera uma nova série de problemas: hipertensão arterial, aumento das gorduras no sangue (triglicerídeos), diminuição dos níveis de colesterol bom

(HDL) e uma maior tendência à formação de coágulos sangüíneos. Tudo isso se traduz em um risco muito alto de doenças cardíacas. Com o tempo, pode-se desenvolver também o diabetes tipo 2, pois o pâncreas fica esgotado demais para continuar o processo de compensação.

A genética e o estilo de vida têm funções parecidas na causa da resistência à insulina. Um histórico familiar de infarto, hipertensão ou diabetes tipo 2 aumenta o risco. E os fatores relacionados ao estilo de vida – obesidade (sobretudo na região abdominal), sedentarismo e alimentação inadequada – podem acelerar o desenvolvimento dessa síndrome.

A boa notícia em relação à resistência à insulina é que ela pode ser facilmente tratada com algumas mudanças simples no estilo de vida. E um estilo de vida saudável é capaz até de evitar desenvolvimento da resistência à insulina. Praticar exercícios, controlar o peso e observar o tipo e a quantidade de carboidratos que ingerimos são as três atitudes mais importantes para alcançar esse objetivo.

A escolha de carboidratos com IG baixo ajuda a controlar a resistência à insulina. Substituir alimentos com IG alto por alternativas com IG mais baixo diminuirá os níveis de insulina no sangue, reduzindo a quantidade de insulina produzida pelo pâncreas. Pessoas com resistência à insulina devem trabalhar com um médico ou com um nutricionista para determinarem a quantidade de carboidrato mais adequada ao seu problema, porque isso varia de pessoa para pessoa.

Associar a atividade física regular à dieta com IG baixo também é essencial para controlar a resistência à insulina. A prática de exercícios deixa as células mais sensíveis aos efeitos da insulina. Quando isso acontece, a quantidade de insulina secretada pelo pâncreas é reduzida, ampliando os benefícios da dieta com IG baixo.

Controle e prevenção do diabetes

Como a resistência à insulina, o diabetes tipo 2 é um distúrbio no qual as células do organismo não conseguem absorver eficientemente a glicose. Mas, ao contrário da pessoa com resistência à insulina, no caso do diabético o pâncreas não consegue compensar o suficiente para limpar o açúcar do sangue e, portanto, os níveis de açúcar sobem demais, alcançando níveis perigosos.

O diabetes tipo 1 é uma doença em que as células beta do pâncreas sofrem danos e não são mais capazes de produzir insulina. Menos de 10% das pessoas com diabetes têm o tipo 1, que geralmente acomete crianças e adolescentes.

Se não forem tratados, os dois tipos de diabetes podem causar diversas complicações, inclusive doenças renais e cardíacas, danos aos vasos sangüíneos, cegueira e amputação de dedos e membros. Essas complicações são causadas, em parte, pelos altos níveis de açúcar no sangue e, também, pela resistência à insulina subjacente, presente na maior parte dos casos de diabetes.

Como a dieta com IG baixo pode beneficiar pessoas com diabetes? Uma vez que os alimentos com IG baixo produzem elevações mais lentas e menores nos níveis de açúcar no sangue do que os alimentos com IG alto, eles também produzem uma resposta menor da insulina. Assim, os alimentos com IG baixo reduzem a carga de trabalho do pâncreas e podem colaborar na preservação de seu funcionamento normal. Ao manter os níveis de insulina baixos, os alimentos com IG baixo também auxiliam na prevenção das doenças cardiovasculares associadas ao diabetes.

Diversos estudos realizados nos últimos 20 anos confirmaram que substituir carboidratos com IG alto (como cereais processados, pão e batata) por carboidratos com IG baixo (como aveia, massa e legumes) pode ajudar a diminuir a glicose no sangue, a insulina e os triglicerídeos, aumentar o colesterol HDL (bom) e reduzir a tendência do sangue a formar coágulos perigosos. Por isso, o IG faz parte da terapia médica nutricional na Austrália, no Canadá, na Nova Zelândia e na Europa há muitos anos.

Embora a dieta com IG baixo possa auxiliar no controle do diabetes, talvez sua função mais importante seja a capacidade de ajudar a evitar o surgimento do diabetes tipo 2. Em estudos recentes, pesquisadores da Harvard University que acompanharam os hábitos alimentares de mais de 65.000 mulheres e 43.000 homens descobriram que pessoas cujas dietas contêm poucas fibras e muitos carboidratos refinados e com IG alto apresentam duas vezes mais probabilidade de desenvolver diabetes tipo 2 do que as que seguem uma dieta rica em fibras e com carga glicêmica baixa. Esses pesquisadores acreditam que, pelo fato de os carboidratos de rápida liberação gerarem uma demanda maior de insulina, a ingestão excessiva desses alimentos pode acabar causando exaustão pancreática, levando ao diabetes tipo 2 em pessoas suscetíveis.

Prevenção de doenças cardíacas

As doenças cardiovasculares são, de longe, a maior ameaça à saúde nos países industrializados, causando cerca da metade de todas as mortes que ocorrem a cada ano. Durante muito tempo, uma dieta rica em carboidratos e com baixo teor de gordura era a recomendação principal na prevenção e no tratamento de doenças cardíacas. Contudo, nos últimos anos, ficou claro que, para muitas pessoas, essa dieta pode, na verdade, piorar as coisas. Como assim? As pesquisas originais que revelaram o fato de que diminuir a gordura e ingerir mais carboidrato reduzia o risco de doenças cardíacas se baseavam em uma alimentação muito diferente da atual.

Prevenção de doenças cardíacas: um estudo de caso

Quando não conseguiu passar no exame físico necessário para contratar um seguro de vida, Martin, um pequeno empresário de 50 anos de idade, descobriu que tinha alto risco de desenvolver doenças cardíacas. Um exame de sangue revelou que o colesterol LDL (o chamado colesterol ruim) e os triglicerídeos estavam perigosamente altos. Procurou o médico para fazer outro exame e foi orientado a começar imediatamente a terapia com medicamentos para controlar o colesterol e os triglicerídeos.

Martin não gostou da idéia de tomar remédios pelo resto da vida. Sempre havia tentado ficar em forma exercitando-se regularmente e controlando a ingestão de gordura. Contudo, tinha desenvolvido um pneuzinho nos últimos anos e precisava perder uns sete quilos. Decidiu não tomar os remédios e ver o que poderia fazer mudando algumas coisas na sua dieta.

Consultou um nutricionista, que o ajudou a adaptar sua alimentação para alcançar seus objetivos. Embora a dieta de Martin tivesse baixo teor de gordura, ele costumava comer muito pão e batata e, no jantar, muitas vezes não ingeria hortaliças. Outros problemas eram os cereais matinais, refrigerantes açucarados e tira-gostos com IG alto. A seguir, as mudanças feitas por Martin e o nutricionista:

- No café da manhã, Martin passou a preparar uma vitamina com iogurte, fruta, suco e uma colher cheia de gérmen de trigo ou linhaça. Nos fins de semana, quando tinha mais tempo, fazia uma omelete com queijo light e hortaliças, servida com *blanquet* de peru e torrada feita com pão de grãos com IG baixo.
- Eliminou o pão como acompanhamento das refeições e, em seu lugar, passou a ingerir mais hortaliças. Martin comprou um utensílio que permitia cozinhar no vapor no forno de microondas e passou a usá-lo para preparar rapidamente várias hortaliças frescas da estação. Aprendeu também a assar hortaliças no forno convencional e preparava-as com freqüência.
- Nos lanches, optou por alimentos integrais, como frutas, pipoca light, nozes (com moderação) ou meio sanduíche feito com pão de grãos.
- Passou a beber mais água e reduziu os refrigerantes a apenas duas vezes por semana, em vez de algumas vezes por dia.

Embora comesse até se sentir satisfeito, Martin começou a emagrecer quase que de imediato e seu nível de energia subiu rapidamente. Gostou do que estava comendo e percebeu que havia esquecido o quanto gostava de frutas e hortaliças. Após 12 semanas, ele perdeu nove quilos e teve que procurar maneiras de reinserir algumas calorias na dieta para parar de emagrecer. Contudo, o verdadeiro teste foi fazer um novo exame de sangue. Ele ficou satisfeito com os resultados radicais: não apenas os níveis de colesterol e triglicerídeos estavam substancialmente menores, como também os níveis de colesterol HDL (o chamado colesterol bom) haviam se elevado. Martin reduziu bastante o risco de doenças cardíacas e eliminou a necessidade de medicamentos. Ficou motivado a continuar com o novo estilo de alimentação. Observe as diferenças nos resultados dos exames de sangue de Martin:

Exames	Antes (dieta com IG alto)	Depois (dieta com IG baixo)	Valores de referência
Colesterol total	294 mg/dl	198 mg/dl	<200 mg/dl
Colesterol LDL	175 mg/dl	115 mg/dl	< 130 mg/dl
Colesterol HDL	51 mg/dl	57 mg/dl	>40 mg/dl
Triglicerídeos	338 mg/dl	128 mg/dl	<200 mg/dl

Na década de 1970 e no início da década de 1980, essas dietas costumavam ser chamadas de HCF (*high-carbohydrate, high-fiber diets*) ou dietas ricas em carboidratos e fibras. Eram compostas por hortaliças, frutas, grãos integrais, legumes, carnes magras, aves sem pele, peixe e laticínios semidesnatados. As dietas HCF tinham poucas calorias e, portanto, promoviam o emagrecimento, diminuíam os níveis de colesterol no sangue e eram repletas de nutrientes, fibras, antioxidantes e substâncias fitoquímicas que conferiam proteção contra doenças cardíacas.

Com a popularização das dietas ricas em carboidratos e pobres em gordura, na década de 1980, os fabricantes começaram a desenvolver muitos novos tipos de alimentos light. Alguns deles – como as carnes mais magras, os laticínios com teor mais baixo de gordura e a maionese light – surgiram como uma verdadeira dádiva para quem lutava contra a gordura. Mas outros – como biscoitos, tira-gostos e alimentos sem gordura feitos com grãos processados e açúcares refinados – deram início à ruína da dieta com baixo teor de gordura. À medida que cada vez mais alimentos desse tipo entraram no mercado, o valor nutritivo da dieta de muitas pessoas caiu – e o IG da dieta subiu.

A dieta típica americana (rica em carboidratos e pobre em gorduras) como existe hoje não é definitivamente o que os médicos receitavam para evitar doenças cardíacas. Na verdade, pesquisadores da Harvard University descobriram que a carga glicêmica alimentar alta de carboidratos refinados dobra o risco de doenças cardíacas! Esses alimentos aumentam os índices de insulina no sangue, o que, por sua vez, contribui para hipertensão arterial, níveis mais altos de gordura no sangue (triglicerídeos), níveis mais baixos do colesterol HDL (bom) e maior tendência à formação e permanência de coágulos perigosos na corrente sangüínea. Como foi dito antes neste capítulo, esse é o motivo que leva pessoas com resistência à insulina a terem um risco tão alto de doenças cardíacas. E, por isso, a estratégia fundamental para quem precisa evitar doenças cardíacas é mudar para uma dieta que enfatize carboidratos não refinados com IG baixo.

Prevenção do câncer

Cientistas há muito já conhecem os efeitos da associação entre obesidade, sedentarismo e uma alimentação rica em carboidratos refinados. As pesquisas atuais buscam revelar exatamente como esses fatores elevam o risco do câncer, mas indícios interessantes apontam a insulina como o denominador comum conectando todos esses fatores. Foram encontradas associações entre os níveis de insulina e diversos tipos de câncer, ente eles de mama, de próstata, de cólon e de reto, sugerindo que mudanças no estilo de vida – como manter o peso corporal adequado, a prática de exercícios e uma alimentação com IG baixo – podem proteger contra a doença, sobretudo porque diminuem os níveis de insulina.

Além de reduzir os níveis de insulina, a dieta de IG baixo oferece outra vantagem no combate ao câncer: nutrientes, fibras, antioxidantes e substâncias fitoquímicas presentes em alimentos com IG baixo (como hortaliças, frutas, grãos integrais não refinados e leguminosas) são algumas das mais potentes armas contra o câncer já descobertas. Por exemplo: se todo mundo comesse apenas cinco porções de hortaliças e frutas por dia, a incidência de câncer cairia em 20%.

Hipoglicemia

O tipo mais comum de hipoglicemia (baixo nível de açúcar no sangue) se dá como uma complicação do diabetes. Ingerir medicamentos em excesso para baixar o nível de açúcar no sangue ou injetar muita insulina sem ingerir alimentos suficientes causa a reação diabética, que pode colocar a vida em risco e deve ser tratada rapidamente conforme as recomendações do médico.

Outro tipo de baixo nível de açúcar no sangue que não tem ligação com o diabetes é a hipoglicemia reativa relacionada à refeição. Pessoas com hipoglicemia reativa secretam muita insulina após a ingestão de alimentos. Além disso, suas células podem estar hipersensíveis aos efeitos da insulina e talvez não secretem quantidade suficiente do hormônio glucagon, que ajuda a elevar os níveis de açúcar no sangue quando estes baixam muito. Isso faz com que as células removam açúcar demais do sangue, levando ao aparecimento de sintomas como fraqueza, tremor, irritação, dor de cabeça, falta de concentração e excesso de fome depois de duas a cinco horas sem comer.

Escolher carboidratos com IG baixo é uma estratégia fundamental para tratar a hipoglicemia reativa, porque ingerir alimentos que promovam um aumento gradual nos níveis de açúcar e uma menor resposta da insulina diminui a probabilidade de uma redução excessiva nos níveis de açúcar no sangue. Uma tática igualmente importante para controlar essa condição é fazer refeições e lanches pequenos, freqüentes e bem balanceados. Um nutricionista pode ajudá-lo a desenvolver um plano de dieta que supra de maneira melhor suas necessidades individuais.

Terapia para a síndrome do ovário policístico

A síndrome do ovário policístico é um distúrbio no qual os ovários aumentam e desenvolvem cistos cheios de líquido. A síndrome afeta cerca de 7% das mulheres em idade reprodutiva e seus sintomas incluem aumento nos níveis de androgênios (hormônios masculinos), alterações no ciclo menstrual, infertilidade, hirsutismo (crescimento excessivo de pêlos na face e no corpo) e acne. Como a síndrome é freqüentemente associada à resistência à insulina, suas portadoras também têm grande probabilidade de apresentar diabetes, hipertensão arterial e doenças cardíacas.

A melhora da síndrome do ovário policístico parece ser outro benefício da dieta de IG baixo. Medidas que melhoram a sensibilidade à insulina – como emagrecimento e exercícios – podem ajudar a reverter os sintomas da síndrome e recuperar a regularidade menstrual e a fertilidade. Esse é o motivo pelo qual a dieta com IG baixo, que diminui as secreções de insulina mais do que a dieta tradicional de emagrecimento, possui um grande potencial para tratar dessa síndrome.

Como você observou, o IG baixo é uma poderosa estratégia para manter a fome sob controle e alcançar o peso corporal saudável. E, ao reduzir os níveis de insulina, a dieta com IG baixo pode ser uma ferramenta na prevenção e no tratamento de alguns dos problemas de saúde mais comuns que as pessoas enfrentam atualmente – entre eles, resistência à insulina, diabetes e doenças cardíacas. Tudo isso constitui um forte argumento para transformar a alimentação com IG baixo em um estilo de vida. Os capítulos a seguir mostram como pode ser fácil e agradável tomar essa simples atitude.

Capítulo 4

Transformando sua dieta

Se a idéia de uma alteração radical em sua dieta remete a imagens de fome e privação, você ficará feliz em saber que essas práticas não se aplicam aqui. Na verdade, seu plano de alimentação de IG baixo poderá incluir uma grande variedade de alimentos deliciosos e satisfatórios. Você não precisa mais viver em uma dieta de fome, sacrificando o sabor em nome da nutrição.

Este capítulo mostra como pode ser fácil adotar um estilo de vida com IG baixo, já que conhecer algumas substituições simples é a primeira etapa para transformar a sua dieta. E ensina a fazer algumas substituições convenientes, oferece várias dicas para o planejamento de cada refeição diária e dá alguns exemplos de cardápios com IG baixo. Você também encontrará várias alternativas de lanches práticos e até idéias para satisfazer quem não abre mão dos doces.

Quando for planejar refeições com IG baixo, lembre-se de que o IG de uma refeição é uma média calculada do total de carboidrato contido nos alimentos da refeição (consulte as páginas 53 a 56 para obter mais detalhes). Isso significa que, se você comer uma batata assada pequena (IG = 85) em uma refeição que também contenha alguns alimentos com IG baixo, como ervilhas (IG = 48), uma salada de folhas (IG insignificante) e uma xícara de pêssegos frescos (IG = 28), o IG da refeição como um todo terá um nível moderado. Se você temperar a salada com um pouco de vinagre ou suco de limão, o IG da refeição será ainda menor.

Três maneiras de diminuir o IG das refeições

- Substitua alimentos com IG alto por alternativas com IG baixo.
- Associe um alimento de IG alto com um alimento de IG baixo para criar uma refeição de IG intermediário.
- Adicione um pouco de vinagre ou suco de limão às refeições – quatro colheres de chá podem reduzir em até 30% o IG de uma refeição.

Café da manhã: começando o dia com IG baixo

Muitas pessoas sentem fome mesmo depois de tomar o café da manhã. Por isso, quando tentam emagrecer, acham que podem abrir mão dessa refeição. Na verdade, o que elas deveriam é reavaliar o que andam comendo no café da manhã. Os alimentos típicos dessa refeição (como cereais, torradas, *muffins* e pães) geralmente têm poucas fibras e alto teor de carboidratos refinados. E, como também possuem um IG alto, vários desses alimentos proporcionam uma carga rápida de energia que logo é substituída pela fome. Você encontrará, a seguir, algumas dicas simples e idéias para opções de café da manhã que sustentam. Use-as para planejar os seus próprios cardápios e para refeições em restaurantes.

Dicas para um café da manhã melhor

- Prefira carboidratos com IG baixo, como pães integrais, cereais com grãos não processados e frutas.
- Ao preparar alimentos como *muffins*, pães de minuto, panquecas e *waffles*, procure receitas que contenham uma alta proporção de grãos inteiros, aveia, farelo e linhaça. Por exemplo, prepare suas torradas com pães de IG baixo.

- Use sobre panquecas, *waffles* e torradas frutas frescas ou em conserva, purê de maçã ou uma cobertura de frutas com pouco açúcar, no lugar de caldas.
- Para ter uma fonte extra de energia, inclua algumas proteínas no café da manhã. Ovos, leite desnatado, queijo, queijo *cottage* e iogurte são excelentes fontes de proteína.
- Não se limite aos alimentos típicos do café da manhã. Algumas pessoas fazem uma refeição matinal com sobras, como salada de frango e um pedaço de fruta ou um sanduíche no lugar de alimentos tradicionais dessa refeição.

Algumas sugestões para o café da manhã com IG baixo

- Vitamina Deliciosa (página 98).
- Um copo de vitamina sem açúcar feita com leite desnatado. Se desejar, adicione algumas frutas congeladas e bata no liquidificador.
- Torrada de pão de sete cereais com queijo light derretido e uma maçã.
- Uma torrada de centeio com *cream cheese* light e salmão defumado e uma xícara de frutas frescas.
- Uma tigela de mingau de aveia tradicional com leite desnatado, coberto com frutas secas e uma pitada de nozes.
- Uma tigela de cereal All Bran com frutas vermelhas frescas e leite desnatado e um ovo enriquecido com ômega-3 cozido.
- Muffins de Farelo de Aveia com Amora (página 103), ovo enriquecido com ômega-3 cozido e suco de laranja.
- Fritada de Brócolis (página 90), torrada de pão integral e metade de uma *grapefruit*.
- Burritos Matinais (página 91) e uma xícara de frutas frescas misturadas.
- Sanduíche de Espinafre e Queijo Derretido (página 176) e um copo de suco de laranja ou *grapefruit*.
- Ovos mexidos (feito com ovos enriquecidos com ômega-3), uma fatia de *blanquet* de peru, torrada de pão de centeio integral, uma xícara de frutas frescas misturadas e um copo de leite desnatado.
- Omelete de Espinafre com Cogumelos (página 86), torrada multigrãos e morangos frescos.
- Um *parfait* feito com iogurte light, coberto com granola, maçã, pêssego, pêra ou frutas vermelhas picadas.
- Queijo *cottage* com pêssegos ou pêras frescas ou enlatadas (em suco) e uma pitada de amêndoas ou gérmen de trigo tostado.

Um almoço com IG baixo

Não importa se você vai almoçar em casa ou levar o almoço para o trabalho. Existem várias opções de IG baixo à sua disposição: sanduíches, sopas, saladas e quiches, que são pratos populares. Se preparados da maneira adequada, todos podem fazer parte de um plano de alimentação com IG baixo. Veja a seguir algumas dicas e idéias de refeições saudáveis e leves para o almoço. Use essas diretrizes para planejar os seus próprios cardápios e refeições em restaurantes.

DICAS PARA ALMOÇOS COM IG BAIXO

- Substitua as refeições de IG alto como *chips*, *pretzels*, batata assada ou batata frita por opções de IG baixo como sopas de hortaliças ou de feijão, salada com hortaliças frescas, salada de frutas, salada de macarrão, tomates fatiados ou queijo *cottage*.
- Opte por pães integrais com IG baixo quando preparar seus sanduíches.
- Inclua um pouco de proteína (como carne magra, legumes ou queijo *cottage*) em seu almoço, para ficar satisfeito durante toda a tarde.

ALGUMAS IDÉIAS PARA ALMOÇOS COM IG BAIXO

- Sanduíche de Rosbife Temperado (página 174) com uma xícara de Sopa de Hortaliças e Cevada (página 132).
- Sanduíche de Salada de Peru com Ervas (página 174), uvas e um copo de leite desnatado.
- Pão árabe integral com pasta de Hummus de Verão (página 114), tomate e brotos e a Salada de Frutas Deliciosa (página 166).
- Sanduíche Picante de Atum com Queijo (página 178) e Salada Crocante de Repolho com Maçã (página 160).
- Hambúrguer vegetariano com alface, tomate, cebola e mostarda em pãozinho integral com uma xícara de Sopa de Feijão-Preto (página 138).
- Wrap Califórnia (página 188) com Salada de Tortellini (página 165).
- Salada de Peru Big Sur (página 157) em meio melão e um pote de iogurte de frutas light.
- Salada de Hortaliças Assadas (página 150) com uma xícara de Sopa de Lentilha à Moda Toscana (página 135).
- Salada Grega de Camarões Grelhados (página 143) com pedaços de pão árabe integral.
- Quiche Lorraine (página 94), Salada de Aspargos Primavera (página 164) e uvas.
- Uma tigela de Chilli Rápido de Frango (página 137) e Salada de Laranja e Abacate (página 162).
- Uma tigela de Sopa Energética de Carne e Hortaliças (página 129), queijo *cottage* e pêssegos em conserva picados.

O que tem para o jantar?

O jantar também permite uma série de opções saudáveis de refeições com IG baixo. Massa, pratos com feijão, sopas substanciosas, deliciosos ensopados, pratos preparados com carne magra, frutos do mar e aves. Todas essas opções se encaixam em nosso plano de alimentação. Para uma refeição leve na hora do jantar, salada, sanduíche, omelete, fritada ou até mesmo panquecas (dentro do estilo IG baixo) também são excelentes.

Você se surpreenderá ao saber que as guarnições geralmente são o maior obstáculo à ingestão de refeições com IG baixo no jantar. Por quê? Em vários lares, a refeição noturna é rica em alimentos com IG alto e amido e pobre em hortaliças e frutas. Veja a seguir algumas dicas e idéias para fazer refeições com IG baixo. Use essas diretrizes para planejar os seus próprios cardápios e refeições em restaurantes.

Dicas para jantares com IG baixo

- Limite os amidos com IG alto, como batata assada, purê de batata, batata frita, arroz instantâneo, misturas prontas e pães refinados.
- Opte por amidos com IG baixo, como batata-doce assada, milho, ervilhas, arroz integral ou *basmati*, legumes, massa e pães integrais. Cuidado com as porções, se você quiser emagrecer.
- Inclua porções generosas de hortaliças sem amido e saladas feitas na hora.
- Tenha o hábito de terminar o jantar com frutas frescas, no lugar das sobremesas.

Algumas idéias para jantares com IG baixo

- Frango Assado Dijon (página 231), batata-doce assada, Aspargos Frescos Assados (página 191) e Salada de Espinafre e Pêra (página 162).
- Peito de Frango com Recheio de Maçã (página 231), mistura de hortaliças frescas cozidas no vapor e salada verde.
- Peixe Grelhado ao Molho de Frutas Cítricas (página 253), Cuscuz com Brócolis (página 206) e Folhas Gloriosas (página 163).
- Bolo de Carne Clássico (página 241), Batata-Bolinha com Salsa (página 202), brócolis cozido no vapor e tomates frescos fatiados.
- Repolho Recheado (página 239), Feijão-Fradinho Saboroso (página 201) e vagens cozidas no vapor.
- Assado de Panela com Sour Cream (página 244), arroz integral, mistura de hortaliças frescas cozidas no vapor e Salada Crocante (página 160).
- Assado de Porco à Moda Cantonesa (página 247), Arroz Frito no Gergelim (página 204) e Couve à Moda Asiática (página 195).

- Medalhões de Porco com Molho de Cereja e Cogumelos (página 245), Abóbora de Outono (página 191), Vagem com Amêndoas Torradas (página 192) e Salada de Maçã e Cereja (página 168).
- Garoupa à Moda Grega (página 251), Vagem à Moda Mediterrânea (página 192), cuscuz integral e Folhas Gloriosas (página 163).
- Peixe Empanado ao Forno (página 249), milho verde cozido, brócolis cozido no vapor e Salada Simples de Pêra (página 166).
- Torta Esbelta de Espaguete (página 225), Sauté de Abobrinha e Cogumelo (página 198) e salada verde.
- Pizza de Cogumelos Portobello (página 256) com uma salada verde.

Sobremesas: o que é permitido e o que é proibido

O melhor conselho em relação às sobremesas é desenvolver o hábito de terminar uma refeição com algum tipo de fruta madura e doce, como é costume na Europa. Quando você reduzir a ingestão de doces concentrados, perceberá que seu limite de paladar para o açúcar fica muito menor e você readquire um gosto pelos sabores mais tênues dos alimentos naturais e saudáveis. Porém, apesar de ser aconselhável cortar os doces, não há necessidade de eliminá-los completamente da sua dieta.

DICAS PARA BOLOS, PUDINS OU SORVETES

- As sobremesas com frutas ou com leite, como pudins, manjar e sorvete, normalmente têm um IG inferior em comparação às sobremesas feitas com farinha de trigo, como bolos, massas e biscoitos.
- Prefira biscoitos e outros itens assados preparados com altas porções de aveia, frutas e nozes.
- Procure sobremesas com teor baixo a moderado de açúcar e gordura.

ALGUMAS DICAS COM IG BAIXO PARA SATISFAZER OS PALADARES DOCES

- Um pedaço pequeno de chocolate.
- Algumas amêndoas ou amendoins cobertos com chocolate.
- Uma bola de sorvete light com frutas frescas.
- Frutas frescas marinadas com um pouco de açúcar e um pouco de *brandy* ou licor.
- Maçãs assadas recheadas com frutas secas e nozes.
- Frutas escaldadas.
- Frutas com coberturas crocantes feitas com mais frutas do que açúcar e aveia por cima.

- Purê de maçã.
- Tortas e pudins light.
- Sobremesas feitas com gelatina sem açúcar.
- Um *parfait* feito com camadas de iogurte light ou iogurte de frutas e frutas frescas.
- Sobremesa feita com sorvete light e refrigerante sabor laranja diet.
- Dois biscoitos de aveia com um copo de leite desnatado.

Lanches inteligentes

A escolha do lanche certo é uma das maneiras mais importantes de diminuir sua carga glicêmica. Os lanches tradicionais, como *chips*, *pretzels*, *crackers*, biscoitos doces, refrigerantes e balas, são os que mais contribuem para a sobrecarga de amidos processados e açúcares refinados na alimentação de várias pessoas. Além de terem um alto nível de carboidratos refinados, esses alimentos muitas vezes contêm as perniciosas gorduras do tipo trans, gorduras saturadas e muitas calorias.

Em relação aos biscoitos e doces sem gordura, a maioria contém a mesma quantidade ou até mais açúcar do que seus equivalentes com gorduras. A verdade é que alimentos para lanches com pouca gordura – como *pretzels*, *crackers* e balas – normalmente possuem um IG superior a 80! Então, o que você deve beliscar? Deixe de lado os alimentos ricos em calorias e com baixo teor nutritivo e substitua-os por alimentos de verdade. Aqui estão algumas idéias de lanches inteligentes (mas não se esqueça de considerar as suas necessidades calóricas!):

- Metades de pêssegos, peras ou damascos em lata recheadas com uma colher cheia de queijo *cottage*.
- Aipo ou folhas de endívia recheadas com atum sem gordura ou salada de frango.
- Aipo recheado com uma pequena quantidade de pasta de amendoim.
- Banana com uma pequena quantidade de pasta de amendoim por cima.
- Algumas bolachas *crackers* integrais com um pouco de atum sem gordura, frango ou salada de ovos.
- *Hummus* com talos de aipo ou algumas bolachas integrais.
- Meio sanduíche feito com pão com IG baixo.
- Uma xícara de sopa.
- Um pedaço de queijo e uma maçã.
- 30 gramas de queijo light e algumas bolachas integrais.
- Um ovo enriquecido com ômega-3 cozido.
- Uma pêra, laranja ou maçã.
- Uma tigela de cerejas ou frutas vermelhas frescas.

- Uma tigela de uvas frescas ou congeladas.
- Alguns damascos secos.
- Um pote de iogurte de frutas light.
- Um copo de leite desnatado (puro ou misturado com chocolate sem açúcar).
- Doce feito com leite desnatado, matinal sem açúcar e frutas congeladas.
- Um punhado pequeno de nozes, soja tostada ou sementes de abóbora.
- Um punhado pequeno de uma mistura de frutas secas, passas e nozes variadas.
- Uma tigela de pipoca light.
- Suco de tomate ou suco de vegetais natural.
- Um refrescante suco de frutas misturado com *club soda*.
- Hortaliças frescas cortadas: tomate-cereja, cogumelos, brócolis, couve-flor, pimentão vermelho, rabanete, cenoura, aipo, etc. (com uma pasta ou molho light, se desejar).
- Um *muffin* de farelo de aveia.
- Uma fatia de pão de banana integral com um copo de leite desnatado.
- Uma bola de sorvete light coberto com frutas vermelhas frescas.
- Uma barra congelada feita com 100% de suco de frutas.
- Um pedaço pequeno de chocolate amargo.

Algumas precauções quanto ao uso do IG para o planejamento das refeições

- Lembre-se de que as calorias ainda contam. O fato de um alimento ter um IG baixo não significa que você poderá consumi-lo em quantidades ilimitadas. Até alimentos saudáveis como massas, legumes e arroz integral podem engordar se forem ingeridos além das suas necessidades calóricas.
- Um alimento não é saudável apenas pelo fato de ter um IG baixo. Às vezes, alimentos açucarados e com alto teor de gordura, como doces, *muffins*, biscoitos, *cheesecake* e sorvete, têm um IG baixo. Mas eles devem ser consumidos com moderação.
- A adição de gordura em uma refeição diminui seu IG porque ela reduz o ritmo da digestão. Porém, lembre-se de incluir gordura em sua dieta apenas dentro dos limites de suas necessidades calóricas ou você poderá ganhar peso indesejado.
- Evite usar frutose refinada como adoçante e limite os alimentos que contenham xarope de milho com alto nível de frutose como seu adoçante principal. Embora a frutose tenha IG baixo, seu excesso pode aumentar o nível de gordura no sangue (triglicerídeos), adicionando um fator de risco para problemas cardiovascu-

lares. Além disso, a frutose refinada, como os outros açúcares refinados, não contém nutrientes e adiciona calorias desnecessárias à sua dieta.

- Com o aumento da popularidade do IG, os fabricantes vão desenvolver cada vez mais alimentos com IG baixo. Como aconteceu com vários alimentos sem gordura que foram criados na década de 1990, muitos dos alimentos com IG baixo provavelmente conterão ingredientes altamente refinados e artificiais, muitas calorias e poucos nutrientes. Preste sempre atenção nos novos produtos que surgem no mercado e considere as qualidades nutricionais do alimento antes de incorporá-lo regularmente à sua dieta.

A adoção de um estilo de vida com IG baixo pode ser fácil e prazerosa. É, principalmente, uma questão de aprender a fazer algumas substituições simples. E, ao contrário de dietas e privações, um estilo de vida com IG baixo apresenta uma grande variedade de possibilidades para planejamentos de refeições satisfatórias e deliciosas. O próximo capítulo amplia esse tópico, oferecendo várias dicas para manter a sua dieta de IG baixo quando você tiver que comer fora.

Capítulo 5

Dominando a culinária com IG baixo

Embora muitas pessoas acreditem que a adoção de um estilo de vida com IG baixo signifique passar horas na cozinha aprendendo técnicas culinárias complicadas ou procurando lojas especializadas em busca de ingredientes caros e exóticos, nada poderia estar mais longe da verdade. Preparar refeições saudáveis, com IG baixo, pode ser ao mesmo tempo fácil e agradável. E a maior parte dos alimentos de que você vai precisar para fazer isso pode ser encontrada nos supermercados comuns.

Neste capítulo, você conhecerá os alimentos que o colocarão no caminho certo para o sucesso, além de algumas dicas para usar tais alimentos na cozinha e no planejamento das refeições. E, como você verá, assim que descobrir os segredos da culinária com IG baixo também poderá modificar muitas de suas receitas preferidas de acordo com seu novo estilo de vida. Primeiro, porém, vamos analisar algumas dicas gerais que podem ajudá-lo a sobreviver em sua próxima aventura no supermercado:

- Evite ir ao supermercado quando estiver com fome. Isso reduzirá a probabilidade de compras por impulso.
- Passe a maior parte do tempo nas áreas periféricas do supermercado. É lá que costumam se encontrar os alimentos menos processados e mais ricos em nutrientes.
- Examine os ingredientes de um produto industrializado antes de adquiri-lo para saber quais deles são mais predominantes. Limite o uso dos alimentos que contenham grandes quantidades de gordura vegetal hidrogenada, grãos e farinhas refinados, açúcar, sal e ingredientes artificiais.
- Familiarize-se com as informações nutricionais dos alimentos industrializados, que vêm impressas na embalagem. Avalie o tamanho da porção, comparando-a com o que você consideraria uma porção. Em seguida, analise a quantidade de calorias, gordura e carboidratos, comparando-as com suas metas nutricionais. (As tabelas das páginas 23 e 32 podem lhe dar uma idéia dos níveis de nutrientes apropriados para você.)
- Avalie o conteúdo de fibras do alimento. Em geral, as pessoas devem consumir pelo menos 25 a 35 gramas de fibras por dia. (Consulte as páginas 41-42 para saber mais sobre as fibras.)
- Examine o conteúdo de sódio do alimento. Uma ingestão diária prudente seria de 2.400 miligramas ou menos.
- Verifique o conteúdo de açúcar do alimento. Lembre-se que a maior parte das pessoas deve consumir de 24 a 48 gramas (seis a 12 colheres de chá) de açúcar refinado adicionado por dia. (Consulte a página 26 para saber mais sobre o açúcar.)
- Cuidado para não ficar contando cada caloria, cada grama de carboidrato e de gordura que ingere. É assim que nascem obsessões alimentares pouco saudáveis. Basta você se concentrar em escolher alimentos integrais e minimamente processados e ingerir porções moderadas. Caso contrário, não conseguirá nem sequer terminar suas compras!

Uma volta pelo supermercado

Aqui estão algumas sugestões específicas que podem ajudá-lo a escolher e usar alimentos que reduzem a carga glicêmica, eliminar a gordura e melhorar sua saúde em geral.

LATICÍNIOS

Muitas pessoas acreditam que os laticínios são um tabu no plano alimentar com IG baixo, mas a verdade é que laticínios como leite, iogurte e queijo têm índices glicêmicos muito baixos (menos de 35). Isso porque o açúcar presente nos laticínios (lactose) é liberado e absorvido lentamente pelo organismo. A acidez dos laticínios em cultura e fermentados, como iogurte e *buttermilk*, também contribui para seu baixo IG, retardando a digestão de carboidratos. Além disso, atualmente existem opções desnatadas e diet de muitos laticínios. Aqui estão alguns produtos que você deve incluir no carrinho de compras:

Queijo

- Queijo minas light.
- Queijo *cottage*.
- Ricota light.
- Cream cheese light.
- Queijo parmesão (embora cada 30 gramas de parmesão contenha oito gramas de gordura, basta não exagerar na porção para não se privar do prazer!)
- Queijos *cheddar*, mussarela, prato, provolone, *feta* e suíço light. Dica: os queijos semidesnatados funcionam melhor em receitas que pedem queijos derretidos, enquanto os desnatados ficam bem em saladas e sanduíches. Outro detalhe: talvez você não encontre todos esses tipos de queijo na versão light nos supermercados. Mas basta ficar atento, porque é questão de tempo para todos eles estarem nas prateleiras. Inclusive, nas receitas apresentadas nos próximos capítulos em que você encontrar, por exemplo, a mussarela light como ingrediente, saiba que ela pode ser substituída por outro queijo duro light, como o suíço – quando esta versão light estiver à venda no Brasil, o que não deve demorar.

Leite

- Desnatado e semidesnatado.
- *Buttermilk* desnatado e semidesnatado.
- Creme de leite light (use como substituto do creme em pratos de massa e molhos).
- Leite em pó instantâneo desnatado.

Iogurte

- Iogurte natural comum e desnatado.
- Iogurte com sabor desnatado e semidesnatado (escolha as marcas sem açúcar para reduzir as calorias à metade).

Outros derivados do leite

- *Sour cream* light.
- Sorvete e *frozen* iogurte diet (atenção aos tamanhos das porções, porque esses produtos costumam ter muitas calorias).

Alternativa aos laticínios

Se você quiser evitar os laticínios, ficará feliz ao saber que existem diversas outras opções. O leite feito de soja, por exemplo, substitui o leite de vaca nos cereais para o café da manhã e na maioria das receitas. É possível encontrar também queijos e iogurtes feitos de leite de soja. Muitos desses produtos já estão disponíveis em supermercados, outros são encontrados em lojas de produtos naturais. Esteja ciente, porém, de que alguns deles contêm caseína, uma proteína do leite que determinadas pessoas precisam evitar.

Margarina e manteiga

Qual a melhor opção: manteiga ou margarina? Nenhuma das duas deve ter lugar de destaque em sua dieta. A manteiga é uma fonte concentrada de gorduras saturadas, que entopem as artérias, enquanto a margarina normalmente contém as igualmente danosas gorduras do tipo trans (dos óleos vegetais hidrogenados). Se estiver de olho no peso, saiba que uma colher de sopa de manteiga ou de margarina contém 100 calorias. Felizmente, existem opções light, com 25 a 95% menos gordura e calorias, além de margarinas que não contêm gorduras do tipo trans. A manteiga e a margarina light podem ser usadas no preparo de muitos pratos, mas, em alguns casos, uma pequena quantidade das versões tradicionais funciona melhor. As receitas aqui apresentadas especificam o tipo de gordura mais adequado. Use os produtos a seguir com moderação, tendo sempre em mente seus objetivos de controle do peso e manutenção da saúde:

- Manteiga light.
- Margarina light (verifique se o primeiro ingrediente da lista é o óleo de canola, óleo de soja ou azeite).
- Margarina comum (verifique se o primeiro ingrediente da lista é o óleo de canola, óleo de soja ou azeite e use-a moderadamente se estiver preocupado com o peso).

Maionese e molhos para salada

Alguns livros sobre o controle dos carboidratos afirmam que se deve usar somente maionese e molhos para salada comuns, porque as versões light contêm açúcar ou outros carboidratos. Embora isso possa ser verdade, a quantidade de carboidratos presente nos produtos light normalmente não é suficiente para causar maiores preocupações e o número de calorias desses produtos é bastante reduzido. Por exemplo, uma colher de sopa de maionese light, que contém dez calorias e dois gramas de carboidratos, é definitivamente uma opção melhor do que uma colher de sopa de maionese comum, que contém 100 calorias e 11 gramas de gordura!

Quanto aos molhos para salada, algumas marcas light contêm até 10 gramas (2 1/2 colheres de chá) de açúcar por porção de duas colheres de sopa, enquanto outros praticamente não apresentam açúcar nenhum. Leia os rótulos e compare as quantidades de calorias, açúcar e gordura de marcas diferentes. Só então tome sua decisão, que deve se basear, também, em suas metas pessoais de nutrição.

E se você não gosta de produtos light? Vá em frente e use os produtos comuns, mas com moderação. Se não tiver experimentando produtos light recentemente, faça isso. Eles estão cada vez mais saborosos. Aqui estão alguns tipos de maionese e molho para salada que você pode usar:

- Maionese light.
- Maionese comum (escolha marcas que tenham como primeiro ingrediente óleo de soja, óleo de canola e azeite e use-as com moderação se estiver de olho no peso).
- Molhos para salada light (compare os rótulos e verifique o conteúdo de açúcar de diferentes marcas antes de fazer sua escolha).
- Molhos para salada comuns (escolha marcas feitas com óleo de canola, óleo de soja ou azeite e use-os com moderação se estiver de olho no peso).
- Vinagres e suco de limão – Por causa da sua lenta digestão, ingredientes ácidos como vinagre e suco de limão não devem faltar na despensa dos adeptos da dieta com IG baixo. Acrescentando apenas quatro colheres de chá de um desses ingredientes a uma refeição, você pode reduzir em cerca de 30% seu IG. Existem vários tipos de vinagre no mercado (vinagre de vinho branco e de vinho tinto, com sabor de ervas, vinagre de arroz e vinagre balsâmico), que podem acentuar o sabor de saladas e molhos. Uma pitada de vinagre ou limão acentua o sabor de hortaliças, como brócolis, aspargos, folhas e muitas outras.

Óleos

Muitas pessoas ficam confusas a respeito dos óleos, porque os óleos vegetais líquidos foram considerados, durante muito tempo, como "saudáveis para o coração". O motivo é que esses óleos têm baixo teor de gordura saturada, que obstrui as artérias, e não contêm colesterol. Infelizmente, muitas pessoas partem do pressuposto de que eles também apresentam baixo teor de gordura e calorias totais e, portanto, podem ser usados à vontade. Não é bem assim. Todos os óleos são gordura pura – uma única colher de sopa de qualquer óleo contém 13,6 gramas de gordura e 120 calorias. Por isso, se estiver de olho no peso, diminuir o consumo de óleo e outras gorduras é uma das melhores estratégias para reduzir as calorias.

Porém, como o uso de um pouco de óleo em algumas receitas definitivamente torna os alimentos mais saborosos, você não precisa eliminar totalmente esse ingrediente de sua dieta. Além disso, alguns óleos fornecem ácidos graxos essenciais, como o ácido alfa-linolênico da gordura ômega-3, dos quais muitas pessoas têm deficiência. Usados com moderação, os óleos de cozinha podem acentuar o sabor dos alimentos e fornecer um equilíbrio saudável de gorduras essenciais. Aqui estão algumas das melhores opções:

Óleo de canola

Pobre em gorduras saturadas e rico em gorduras monoinsaturadas, o óleo de canola também contém gordura ômega-3, deficiente na dieta de muitas pessoas. Por isso, inclua-o na sua cozinha. O óleo de canola tem um sabor muito suave, e é bom para a culinária em geral quando não se deseja sabores fortes.

Azeite de oliva extravirgem

Ao lado do óleo de canola, o azeite deve ser um dos principais óleos usados na culinária. Rico em gordura monoinsaturada, contém também substâncias fitoquímicas que ajudam a reduzir os níveis de colesterol no sangue e proteger contra o câncer. Ao contrário da maioria dos óleos vegetais, o azeite confere um sabor delicioso aos alimentos. O azeite extravirgem é o tipo menos processado e mais saboroso.

Óleo de soja

Em geral, os óleos usados na culinária com o rótulo de "óleo vegetal" são feitos de óleo de soja. Esse óleo também é usado como ingrediente de muitas marcas de margarina, maionese e molhos para salada. Ele fornece uma quantidade razoável de ômega-3, embora não tanto quanto o óleo de canola e o de nozes. Assim como o óleo de canola, o de soja tem um sabor suave que funciona bem em pratos em que não se deseja a interferência de sabores.

Óleo de nozes

Com um sabor delicado de nozes, é uma excelente opção para saladas e para cozinhar. Como o óleo de canola, o óleo de nozes contém uma quantidade substancial da gordura ômega-3. As marcas de óleo de nozes, em geral, são minimamente processadas e ficam rançosas com rapidez. Por isso, depois de aberto, guarde o óleo na geladeira.

Ovos

Todos sabem que os ovos contêm grande quantidade de colesterol – um único ovo grande consome até 2/3 de nossos limites diários. Além disso, um ovo possui quase cinco gramas de gordura. Isso pode não parecer muito, até considerarmos que uma omelete feita com três ovos contém 16 gramas de gordura – e isso sem contar com o recheio de queijo e a manteiga usada para untar a frigideira! A boa notícia é que você tem a opção de usar mais claras (que não contêm gordura nem colesterol) e menos gemas.

Embora os ovos sejam ricos em colesterol, os especialistas em saúde concordam, em sua maioria, que uma dieta saudável pode incluir de quatro a sete gemas de ovo por semana. Pergunte ao seu médico ou nutricionista quais as suas necessidades específicas.

Por fim, alguns fabricantes vêm alimentando as galinhas com uma dieta enriquecida com vitamina E e ingredientes como semente de linhaça, algas marinhas e ração de peixe. Isso produz ovos nutricionalmente superiores aos ovos normais, já que sua gema tem um teor mais alto de vitamina E e ácidos graxos ômega-3. Quando comer ovos inteiros e ao fazer as receitas deste livro, opte pelos que são enriquecidos com ômega-3.

Carne, frango e frutos do mar

A inclusão de proteínas em uma refeição a torna mais satisfatória – o que é excelente para as pessoas que estão de olho no peso. Prefira carnes magras e aves sem pele para manter a gordura saturada e as calorias sob controle. Carnes processadas, como frios e embutidos (por exemplo, a salsicha), têm alto teor de sódio e contêm ingredientes artificiais. Portanto, use-as com menos freqüência. Lembre-se de substituir a carne pelo peixe várias vezes por semana e inclua alternativas vegetarianas (listadas na próxima seção) em sua dieta. A seguir, algumas carnes, aves e frutos do mar benéficos:

- Frango e peru sem pele.
- Carne moída de peru (opte pela carne de peru magra).
- Alcatra, miolo de alcatra, filé, contrafilé.
- Carne moída (opte pela carne moída magra).
- Filé de porco, lombinho e costeleta.
- Lingüiça defumada (opte por produtos magros).
- Frios magros (como presunto sem gordura, *blanquet* de peru, lombinho canadense e mortadela light).
- Peixes e frutos do mar frescos ou congelados (opte por peixes gordurosos como salmão, que contêm os saudáveis ácidos graxos ômega-3).
- Atum, salmão e sardinhas em água (não em óleo).

Alternativas de refeições vegetarianas

Para melhorar sua saúde, tente obter pelo menos metade das proteínas ingeridas de fontes vegetais como as que estão relacionadas a seguir. Esses alimentos têm um teor naturalmente baixo de gordura e não contêm colesterol. Além disso, possuem diversas substâncias fitoquímicas que são boas para a saúde e não estão presentes nas carnes. Alguns deles também são excelentes fontes de fibras.

- Tofu – Substitua parte dos ovos cozidos (ou todos eles) da salada de ovos por tofu firme. Acrescente o tofu firme aos ovos mexidos ou salpique-o sobre a salada, como faria com queijo. Substitua a carne por cubos de tofu firme.
- Hambúrguer de tofu – Pedaços temperados de tofu assemelham-se à carne moída cozida e podem substituí-la parcialmente ou integralmente em muitas receitas. Duas xícaras de hambúrguer de tofu equivalem a 450 gramas de carne moída.
- Proteína vegetal texturizada – Feita de farinha de soja sem gordura, a proteína vegetal texturizada (também conhecida como carne de soja) quando reidratada substitui parcial ou integralmente a carne moída nas receitas. Uma xícara de proteína vegetal texturizada reidratada com sete a oito xícaras de água fervendo equivale a 450 gramas de carne moída.
- Frios, cachorro-quente e salsichas feitos de soja – Esses produtos têm um teor de sódio maior e podem conter ingredientes artificiais. Por isso, use-os com menos freqüência do que as outras opções vegetarianas. Como também são diluídos com outros ingredientes, em geral apresentam menos substâncias fitoquímicas genéricas, como isoflavonas, do que os alimentos à base de soja puros.
- Legumes (feijão, ervilha e lentilha) – Os legumes têm IG baixíssimo (na faixa de 25 a 45) e são ricos em fibras solúveis, que reduzem o colesterol, e em diversas vitaminas e minerais. Use feijão-mulatinho, grão-de-bico, feijão-branco, feijão-carioca e feijão-preto, bem como lentilha, ervilha partida e feijão-fradinho. As versões enlatadas desses produtos são excelentes ingredientes para sopas, saladas e outros pratos. Ao escorrer e lavar o feijão em lata, eliminamos 40% do sódio.

Pães

O pão feito de farinha altamente moída é rapidamente digerido e absorvido, tendo um IG muito alto (na faixa de 70 a 90). Igualmente problemático é o fato de a maior parte dos pães vendidos em supermercados e padarias e consumidos nos restaurantes atualmente serem feitos de farinha branca refinada, destituída de nutrientes. No entanto, quando escolhido sabiamente, o pão certo pode fazer parte da dieta com IG baixo e fornecer nutrientes importantes. O que você deve procurar? Opte por pães preparados com farinha de trigo integral moída na pedra, uma farinha pouco processada feita do grão de trigo integral. Procure pães rústicos que contenham grãos integrais intactos, trigo-sarraceno, bagas de trigo, farelo de trigo, gérmen de trigo, aveia trilhada, farelo de aveia, semente de linhaça e sementes ou nozes. Esses pães geralmente têm um IG de 50 a 60. Alguns exemplos:

- Pão de trigo integral 100% moído em moinho de pedra (opte por pães que contenham pelo menos dois gramas de fibras por fatia de 15 gramas).

- Pães de centeio, *pumpernickel*, de aveia, de farelo de aveia e de sete cereais feitos com ingredientes 100% integrais (opte por pães que contenham pelo menos dois gramas de fibras por fatia de 30 gramas).
- Pão rústico – A acidez desse pão lhe confere um IG menor do que o dos outros pães, mesmo sendo feito de farinha branca. Para obter o máximo em termos de nutrição e fibras, porém, opte por pães rústicos feitos de farinha integral ou centeio.
- Pães para hambúrguer e sanduíches – Opte por marcas feitas com farinha de trigo 100% integral moída em moinho de pedra ou com uma combinação de farinha e outros grãos como aveia, farelo de aveia, trigo trilhado e farelo de trigo. Prefira pães que contenham pelo menos quatro gramas de fibra em cada 30 gramas.
- Pão árabe – Opte pelos pães árabes feitos de farinha integral ou farelo de aveia. Pães como árabe, *chapati* e *tortillas* tendem a ter um IG menor do que os pães fofos, porque seu amido não é tão gelatinizado (hidratado com água). A densa estrutura desses pães também retarda a digestão, contribuindo para um IG menor.
- *Tortillas* de trigo integral – Use-as no preparo de sanduíches estilo *wrap*, *burritos*, *quesadillas*, etc. Pães que não levam fermento, como *tortillas* e *chapati*, contêm fitato, uma substância fitoquímica naturalmente presente nos pães integrais e que é associada a um IG menor em pães.

Massas

Muitas pessoas se surpreendem ao descobrir que, ao contrário dos pães, as massas têm um IG baixo (na faixa dos 35 aos 50). O que torna esses dois produtos tão diferentes? Em primeiro lugar, as massas normalmente são feitas com semolina, uma farinha não tão processada quanto a farinha usada na confecção do pão. Em segundo, o amido nas massas cozidas é menos gelatinizado (incha menos quando em contato com a água) do que o amido da maior parte dos pães. Isso torna as massas mais resistentes às enzimas digestivas e retarda sua digestão e absorção. Quanto mais você cozinhar a massa, mais água ela absorverá e mais rápido será digerida. Por isso, as massas cozidas demais têm um IG mais alto do que as massas al dente.

Tanto as massas brancas quanto aquelas feitas de trigo integral podem ser encontradas com facilidade nos supermercados e ambas têm índices glicêmicos semelhantes. No entanto, como a massa de trigo integral é feita do grão de trigo integral, ela contém muito mais fibras e nutrientes do que a massa branca, o que a torna uma opção mais saudável.

Legumes

Com IG na faixa de 30 a 50, os legumes são alguns dos alimentos de menor IG disponíveis. Um dos motivos é o fato de esses alimentos serem ricos em fibras solúveis, que retardam a digestão. Os legumes também são ricos em proteínas, vitaminas e minerais, o que os torna excelentes substitutos para as carnes. Os feijões em lata e os feijões muito cozidos (como os usados em sopas) têm um IG mais alto do que os feijões cozidos al dente. No entanto, continuam na faixa de IG baixo a moderado, o que os torna uma boa opção. Alguns legumes que você deve incluir em sua dieta são:

- Feijão-preto.
- Feijão-fradinho.
- Grão-de-bico.
- Feijão-mulatinho.
- Lentilha.
- Feijão-carioca.
- Feijão-branco.
- Feijão-de-soja.
- Ervilha partida.

Grãos

Os grãos foram muito criticados nos últimos anos. Muitos gurus das dietas aconselhavam sua total eliminação da alimentação. No entanto, nem todos os grãos são iguais. Escolhendo o tipo certo, você acrescentará fibras e muitos outros nutrientes saudáveis à sua dieta. Na verdade, diversos estudos mostram que as pessoas que comem grãos diminuem substancialmente o risco de câncer e têm uma propensão 30% menor de desenvolver doenças cardíacas e diabetes quando comparadas às pessoas que ingerem basicamente grãos refinados. Aqui estão alguns grãos que devem fazer parte da sua despensa:

- Cevada – Ela tem um sabor semelhante ao das nozes e fica deliciosa em sopas, *pilafs* (pratos à base de arroz) e pratos de forno.
- Trigo-sarraceno – Os grãos de trigo-sarraceno torrados, conhecidos como *kasha*, são deliciosos em *pilafs* e cereais para o café da manhã.
- Trigo *bulgur* – Ele pode ser preparado em questão de minutos. Use-o em *pilafs*, acompanhamentos, saladas e outros pratos.
- Cuscuz – O cuscuz, que na verdade é uma massa, cozinha em questão de minutos.
- Arroz – O arroz comercializado no Brasil é, em sua maior parte, do tipo de grãos longos, que tem um IG muito mais baixo do que o arroz asiático, de grãos curtos. Para obter os maiores benefícios nutricionais, opte pelo arroz integral de grãos longos (ele possui todos os nutrientes e as fibras intactos). Experimente o arroz integral *basmati*, cujos sabor e aroma são semelhantes aos de nozes. Evite o arroz instantâneo, que apresenta um IG mais alto.

> ## Arroz: afinal, um alimento com IG baixo ou alto?
>
> Dependendo do tipo de amido que contém, o arroz pode ser um alimento com IG baixo ou alto. O arroz de grãos curtos, estilo asiático, contém um percentual alto de amilopectina, um amido rapidamente digerido. Isso faz com que esse tipo de arroz tenha um IG na faixa de 70 a 90. No Ocidente consome-se o arroz de grãos longos. Os grãos ficam separados e parecem secos e fofos quando cozidos. Esse arroz contém uma proporção alta do amido amilase, que é digerido lentamente, e tem um IG na faixa de 55 a 60.

- Arroz parboilizado – Conhecido também com arroz convertido, o arroz parboilizado é cozido no vapor antes de ser triturado. Esse processo infunde nutrientes do farelo e do germe no núcleo do grão e aumenta seu valor nutricional, em comparação ao arroz branco comum. O processo também inibe a capacidade do amido do arroz gelatinizar e produz uma reação glicêmica menor. Embora o arroz parboilizado tenha um IG menor do que o arroz integral, este último continua sendo a melhor opção, já que suas fibras e nutrientes permanecem intactos.
- Bagas de trigo – O grão de trigo integral tem uma textura agradável e um sabor semelhante ao de nozes. Quando cozido, fica excelente em saladas, pratos de forno, *pilafs*, pães e diversas outras receitas.
- Arroz selvagem – Rico em fibras e nutrientes, o arroz selvagem tem uma textura ligeiramente grudenta e um delicioso sabor que lembra nozes. Use-o em sopas, acompanhamentos, saladas e pratos de forno.

Farinhas

Seja de grãos integrais ou refinados, todas as farinhas altamente moídas têm IG alto. No entanto, as farinhas de grãos integrais fornecem mais fibras e nutrientes, o que as torna uma opção melhor. Quando possível, substitua parte das farinhas das receitas por alternativas com IG mais baixo, como aveia, gérmen de trigo e farelo de trigo.

Se você nunca tiver usado produtos de grãos integrais antes, é importante falarmos de seu armazenamento. Os grãos naturais contêm naturalmente uma pequena quantidade de gordura insaturada e, uma vez moídos, podem se tornar rançosos quando armazenados inadequadamente. As farinhas de grãos integrais frescos (e produtos como gérmen de trigo) têm um aroma e sabor leves, um pouco adocicados, enquanto os produtos rançosos apresentam aroma e sabor desagradáveis, ligeiramente amargos. Para garantir a boa conservação dos produtos com grãos integrais, procure adquiri-los em lojas de bastante movimento e guarde-os na geladeira. Veja agora as propriedades de alguns grãos:

Semente de linhaça

São pequenas sementes, cujo sabor lembra o de nozes. A linhaça é um ingrediente popular no preparo de produtos de pastelaria na Europa e no Canadá, onde se costuma acrescentar as sementes inteiras ou moídas a pães e a outros produtos de padaria. Além de conferir sabor e uma textura crocante aos alimentos, as sementes de linhaça contêm grande quantidade de fibras solúveis e dos saudáveis ácidos graxos ômega-3. A semente de linhaça é encontrada em lojas de produtos naturais. Uma vez moída, a linhaça pode ficar rançosa com rapidez. Por isso, deve ser armazenada na geladeira ou no congelador, em um recipiente opaco. Melhor ainda é moer as sementes no liquidificador. Quando moída, a semente de linhaça assemelha-se ao farelo de trigo e pode substituir 15 a 25% da farinha de trigo em muitas receitas. Pode ser usada também em cereais matinais ou ser acrescentada a vitaminas e sucos, aumentando seu valor nutricional.

Aveia trilhada

Mais do que um simples cereal para o café da manhã, a aveia trilhada pode substituir parte da farinha em pães, *muffins*, panquecas, *waffles*, biscoitos e massas de torta. Como a aveia tem um sabor naturalmente doce, seu uso permite reduzir a quantidade de açúcar das receitas. Ela também pode substituir o pão nas receitas de bolos de carne e almôndegas. Evite o mingau de aveia instantâneo, que tem um IG mais alto do que as aveias mais grossas.

Farelo de aveia

O farelo de aveia não tem apenas um IG baixo. Tem, também, um sabor naturalmente adocicado, o que reduz a necessidade do uso de açúcar, e suas fibras solúveis diminuem a necessidade de utilização de gordura. Tudo isso torna o farelo de aveia um ingrediente muito importante, capaz de substituir 25 a 50% da farinha em *muffins*, pães, panquecas, *waffles*, biscoitos, etc. Algumas receitas, como a de *muffins*, podem ser feitas com 100% de farelo de aveia, sem farinha nenhuma. Procure o farelo de aveia na seção de produtos naturais do supermercado ou em lojas de produtos naturais. Os produtos mais finos, como o farelo de aveia Quaker, produzem melhores resultados.

Farelo de arroz

Camada externa do grão de arroz integral, o farelo de arroz é uma rica fonte de vitaminas B, ferro, magnésio, vitamina E e substâncias fitoquímicas. O farelo de arroz também tem um IG baixo, de apenas 19, o que o torna um produto bastante interessante. Pode ser salpicado sobre cereais matinais, acrescentado a vitaminas e usado em bolos de carne, hambúrgueres e almôndegas. Esse produto substitui 10 a 15% da farinha em pães, panquecas, *waffles* e biscoitos e até 1/3 da farinha em *muffins* e pães de minuto. Por ser rico em gorduras poliinsaturadas, o farelo de aveia pode ficar rançoso com rapidez se não for armazenado nas condições adequadas.

Gérmen de trigo

O gérmen de trigo é a parte interna do grão de trigo. Quando torrado, tem um sabor que lembra o de nozes e contém grandes quantidades de vitamina E, minerais-traço e vitaminas do complexo B. O gérmen de trigo pode substituir 10 a 15% da farinha em *muffins*, pães, panquecas, *waffles*, biscoitos, etc.

Farelo de trigo

Parte externa do grão do trigo, é rico em fibras, minerais e substâncias fitoquímicas. O farelo de trigo pode substituir de 10 a 15% da farinha em pães, panquecas, *waffles* e biscoitos e até metade da farinha em *muffins* e pães de minuto.

Farinha de trigo integral

Feita do grão do trigo integral moído, a farinha de trigo integral inclui o farelo e o gérmen do grão, ricos em nutrientes. Quando moída em moinho de pedra, é uma farinha menos processada e tem um IG mais baixo do que a farinha de trigo integral finamente moída.

Farinha de trigo integral branca

Feita do trigo branco, e não do trigo vermelho usado para a produção da farinha integral comum, a farinha de trigo integral branca contém todos os nutrientes da farinha de trigo integral, mas é mais doce e tem um sabor mais leve do que a do trigo vermelho. A farinha de trigo integral branca pode ser usada para todos os produtos mencionados acima, inclusive pães que levam fermento.

Farinha de trigo integral para produtos de pastelaria

Feita da farinha de trigo integral branca macia (baixo teor de proteína), essa farinha tem um sabor levemente adocicado e uma textura excelente para *muffins*, pães de minuto, panquecas, biscoitos, etc. Essa nutritiva farinha de grãos integrais pode substituir 50 a 100% da farinha branca em qualquer receita, exceto as de pães que levam fermento. Também é uma alternativa nutritiva à farinha branca para engrossar molhos. Procure-a em lojas de produtos naturais e escolha uma farinha moída em moinho de pedra, cujo IG é mais baixo.

Cereais para o café da manhã

Muitos cereais prontos para consumo são feitos de grãos processados que sofreram extrusão e outros processos industriais. A destruição de sua estrutura natural faz com que seu IG aumente, nos deixando com uma lista muito pequena de cereais recomendados.

Um dos aspectos mais confusos da escolha de cereais é o fato de que os que contêm açúcar apresentam um IG menor do que os que levam pouco ou nenhum açúcar. Como assim? O açúcar tem um IG menor do que o dos grãos usados na produção dos cereais. Isso não significa, porém, que os cereais açucarados sejam uma opção melhor. Para reduzir o IG e otimizar a nutrição, procure cereais minimamente processados feitos com grãos 100% integrais e com pouco ou nenhum açúcar. O IG do seu café da manhã também diminuirá se você acrescentar ao cereal leite e frutas vermelhas ou pêssegos frescos. Outra opção é reduzir a carga glicêmica e aumentar a sensação de saciedade da refeição substituindo a torrada por um ovo cozido enriquecido com ômega-3. Aqui estão algumas opções saudáveis:

- All Bran.
- Cereais quentes feitos com grãos trilhados ou em grãos grandes (evite as variedades instantâneas).
- *Muesli*.
- Aveia tradicional.
- Farelo de aveia.
- Trigo partido.
- Farelo de trigo.
- Nesfit – Este cereal não é feito de grãos 100% integrais, mas seu IG é baixo (54), sendo um bom substituto para os flocos de milho tradicionais.

Alimentos enlatados

Embora os alimentos enlatados sejam bastante convenientes à atribulada vida atual, alguns definitivamente são melhores do que outros. Por exemplo, com algumas exceções, as hortaliças e frutas frescas ou congeladas são opções melhores do que as enlatadas. No entanto, se os alimentos frescos não estiverem realmente frescos, os enlatados podem ser mais nutritivos. Aqui estão alguns enlatados que você deve ter na despensa:

- Purê de maçã sem açúcar.
- Alcachofra.
- Caldo de aves, carne e vegetais (opte pelas variedades com baixo teor de sódio).
- Picles.
- Feijões secos.
- Frutas enlatadas no próprio caldo.

- Pimentas.
- Azeitonas.
- Pimentão vermelho assado.
- Sopas (opte por sopas de legumes, feijão e lentilhas feitas com caldo; no caso de sopas cremosas, procure as variedades light).
- Molho para espaguete e marinada (prefira as marcas com pouco ou nenhum açúcar e gordura).
- Tomate, tomate ensopado, molho de tomate, extrato de tomate.
- Suco de tomate.
- Atum, sardinha, *alice*.
- Coquetel de sucos vegetais.

Condimentos e temperos

Condimentos como os apresentados a seguir podem incrementar diversos pratos:

- *Alice* e pasta de *alice*.
- Alcaparra.
- Pasta de *curry* – Uma mistura saborosa de *curry* com óleo de canola, lentilha e outros ingredientes. A pasta de *curry* tem um sabor mais acentuado do que o *curry* em pó. Se não tiver essa pasta em casa, use uma quantidade de *curry* em pó e acrescente um pouco de sal à receita.
- Ervas finas – Uma mistura de tomilho, orégano, sálvia, alecrim, manjerona e manjericão. O produto pode ser encontrado na seção de temperos dos supermercados.
- Ervas, temperos e misturas de ervas sem sal.
- Raiz-forte.
- Molho picante.
- Geléias (opte pelas diet de todos os tipos de frutas).
- Ketchup (com moderação).
- Suco de limão.
- Mostarda.
- Molho de soja com pouco sódio.
- Molho salsa e salsa picante.
- Vinagres.
- Molho inglês.

Hortifrutigranjeiros

Uma das bases do estilo de vida com IG baixo é a ingestão de quantidades generosas de frutas e hortaliças. Com algumas exceções – batata-inglesa, batata-baroa, cenoura e melancia, por exemplo –, a grande maioria dos hortifrutigranjeiros tem IG baixo a moderado. Além disso, produtos como cenoura apresentam tão poucos carboidratos que, nas quantidades ingeridas normalmente, não causam um grande impacto nos níveis de açúcar no sangue.

Entre as hortaliças, as batatas são as maiores ameaças ao estilo de vida com IG baixo simplesmente porque seu percentual de consumo é muito alto. O melhor conselho é pensar na batata como substituto do pão, e não como hortaliça, e ingeri-la com menos freqüência.

Nozes

Embora sejam ricas em gorduras, as nozes devem fazer parte de uma dieta saudável. Esses saborosos aperitivos fornecem ácidos graxos essenciais e diversas substâncias fitoquímicas, vitaminas e minerais. As nozes também têm um IG baixo. Essas qualidades as colocam em lugar de destaque na lista de alimentos saudáveis. Na verdade, as pessoas que comem 30 gramas de nozes (três a quatro colheres de sopa) várias vezes por semana apresentam de 30 a 50% menos probabilidade de sofrer de doenças cardíacas do que as pessoas que evitam nozes. No entanto, quem está de olho no peso deve estar ciente de que uma xícara de nozes contém cerca de 800 calorias. Por isso, não exagere. Consumidas com moderação, as nozes podem aumentar o prazer de comer sem carregar nas gorduras e calorias.

Dicas de culinária com IG baixo

Com algumas dicas, você poderá facilmente reduzir o IG de muitas de suas receitas preferidas e criar novos pratos que complementarão seu estilo de vida com IG baixo. O primeiro passo para uma culinária saudável foi familiarizar-se com os alimentos descritos na primeira parte deste capítulo. O próximo passo será aprender quais são os melhores substitutos para tipos específicos de receitas. A tabela a seguir apresenta algumas dicas que vão ajudá-lo a dominar os aspectos fundamentais da culinária com IG baixo.

Como reduzir o IG das receitas

Tipo de receita	Dicas para reduzir o IG
Hambúrguer, bolo de carne e almôndega	Substitua o pão ou arroz usado para dar liga por aveia trilhada, farelo de aveia, trigo *bulgur*, lentilhas ou legumes cozidos e amassados.
Marinadas	Reduza a quantidade de açúcar nas marinadas. Para adoçar, use sucos de frutas e concentrados de sucos de frutas.

Como reduzir o IG das receitas *(continuação)*

Tipo de receita	Dicas para reduzir o IG
Sopas	Inclua legumes, massa e quantidades generosas de verduras nas receitas de sopa.
Massas	As massas devem ser preparadas al dente. Não deixe cozinhar demais. Adicione hortaliças aos pratos de massa.
Risotos	Substitua o arroz branco por arroz *basmati*, arroz integral de grãos longos, arroz selvagem, cevada ou trigo *bulgur*. Incorpore quantidades generosas de hortaliças aos *pilafs*.
Sanduíches	Use pães com IG baixo. Acrescente hortaliças aos recheios.
Torradas	Use pães com IG baixo. Sirva com frutas frescas ou em conserva, purê de maçã ou geléia sem açúcar.
Panquecas, *waffles*	Substitua parte da farinha de trigo por ingredientes com IG baixo, como farelo de aveia, aveia, farinha de linhaça, farelo de trigo, farelo de arroz e gérmen de trigo. Use frutas, sucos de fruta e frutas secas para adoçar e reduzir a necessidade de açúcar. Acrescente um pouco mais de canela, noz-moscada, casca de laranja ou extrato de baunilha para acentuar a doçura e reduzir a necessidade de açúcar.
Muffins, pães de minuto, biscoitos	Substitua parte da farinha por ingredientes com IG baixo, como farelo de aveia, aveia, farinha de linhaça, farelo de trigo, farelo de arroz e gérmen de trigo.
Pães que levam fermento	Use ingredientes como farinha de trigo integral moída em moinho de pedra, aveia, farelo de aveia, farinha de linhaça, gérmen de trigo, farelo de trigo, farelo de arroz, nozes e sementes e grãos integrais cozidos.
Cremes e pudins	Acrescente um pouco mais de canela, noz-moscada, casca de laranja ou baunilha para acentuar o sabor doce e reduzir a necessidade de açúcar.
Tortas	Prepare as receitas com mais frutas e menos açúcar. Substitua parte da farinha de trigo nas massas e coberturas por aveia e farelo de aveia.

Mudanças inteligentes numa mesma receita

Eis um exemplo de como a substituição de ingredientes com IG alto por ingredientes com IG baixo pode reduzir o IG de uma receita e, ao mesmo tempo, aumentar seu valor nutricional. Foram feitos dois ajustes para reduzir o IG na receita da direita: o farelo de aveia substitui a farinha de trigo branca, com IG alto, e o iogurte natural e o suco de laranja conferem umidade e sabor doce, reduzindo a necessidade de usar açúcar. Foram feitos outros ajustes na receita para diminuir a gordura. O resultado final é um *muffin* com um IG mais baixo, 45% menos calorias, metade da gordura e quase quatro vezes mais fibras.

Muffins de amora com IG alto (IG = 64)	**Muffins de amora com baixo IG (IG = 50)**
2 xícaras de farinha de trigo branca 1/2 xícara de açúcar 1 colher (sopa) de fermento 3/4 de xícara de leite 6 colheres (sopa) de manteiga ou margarina 2 ovos 3/4 de xícara de amora	2 xícaras de farelo de aveia 1/4 de xícara de açúcar 2 colheres (chá) de fermento 1/4 de colher (chá) de bicarbonato de sódio 1/2 xícara de iogurte natural desnatado 1/2 xícara de suco de laranja 2 ovos 2 colheres (sopa) de óleo de canola 3/4 de xícara de amora
Informações nutricionais (por muffin) CALORIAS: 177; CARBOIDRATOS: 26 G; GORDURA: 7 G; FIBRAS: 0,7 G	**Informações nutricionais (por muffin)** CALORIAS: 98; CARBOIDRATOS: 18 G; GORDURA: 3,4 G; FIBRAS: 2,7 G

Controlando a gordura e as calorias

Embora a redução do IG das receitas torne o resultado mais saudável, lembre-se de que as pessoas que estão de olho no peso precisam também controlar as gorduras e calorias. Em muitas receitas, a redução da gordura desnecessária pode diminuir 25 a 50% das calorias. Hoje existem excelentes produtos que auxiliam no controle da gordura e das calorias sem sacrificar o sabor. A tabela a seguir apresenta algumas idéias de substituição de ingredientes e técnicas de preparo que o ajudarão a dominar a culinária light.

Receita	Dicas para reduzir a gordura
Carnes	Opte por cortes magros (consulte a página 66). Elimine toda a gordura visível. Use métodos de preparo que utilizem pouca gordura, como assar, grelhar, ensopar e fritar levemente.
Aves	Retire toda a pele. Use métodos de preparo que utilizem pouca gordura, como assar, grelhar, ensopar e fritar levemente.
Hambúrguer, bolo de carne e almôndegas	Use carne bem magra. Substitua até um terço da carne moída por hambúrguer de tofu e proteína vegetal texturizada (carne de soja). Acrescente grande quantidade de cogumelo, cebola, pimentão e outras hortaliças picadas à mistura de carne moída.
Sopas	Passe os caldos por uma peneira fina para eliminar a gordura ou refrigere o caldo e retire a gordura que se acumula em cima. Use carnes mais magras. Substitua o leite integral por desnatado e semidesnatado. Para acentuar o sabor, acrescente uma a duas colheres de sopa de leite em pó desnatado a cada xícara de leite desnatado ou semidesnatado. Engrosse as sopas com hortaliças amassadas, em vez de creme de leite.
Saladas	Substitua a maionese e os molhos para salada por suas versões light. Use carnes e queijos com pouca gordura.
Molhos	Substitua o creme de leite por creme de leite light. Use menos manteiga ou margarina ou opte pelas versões light desses laticínios.
Pratos de forno	Use queijos e *sour cream* light. Escolha carnes magras. Utilize menos margarina, manteiga e óleo.
Fritadas e omeletes	Use mais claras e menos gemas. Opte por queijos e carnes com pouca gordura. Abuse das hortaliças nos recheios.
Quiches	Substitua o creme de leite por leite desnatado ou creme de leite light. Opte por carnes e queijos magros. Use mais claras e menos gemas.
Muffins, pães de minuto	Substitua parte da gordura por purê de maçã. Substitua os ovos inteiros por claras de ovo.
Cremes, pudins	Substitua o leite integral por leite desnatado ou semidesnatado. Para acentuar o sabor, acrescente uma ou duas colheres de sopa de leite em pó desnatado a cada xícara de leite desnatado ou semidesnatado.

É fácil e agradável aprender a utilizar métodos de IG baixo na cozinha. E, de posse dos segredos da culinária com IG baixo, você poderá facilmente transformar muitas de suas próprias receitas em versões com IG baixo. Existe uma grande variedade de alimentos saudáveis e deliciosos que podem ser usados em suas refeições com IG baixo e encontrados com relativa facilidade. O restante do livro apresenta mais de 200 receitas testadas e aprovadas, que colocam em prática os princípios da culinária com IG baixo e mostram uma ampla variedade de possibilidades deliciosas para cada refeição do dia, em todas as ocasiões.

Receitas básicas: Prepare em casa ingredientes difíceis de achar nos mercados

Várias receitas que você encontrará nos capítulos seguintes pedem o uso de *sour cream*, *tortillas*, vinagrete balsâmico, *buttermilk*, molho salsa ou amêndoas torradas (além de outros frutos torrados). Embora esses ingredientes já estejam à venda em algumas redes de supermercado, talvez ainda seja um pouco difícil encontrá-los. Mas é possível prepará-los em casa! Anote estas receitas simples:

Sour Cream

Creme de leite light
Suco de limão

1. Coloque o creme de leite em uma vasilha e bata com um batedor de arame, acrescentando um pouco de suco de limão.
2. Prove e vá acrescentando mais suco, sempre experimentando, até obter o nível de acidez desejado (o *sour cream* nada mais é do que um creme azedo).

Tortillas

2 1/2 xícaras de farinha de trigo integral
1/3 de xícara mais 2 colheres (sopa) de margarina vegetal
1 colher (café) de sal
1 xícara de água morna

1. Numa vasilha, misture a farinha de trigo integral, a margarina e o sal. Com os dedos, vá amassando até que todos os ingredientes se misturem bem, formando uma massa esfarelada. Junte a água morna aos poucos e misture até que a massa fique uniforme. Sove por aproximadamente três minutos, até que fique bem lisa.
2. Divida a massa em 12 partes iguais e faça uma bolinha de cada uma delas. Coloque num prato e cubra com um pano limpo ou filme plástico e leve à geladeira por pelo menos 30 minutos ou até o dia seguinte.
3. Numa superfície polvilhada com farinha, abra cada bolinha em círculos de acordo com o diâmetro indicado na receita, virando com freqüência para que se enfarinhem por igual e não grudem. Faça uma pilha com as *tortillas* e deixe descansar por meia hora. Se quiser armazenar, ponha papel-manteiga entre elas e envolva a pilha com um plástico, apertando bem. Podem ser guardadas na geladeira por até dois dias.
4. Para cozinhar, esquente uma frigideira antiaderente em fogo médio e coloque as *tortillas*, uma de cada vez, por 30 a 45 segundos de cada lado, até que fiquem estufadas e douradas. Transfira para um prato forrado com um pano úmido para mantê-las aquecidas.
5. Sirva imediatamente. Ou deixe esfriar, enrole em filme-plástico e guarde na geladeira por até cinco dias. Para esquentar, cubra com papel-alumínio e leve ao forno preaquecido por cerca de 30 minutos.

Vinagrete balsâmico

1 xícara de vinagre balsâmico
1/4 de xícara de azeite extravirgem
1 colher (chá) de pimenta-do-reino moída na hora
2 colheres (chá) de orégano ou tempero italiano

1. Ponha todos os ingredientes em um pote de tampa hermética e agite até misturar. Conserve na geladeira e agite antes de usar.

Buttermilk

1/2 xícara de iogurte natural
1/2 xícara de leite semidesnatado

1. Misture o iogurte e o leite, para obter uma xícara de *buttermilk*.

Molho Salsa

375 g de tomates-cereja descascados e cortados em 4
2 pimentas *chili* frescas (podem ser substituídas por malaguetas ou dedos-de-moça, grandes)
1/4 de cebola em fatias finas
1/3 de xícara de água
1/3 de xícara de coentro fresco
Sal a gosto

1. Coloque os tomates, as pimentas, a cebola e a água no liquidificador. Bata rapidamente, deixando com pedaços.
2. Junte o coentro, tempere com o sal e bata até virar um purê.
3. Prove e corrija o sal, se necessário. Pode ser usado imediatamente ou guardado na geladeira por até três dias. Rende duas xícaras.

Amêndoas Torradas

Amêndoas, nozes, nozes-pecã, castanha de caju, amendoim ou avelãs (a quantidade que desejar)

1. Arrume as amêndoas (ou seus substitutos) em uma única camada em um tabuleiro.
2. Leve ao forno a 175°C, por oito a 10 minutos. (Fique de olho nos últimos minutos, pois elas tendem a dourar muito rapidamente.)
3. Toste um lote grande e armazene o que não for usar na geladeira ou no freezer, em uma vasilha com tampa. Assim, você sempre as terá à mão para usar nas mais variadas receitas.

PARTE II

RECEITAS COM IG BAIXO

Sobre o Nutrition Analysis

Utilizamos o software Food Processor Nutrition Analysis, versão 7.5 (ESHA *research*), juntamente com dados sobre os produtos fornecidos pelos fabricantes, para calcular as informações nutricionais referentes às receitas incluídas neste livro. Em cada uma delas há os valores de calorias, carboidratos, proteínas, gorduras, colesterol, fibras alimentares e conteúdo de sódio e cálcio – sempre referentes a uma porção.

Cada receita traz também uma classificação do IG: muito baixo (39 ou menos), baixo (40 a 54) ou moderado (55 a 69). Como não conhecemos o IG de todos os ingredientes e como diversos fatores podem afetar o IG dos alimentos, seria impossível atribuir com exatidão um número específico. No entanto, sabe-se o suficiente sobre os valores de IG de um grupo básico de alimentos para se calcular se determinada refeição provocará uma resposta glicêmica muito baixa, baixa ou moderada. Observe que uma receita que contém uma pequena quantidade de um ingrediente com IG moderado ou alto pode ser classificada como tendo IG baixo se apresentar uma quantidade insignificante de carboidratos por porção.

Às vezes, as receitas oferecem opções de ingredientes. Por exemplo: você pode optar entre o queijo light e o com pouca gordura ou entre iogurte sem açúcar e iogurte comum. Isso o ajudará a criar pratos que agradem ao seu paladar e atendam aos seus objetivos nutricionais. Lembre-se, porém, de que a análise nutricional se baseia no primeiro ingrediente listado e não inclui os ingredientes opcionais.

CAPÍTULO 6

Receitas favoritas para o café da manhã

Começar o dia com uma refeição com IG baixo é o primeiro passo para reduzir sua carga glicêmica. Por quê? Alimentos tipicamente consumidos no café da manhã, como cereais processados, pães refinados, torradas, panquecas e *waffles*, costumam ter um IG muito alto. E se você estiver preocupado com o peso, o que come no café da manhã pode fazer enorme diferença para a conquista do seu objetivo final. Produzindo uma elevação lenta e constante nível do açúcar no sangue, os alimentos com IG baixo o manterão saciado e satisfeito durante toda a manhã. Por outro lado, um café da manhã com IG alto pode provocar problemas em seu nível de açúcar no sangue e fazê-lo cair em um perigoso padrão montanha-russa que dura o dia inteiro.

Este capítulo oferece uma variedade de pratos atraentes para o café da manhã e o brunch. Graças a seu elevado teor protéico, omeletes, fritadas e quiches são alimentos bastante completos para o café da manhã. E como você verá, esses pratos podem muito bem ser preparados com uma fração da gordura e do colesterol habituais. Fritadas e quiches podem ser feitos com antecedência e aquecidos rapidamente no forno de microondas. Acrescente uma tigela de frutas frescas e terá uma refeição supernutritiva que o sustentará por toda a manhã.

Se preparados da maneira correta, *muffins* e pães de minuto também podem ter um IG baixo. Aqui você encontrará uma variedade de receitas deliciosas e saudáveis que podem ser congeladas e descongeladas no microondas. Acompanhadas de um copo de leite desnatado, qualquer uma delas será um café da manhã rápido e completo. Com um pouco de criatividade, você pode incluir até panquecas e rabanadas em seu plano alimentar de IG baixo. Os saudáveis grãos integrais, os laticínios sem gordura e as coberturas light de frutas fazem toda a diferença no IG e no valor nutricional desses alimentos.

Omelete de Espinafre com Cogumelos

RENDIMENTO: 1 PORÇÃO

1/2 xícara de cogumelos frescos fatiados
1 pitada de pimenta-do-reino moída
1 pitada de tomilho seco
1/2 xícara de espinafre fresco picado
2 ovos
3 colheres (sopa) de mussarela light em tiras
1 fatia de *blanquet* de peru ou lombinho canadense cortado em pequenos pedaços (opcional)
Páprica em pó
Manteiga light

1. Unte uma frigideira antiaderente de 20 cm com manteiga light e leve-a ao fogo médio. Coloque os cogumelos, a pimenta e o tomilho. Tampe e cozinhe, mexendo várias vezes, durante cerca de dois minutos ou até os cogumelos ficarem macios e levemente dourados. Acrescente o espinafre e cozinhe com a frigideira sem tampa por mais ou menos 30 segundos, mexendo sempre ou até o espinafre murchar. Transfira a mistura para uma travessa pequena e tampe, para mantê-la aquecida.
2. Torne a untar a frigideira e leve-a ao fogo médio a baixo. Coloque os ovos previamente batidos com um garfo e cozinhe sem mexer por cerca de dois minutos ou até as bordas começarem a escurecer.
3. Use uma espátula para levantar as bordas da omelete, para que a parte do ovo ainda crua escorra para baixo. Cozinhe por mais um a dois minutos ou até a omelete ficar quase firme.
4. Arrume primeiro a mistura de espinafre e depois a mussarela sobre metade da omelete. Coloque por cima o *blanquet* de peru ou o lombinho canadense, se quiser. Dobre a outra metade sobre o recheio e cozinhe por mais um a dois minutos ou até o queijo derreter e a omelete ficar bem firme.
5. Coloque a omelete em um prato, polvilhe com a páprica e sirva quente.

Informações nutricionais

CALORIAS: 104 • CARBOIDRATOS: 5 G • COLESTEROL: 2 MG • GORDURA: 0,2 G • FIBRAS: 0,7 G • PROTEÍNAS: 20 G • SÓDIO: 395 MG • CÁLCIO: 271 MG • IG: MUITO BAIXO

Omelete de Mussarela e Presunto

RENDIMENTO: 1 PORÇÃO

3 colheres (sopa) de presunto magro ou lombinho canadense cortado em cubos (cerca de 30 g)
2 ovos
3 colheres (sopa) de mussarela light ou queijo suíço light
1 colher (sopa) de salsa fresca bem picada
Manteiga light

1. Unte uma frigideira antiaderente de 20 cm com manteiga light e leve-a ao fogo médio. Coloque o presunto ou lombinho canadense e cozinhe, mexendo sempre, por cerca de dois minutos ou até o presunto ou o lombinho ficarem levemente escurecidos. Leve a carne para uma travessa pequena e cubra para mantê-la aquecida.
2. Torne a untar a frigideira e leve-a ao fogo médio. Coloque os ovos previamente batidos com um garfo e cozinhe sem mexer por cerca de dois minutos ou até as bordas começarem a escurecer.
3. Use uma espátula para levantar as beiradas da omelete, para que a parte do ovo ainda crua escorra para baixo. Cozinhe por mais um a dois minutos ou até a omelete ficar quase firme.
4. Arrume primeiro o presunto ou o lombinho canadense e depois a mussarela sobre metade da omelete. Dobre a outra metade sobre o recheio e cozinhe por mais um a dois minutos ou até a mussarela derreter e a omelete ficar completamente cozida.
5. Coloque a omelete em um prato, polvilhe com a salsa e sirva quente.

Informações nutricionais

CALORIAS: 125 • CARBOIDRATOS: 4,6 G • COLESTEROL: 10 MG • GORDURA: 1 G • FIBRAS: 0,1 G • PROTEÍNAS: 24 G • SÓDIO: 563 MG • CÁLCIO: 260 MG • IG: MUITO BAIXO

Omelete de Siri com Queijo Prato Light

RENDIMENTO: 1 PORÇÃO

1 colher (sopa) de pimentão vermelho ou verde picado
1 colher (sopa) de cebola picada
1/4 de xícara de carne de siri cozida
2 ovos
3 colheres (sopa) de queijo prato light picado
Páprica moída
Manteiga light

1. Unte uma frigideira antiaderente de 20 cm com manteiga light e leve ao fogo. Coloque o pimentão e a cebola na frigideira. Cubra e cozinhe, mexendo sempre, por cerca de dois minutos ou até o pimentão e a cebola começarem a amolecer. Acrescente o siri e cozinhe descoberto por mais um minuto ou até aquecer completamente. Transfira a mistura para uma travessa pequena e cubra para mantê-la aquecida.
2. Torne a untar a frigideira e a coloque em fogo de médio a baixo. Acrescente os ovos previamente batidos com um garfo e cozinhe sem mexer por cerca de dois minutos ou até se fixar nas beiradas.
3. Use uma espátula para levantar as beiradas da omelete, para que a parte do ovo ainda crua escorra para baixo. Cozinhe por mais um a dois minutos ou até a omelete ficar quase firme.
4. Arrume primeiro a mistura de siri e depois o queijo sobre metade da omelete. Dobre a outra metade sobre o recheio e cozinhe por mais um a dois minutos ou até o queijo derreter e os ovos estarem completamente cozidos.
5. Coloque a omelete em um prato, polvilhe com um pouco de páprica e sirva quente.

Informações nutricionais

CALORIAS: 132 • CARBOIDRATOS: 5 G • COLESTEROL: 24 MG • GORDURA: 0,4 G • FIBRAS: 0,4 G • PROTEÍNAS: 25 G • SÓDIO: 494 MG • CÁLCIO: 275 MG • IG: MUITO BAIXO

Omelete de Lombinho Canadense e Tomate

RENDIMENTO: 1 PORÇÃO

1 colher (sopa) mais 1 1/2 colher (chá) de *échalotes*, divididas
3 colheres (sopa) de tomate com semente e pele cortado
2 ovos
1 fatia fina de lombinho canadense cortada em pequenos pedaços
3 colheres (sopa) de queijo prato light cortado em tiras
Manteiga light

1. Unte uma frigideira antiaderente de 20 cm com manteiga light e preaqueça em fogo médio. Coloque 1 colher (sopa) de *échalotes*, cubra e cozinhe por mais ou menos um minuto ou até as *échalotes* começarem a amolecer. Acrescente o tomate, tampe e cozinhe por cerca de 30 segundos ou até aquecer por completo. Transfira a mistura para uma travessa pequena e cubra para mantê-la aquecida.
2. Coloque os ovos previamente batidos com um garfo e cozinhe sem mexer por cerca de dois minutos ou até se fixar nas beiradas.

3. Use uma espátula para levantar as beiradas da omelete, para que a parte do ovo ainda crua escorra para baixo. Cozinhe por mais um a dois minutos ou até a omelete ficar quase firme.
4. Arrume a mistura de tomate, depois o lombinho canadense e, no final, o queijo sobre metade da omelete. Dobre a outra metade sobre o recheio e cozinhe por mais um a dois minutos ou até o queijo derreter e a omelete estar completamente cozida.

Informações nutricionais

CALORIAS: 123 • CARBOIDRATOS: 5 G • COLESTEROL: 22 MG • GORDURA: 0,6 G • FIBRAS: 0,6 G • PROTEÍNAS: 22 G • SÓDIO: 516 MG • CÁLCIO: 264 MG • IG: MUITO BAIXO

Omelete de Legumes Primavera

RENDIMENTO: 1 PORÇÃO

1/2 xícara de aspargos frescos cortados em pedaços de 1,5 cm
1 colher (sopa) mais 1 1/2 colher (chá) de pimentão vermelho picado
1 colher (sopa) mais 1 1/2 colher (chá) de cebola picada
1 pitada de tomilho seco ou de ervas finas
2 ovos
1 1/2 colher (chá) de parmesão ralado
3 colheres (sopa) de queijo mussarela, provolone ou suíço light cortado em fatias
2 colheres (chá) de salsa ou cebolinha bem picada
Manteiga light

1. Unte uma frigideira antiaderente de 20 cm com manteiga light e leve ao fogo médio. Coloque os aspargos, os pimentões, a cebola, o tomilho seco ou as ervas finas. Tampe e cozinhe, mexendo várias vezes por cerca de dois a três minutos ou até as hortaliças ficarem tenras e tostadas (adicione um pouco de água se a frigideira ficar seca demais). Transfira a mistura para uma travessa pequena e tampe para mantê-la aquecida.
2. Coloque os ovos previamente batidos com um garfo e cozinhe sem mexer por cerca de dois minutos ou até se fixar nas beiradas.
3. Use uma espátula para levantar as beiradas da omelete, para que a parte do ovo ainda crua escorra para baixo. Cozinhe por mais um a dois minutos ou até a omelete ficar quase firme.
4. Arrume primeiro as hortaliças sobre metade da omelete. Polvilhe com o parmesão e depois com o queijo cortado em fatias. Dobre a outra metade sobre o recheio e

cozinhe por mais um a dois minutos ou até o queijo derreter e a omelete ficar bem firme.

5. Transfira a omelete para um prato, polvilhe com a salsa ou a cebolinha e sirva quente.

Informações nutricionais

CALORIAS: 128 • CARBOIDRATOS: 7 G • COLESTEROL: 4 MG • GORDURA: 1,1 G • FIBRAS: 1,6 G • PROTEÍNAS: 21 G • SÓDIO: 443 MG • CÁLCIO: 315 MG • IG: MUITO BAIXO

Fritada de Brócolis

RENDIMENTO: 4 PORÇÕES

8 ovos
2 colheres (sopa) de parmesão ralado
3/4 de xícara de cogumelos frescos cortados
1 colher (chá) de alho amassado
1/4 de colher (chá) de tomilho seco
1 pacote (280 g) de brócolis congelado (descongelar), cortado e escorrido
1 xícara de mussarela light ralada
Manteiga light

1. Coloque os ovos e o parmesão em uma tigela média. Misture bem e reserve.
2. Unte com manteiga light uma frigideira antiaderente de 25 cm que possa ir ao forno e acrescente os cogumelos, o alho e o tomilho. Coloque a frigideira em fogo médio, tampe e cozinhe por cerca de dois minutos, mexendo várias vezes ou até os cogumelos ficarem macios. Junte o brócolis, misture bem e espalhe a mistura de maneira uniforme sobre o fundo da frigideira.
3. Reduza o fogo e despeje os ovos previamente batidos sobre os legumes. Tampe e cozinhe sem mexer por mais ou menos 10 minutos ou até os ovos ficarem quase firmes.
4. Destampe a frigideira e envolva o cabo em folha de alumínio (para garantir que não será danificado pela chama da grelha). Coloque a frigideira em forno preaquecido e deixe fritar a 15 cm do fogo por cerca de três minutos ou até os ovos ficarem firmes, mas não secos.
5. Polvilhe a mussarela sobre a fritada e frite por mais um minuto ou até o queijo derreter. Corte a fritada em fatias e sirva imediatamente.

Informações nutricionais (1 porção)

CALORIAS: 140 • CARBOIDRATOS: 7 G • COLESTEROL: 5 MG • GORDURA: 1,2 G • FIBRA: 2,3 G • PROTEÍNA: 24 G • SÓDIO: 519 MG • CÁLCIO: 396 MG • IG: MUITO BAIXO

Fritada de Batata e Presunto

RENDIMENTO: 4 PORÇÕES

1/3 de xícara de cebola picada
1/3 de xícara de pimentão verde picado
3/4 de xícara de presunto magro cortado em cubos
1 1/2 xícara de batata-bolinha cozida e cortada em cubos
8 ovos
1 xícara de queijo *cheddar* ou prato light, cortado em tiras
Manteiga light

1. Unte com manteiga light uma frigideira antiaderente de 25 cm que possa ir ao forno e coloque a cebola, os pimentões e o presunto. Leve a frigideira a fogo de médio a alto, tampe e cozinhe, mexendo várias vezes, por cerca de três minutos ou até as cebolas e os pimentões ficarem macios.
2. Acrescente as batatas e misture. Reduza o fogo, tampe e cozinhe por um minuto ou até a mistura esquentar por inteiro.
3. Reduza o fogo e espalhe os ovos previamente batidos sobre a mistura de batata. Tampe e cozinhe sem mexer por cerca de 10 minutos ou até os ovos ficarem quase firmes.
4. Destampe a frigideira e envolva o cabo em folha de alumínio (para garantir que não será danificada pela chama da grelha). Coloque a frigideira em forno preaquecido e frite por cerca de três minutos ou apenas até os ovos ficarem bem firmes. Polvilhe o queijo sobre o topo e frite por mais um minuto ou até o queijo derreter.
5. Corte a fritada em pedaços triangulares e sirva quente.

Informações nutricionais (1 porção)

CALORIAS: 189 • CARBOIDRATOS: 18 G • COLESTEROL: 9 MG • GORDURA: 0,9 G • FIBRA: 1,7 G • PROTEÍNA: 26 G • SÓDIO: 627 MG • CÁLCIO: 322 MG • IG: MODERADO

Burritos Matinais

RENDIMENTO: 4 PORÇÕES

3/4 de xícara de presunto magro cortado em cubos
6 ovos
1/2 xícara de queijo prato light cortado em tiras
4 Tortillas (página 79) de 20 cm de diâmetro
Molho picante (opcional)
Manteiga light

1. Unte com manteiga light uma frigideira antiaderente grande e leve-a ao fogo médio a alto. Coloque o presunto, tampe e cozinhe, mexendo de vez em quando, durante uns dois minutos ou até o presunto esquentar por completo e começar a escurecer.
2. Reduza o fogo e despeje os ovos previamente batidos sobre o presunto. Cozinhe sem mexer por três a quatro minutos ou até os ovos ficarem parcialmente firmes. Mexa delicadamente para misturar, continue a cozinhar por mais um minuto ou até os ovos ficarem quase firmes.
3. Polvilhe o queijo sobre os ovos e cozinhe, mexendo delicadamente por mais um minuto ou até os ovos ficarem firmes, mas não secos, e o queijo derreter.
4. Arrume as *tortillas* quentes em uma superfície lisa. Coloque 1/4 da mistura de ovo no lado direito de cada *tortilla*, parando a 3 cm da parte de baixo. Derrame sobre os ovos um pouco do molho picante, se desejar.
5. Dobre a parte de baixo de cada *tortilla* para cima, cerca de 2,5 cm. (Essa dobra impedirá que o recheio escape.) Depois, começando pelo lado direito, enrole cada *tortilla* como um croquete. (Veja a figura.) Sirva quente.

Informações nutricionais (1 porção)

CALORIAS: 230 • CARBOIDRATOS: 25 G • COLESTEROL: 8 MG • GORDURA: 3,7 G • FIBRA: 2 G • PROTEÍNA: 21 G • SÓDIO: 727 MG • CÁLCIO: 125 MG • IG: MODERADO

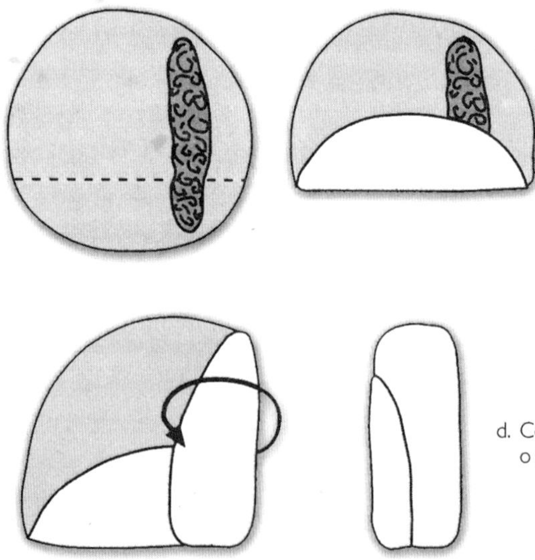

a. Arrume o recheio do lado direito da *tortilla*.

b. Dobre a parte de baixo da *tortilla* para cima.

c. Dobre o lado direito sobre o recheio.

d. Continue a dobrar, dando o formato de um croquete.

Quiche de Presunto e Aspargos

RENDIMENTO: 6 PORÇÕES

Massa
1 1/2 xícara de arroz integral cozido
2 colheres (sopa) de parmesão ralado
1 ovo

Recheio
1 1/4 de xícara de queijo suíço ou mussarela light
3/4 de xícara de presunto magro cortado em cubos
3/4 de xícara de aspargos frescos cortados em pedaços de 2 cm
1 pitada de noz-moscada moída
4 ovos
1 xícara de creme de leite light
1 tomate grande cortado em fatias finas
2 colheres (sopa) de parmesão ralado

1. Para fazer a massa, coloque o arroz, o parmesão e o ovo em uma tigela média e mexa, misturando bem. Unte uma fôrma funda para torta de 22 cm e espalhe a mistura igualmente sobre o fundo e os lados, formando uma crosta uniforme. Reserve.
2. Para o recheio, coloque o queijo, o presunto, os aspargos e a noz-moscada em uma tigela média e agite para misturar bem. Acrescente os ovos e o creme de leite light e misture bem. Espalhe a mistura de ovos sobre a massa de arroz.
3. Arrume as fatias de tomate sobre a quiche e polvilhe com o parmesão. Leve para assar em forno a mais ou menos 175°C por cerca de 45 minutos ou até que uma faca enfiada até o centro da quiche saia limpa e a parte de cima esteja levemente dourada. Retire do forno e deixe descansar por 15 minutos antes de fatiá-la e servir. Para variar, substitua o presunto por carne de siri.

Informações nutricionais (1 porção)

CALORIAS: 190 • CARBOIDRATOS: 20 G • COLESTEROL: 12 MG • GORDURA: 2,4 G • FIBRA: 1,4 G • PROTEÍNA: 22 G • SÓDIO: 582 MG • CÁLCIO: 412 MG • IG: BAIXO

Quiche Lorraine

RENDIMENTO: 6 PORÇÕES

Recheio

1 cebola média, cortada em fatias finas (cerca de 1 xícara)
1 colher (sopa) de xerez seco
1 1/4 de xícara de queijo suíço (ou mussarela light) ralado
1 colher (sopa) de farinha de trigo integral
1 pitada de noz-moscada moída
5 fatias de lombinho canadense cortadas em pequenos pedaços
4 ovos
1 1/2 xícara de creme de leite light
2 colheres (sopa) de parmesão ralado
Manteiga light

Massa

1 1/2 xícara de arroz integral
2 colheres (sopa) de parmesão ralado
1 ovo

1. Unte uma frigideira antiaderente pequena com manteiga light e coloque as fatias de cebola e o xerez. Leve a frigideira ao fogo médio, tampe e cozinhe por vários minutos, mexendo de vez em quando até a cebola amaciar. Acrescente um pouco de água se a frigideira ficar muito seca, mas apenas o suficiente para não deixar queimar. Retire a frigideira do fogo e deixe de lado para esfriar um pouco.
2. Para fazer a massa, junte o arroz, o parmesão e o ovo em uma tigela média e misture bem. Unte uma fôrma para torta de 22 cm e espalhe a mistura igualmente pelo fundo e pelos lados, formando uma massa uniforme. Reserve.
3. Para o recheio, junte o queijo suíço ou a mussarela, a farinha de trigo e a noz-moscada em uma tigela média e mexa, misturando bem. Acrescente o lombinho canadense e a cebola cozida e torne a mexer. Junte os ovos e o creme de leite à mistura de queijo e misture bem. Espalhe o recheio sobre a massa e polvilhe parmesão por cima.
4. Asse a 175°C por cerca de 45 minutos ou até que uma faca enfiada até o centro da quiche saia limpa e a parte de cima esteja levemente dourada. Retire a fôrma do forno e deixe esfriar por 15 minutos antes de fatiá-la e servir.

Informações nutricionais (1 porção)

CALORIAS: 202 • CARBOIDRATOS: 21 G • COLESTEROL: 24 MG • GORDURA: 2,3 G • FIBRA: 1,4 G • PROTEÍNA: 20 G • SÓDIO: 581 MG • CÁLCIO: 440 MG • IG: BAIXO

Ovos Benedict Light

RENDIMENTO: 5 PORÇÕES

Ovos

5 ovos grandes

5 fatias (cerca de 30 g cada) de *blanquet* de peru

5 fatias de pão de sete cereais ou de aveia torradas

Páprica moída

Margarina light

Molho

1 colher (sopa) de maisena

1/2 colher (chá) de mostarda seca

1 pitada de pimenta branca

1 colher (sopa) de água

1 xícara de iogurte natural desnatado ou semidesnatado

1 ovo

2 colheres (sopa) de margarina ou manteiga light

1 1/2 colher (chá) de suco de limão

1. Unte uma frigideira antiaderente com margarina light e leve ao fogo médio a alto. Coloque o *blanquet* de peru na frigideira e cozinhe por cerca de um minuto de cada lado ou até ficar ligeiramente dourado. Retire a frigideira do fogo, tampe e reserve.
2. Encha uma frigideira funda antiaderente com 8 cm de água e deixe ferver em fogo alto. Reduza o fogo para manter a água fervendo levemente. Quebre um dos ovos em um pires. Segurando o pires perto da superfície da água, deixe o ovo escorregar para dentro. Coloque o restante dos ovos na frigideira da mesma maneira, mantendo-os a uma distância uniforme um do outro. Tampe e cozinhe por três a cinco minutos ou até as claras ficarem completamente firmes e as gemas endurecidas.
3. Enquanto os ovos estão cozinhando, prepare o molho. Coloque a maisena, a mostarda, a pimenta e a água em uma tigela de vidro e mexa com um batedor para misturar bem. Bata o iogurte e o ovo. Acrescente margarina ou manteiga à mistura de iogurte. (Não é preciso derreter a margarina ou a manteiga antes.)
4. Coloque a tigela com a mistura de iogurte no microondas e cozinhe na potência máxima por um minuto e meio, depois bata para misturar bem. Leve ao microondas por mais um minuto e meio a dois minutos, batendo a cada 30 segundos, até a mistura engrossar. (Observe que a mistura deve parecer coalhada quando você

misturar pela primeira vez, mas ficará lisa à medida que continuar mexendo.) Retire a tigela do microondas e acrescente o suco de limão.

5. Para arrumar a travessa, coloque1 fatia de pão em cada uma das cinco porções. Cubra cada uma delas com uma fatia de *blanquet* de peru e um ovo. Tire com a colher 1/4 de xícara de molho e espalhe sobre cada porção e polvilhe com um pouco de páprica. Sirva quente.

Informações nutricionais (1 porção)

CALORIAS: 228 • CARBOIDRATOS: 20 G • COLESTEROL: 220 MG • GORDURA: 8,5 G • FIBRA: 2,3 G • PROTEÍNA: 18 G • SÓDIO: 634 MG • CÁLCIO: 215 MG • IG: MODERADO

VARIAÇÕES

Ovos Benedict com Frutos do Mar

Substitua o *blanquet* de peru por 1 xícara de carne de siri ou de camarão cozida (ou 1/2 xícara de cada).

Informações nutricionais (1 porção)

CALORIAS: 217 • CARBOIDRATOS: 18 G • COLESTEROL: 231 MG • GORDURA: 8,1 G • FIBRA: 2,3 G • PROTEÍNA: 18 G • SÓDIO: 454 MG • CÁLCIO: 229 MG • IG: MODERADO

Ovos Benedict à Florentina

Coloque 1 1/2 xícara de cogumelos cortados, 1/4 de colher (chá) de tomilho seco e 1 pitada de sal e pimenta em uma frigideira antiaderente grande. Tampe e cozinhe em fogo médio por cerca de três minutos ou até os cogumelos começarem a escurecer e liberar seus sucos. Acrescente 3 xícaras de espinafre fresco cortado grosseiramente e deixe cozinhar por um a dois minutos ou até murchar. Substitua a mistura de espinafre por *blanquet* de peru.

Informações nutricionais (1 porção)

CALORIAS: 201 • CARBOIDRATOS: 19 G • COLESTEROL: 213 MG • GORDURA: 7,9 G • FIBRA: 3 G • PROTEÍNA: 14 G • SÓDIO: 380 MG • CÁLCIO: 234 MG • IG: MODERADO

Sanduíche de Ovo, Lombinho Canadense e Queijo

RENDIMENTO: 1 PORÇÃO

1 fatia (14 g) de lombinho canadense ou *blanquet* de peru

2 ovos

1 fatia (21 g) de queijo *cheddar* light

2 fatias de pão de sete cereais ou de aveia

Margarina light

1. Unte uma frigideira média com margarina light e leve-a ao fogo médio a alto. Coloque o lombinho canadense e cozinhe por cerca de um minuto de cada lado ou até ficar levemente dourado. Retire da frigideira e reserve em uma vasilha tampada.
2. Unte a frigideira novamente e reduza o fogo. Coloque os ovos previamente batidos com um garfo e cozinhe sem mexer por cerca de dois minutos ou até as bordas começarem a escurecer. Use uma espátula para levantar as bordas da omelete, para que a parte do ovo ainda crua escorra para baixo. Cozinhe por mais um a dois minutos ou até a omelete ficar quase firme.
3. Usando a espátula, dobre a omelete ao meio e depois dobre novamente (para caber dentro do pão). Coloque o lombinho canadense sobre a omelete e, por cima, o queijo. Reduza o fogo, tampe e cozinhe por mais um minuto ou até o queijo começar a derreter.
4. Coloque a omelete com o lombinho canadense e o queijo sobre uma das fatias de pão, cubra com a outra fatia e sirva quente.

Informações nutricionais (1 porção)

CALORIAS: 224 • CARBOIDRATOS: 29 G • COLESTEROL: 6 MG • GORDURA: 1,8 G • FIBRA: 4,4 G • PROTEÍNA: 23 G • SÓDIO: 841 MG • CÁLCIO: 395 MG • IG: MODERADO

Muesli Matinal

RENDIMENTO: 1 PORÇÃO

4 xícaras de aveia

1 1/4 de cereais integrais (como All Bran)

3/4 de xícara de amêndoas, nozes, avelãs ou nozes-pecã cortadas

1 xícara de damascos secos ou de cerejas desidratadas sem caroço

1 xícara de passas pretas ou brancas

1. Coloque todos os ingredientes em uma tigela grande e mexa, misturando bem. Transfira para um recipiente vedado e guarde por até um mês.
2. Para servir, adicione 1/2 xícara do *muesli* em uma tigela individual. Acrescente 3/4 de leite desnatado ou semidesnatado ou de iogurte natural ou sem sabor. Mexa e deixe descansar por cinco minutos antes de servir.

Informações nutricionais (1/2 xícara apenas do *muesli*)

CALORIAS: 168 • CARBOIDRATOS: 37 G • COLESTEROL: 0 MG • GORDURA: 3,9 G • FIBRA: 5,9 G • PROTEÍNA: 5,6 G • SÓDIO: 65 MG • CÁLCIO: 54 MG • IG: BAIXO

Informações nutricionais (1/2 xícara do *muesli* com o leite desnatado)

CALORIAS: 232 • CARBOIDRATOS: 37 G • COLESTEROL: 3 MG • GORDURA: 4,2 G • FIBRA: 5,9 G • PROTEÍNA: 11,9 G • SÓDIO: 160 MG • CÁLCIO: 280 MG • IG: BAIXO

Vitamina Deliciosa

RENDIMENTO: 1 PORÇÃO

3/4 de xícara de iogurte natural desnatado ou semidesnatado (sem açúcar ou comum)
1 xícara de frutas frescas ou congeladas (use morango, amora, framboesa, amora-preta, cereja, pêssego cortado em cubos ou qualquer outra combinação de frutas)
1/4 de xícara de suco de laranja
1 colher (sopa) cheia de farinha de linhaça, farelo de aveia, farelo de arroz ou gérmen de trigo torrado (opcional)

1. Coloque todos os ingredientes em um liquidificador e bata até obter uma mistura homogênea.
2. Despeje em um copo e beba imediatamente. Esta nutritiva vitamina é ótima para quando você precisar tomar um café da manhã ligeiro ou para um delicioso lanche a qualquer hora.

Informações nutricionais

CALORIAS: 182 • CARBOIDRATOS: 35 G • COLESTEROL: 4 MG • GORDURA: 0,7 G • FIBRA: 3,4 G • PROTEÍNA: 10 G • SÓDIO: 139 MG • CÁLCIO: 327 MG • IG: MUITO BAIXO

Panquecas de Farelo de Aveia com Buttermilk

RENDIMENTO: 1 PORÇÃO

1 xícara de farelo de aveia
1/2 xícara de farinha de trigo integral
2 colheres (chá) de fermento em pó
2 colheres (chá) de açúcar
1 3/4 de Buttermilk (página 81)
1 ovo ou 2 claras levemente batidos
Manteiga light

1. Misture o farelo de aveia, a farinha de trigo integral, o fermento em pó e o açúcar em uma tigela média e mexa bem. Acrescente o *buttermilk* e o ovo ou as claras e mexa com um batedor para misturar bem.
2. Unte uma frigideira antiaderente com manteiga light e preaqueça em fogo médio até que uma gota de água chie ao atingir a superfície aquecida. (Se usar uma chapa elétrica, aqueça a chapa de acordo com as orientações do fabricante.)
3. Para cada panqueca, despeje 1/4 de xícara da massa mole na chapa de ferro ou na frigideira e espalhe, formando um círculo de mais ou menos 10 cm. Cozinhe por cerca de um minuto e meio ou até a parte de cima borbulhar e as beiradas secarem. Vire e cozinhe por mais um minuto ou até o outro lado ficar dourado.
4. Quando as panquecas forem ficando prontas, coloque-as em uma travessa, mantendo-as aquecidas em um forno preaquecido a 95°C.
5. Sirva quente, com Cobertura de Frutas Vermelhas (página 102), Cobertura de Maçã com Canela (página 102) ou uma fruta fresca e uma pequena quantidade de iogurte natural.

Informações nutricionais (por panqueca)

CALORIAS: 56 • CARBOIDRATOS: 11 G • COLESTEROL: 1 MG • GORDURA: 0,9 G • FIBRA: 1,8 G • PROTEÍNA: 3,9 G • SÓDIO: 41 MG • CÁLCIO: 42 MG • IG: BAIXO

Crepes Matinais com Molho de Frutas Vermelhas

RENDIMENTO: 4 PORÇÕES

1/2 xícara de farinha de trigo integral
1/2 xícara de farelo de aveia
1 1/2 colher (chá) de fermento em pó
3/4 de xícara de leite desnatado ou semidesnatado
3 ovos
1/4 de xícara mais 2 colheres (sopa) de purê de maçã em lata
1 1/2 colher (sopa) de queijo *cottage* ou ricota em temperatura ambiente
1 xícara de Cobertura de Frutas Vermelhas (página 102) ou de Cobertura de Maçã e Canela (página 102)
3 colheres (sopa) de nozes ou nozes-pecã picadas (opcional)
Margarina light

1. Coloque a farinha de trigo integral, o farelo de aveia e o fermento em pó em uma tigela de tamanho médio e mexa para misturar bem. Acrescente o leite, os ovos e o purê de maçã e misture com um batedor de ovos. (Use um batedor fino.)
2. Unte com margarina light uma chapa de ferro grande ou uma frigideira antiaderente e preaqueça em fogo médio até que uma gota d'água chie quando atingir a superfície aquecida. (Se usar uma chapa elétrica, aqueça a chapa de acordo com as orientações do fabricante.)
3. Para cada crepe, derrame 1/4 de xícara mais 1 colher (sopa) da mistura sobre a chapa ou a frigideira. (Balance a frigideira para que a mistura se espalhe, formando um círculo de 18 cm.) Cozinhe por cerca de meio minuto ou até a parte de cima borbulhar e as beiradas secarem. Vire e cozinhe por mais 30 segundos ou até que o outro lado fique dourado. Repita até usar toda a mistura, untando novamente a chapa ou a frigideira entre a fritura dos crepes.
4. À medida que os crepes ficarem prontos, enrole-os, coloque-os em uma travessa e mantenha-os no forno preaquecido a 95°C.
5. Para montar, desenrole um crepe e espalhe 3 colheres (sopa) de queijo em um dos lados. Torne a enrolar e coloque-o em uma travessa. Repita com o restante dos ingredientes, recheando os oito crepes. Coloque dois crepes em cada um dos quatro pratos e espalhe por cima de cada porção 1/4 de xícara da cobertura de frutas vermelhas ou da cobertura de maçã com canela. Polvilhe com nozes, se desejar. Sirva quente.

Informações nutricionais (1 porção)

CALORIAS: 233 • CARBOIDRATOS: 33 G • COLESTEROL: 8 MG • GORDURA: 1,8 G • FIBRA: 6,2 G • PROTEÍNA: 22 G • SÓDIO: 562 MG • CÁLCIO: 155 MG • IG: BAIXO

Variação

Crepes Matinais com Banana e Nozes-Pecã

Em vez da cobertura de frutas vermelhas, coloque sobre cada porção 1/4 de xícara de banana em fatias, 1 colher (sopa) de *maple syrup* ou de mel e 2 colheres (chá) de nozes-pecã cortadas.

Informações nutricionais (1 porção)

CALORIAS: 308 • CARBOIDRATOS: 44 G • COLESTEROL: 8 MG • GORDURA: 4,8 G • FIBRA: 5,2 G • PROTEÍNA: 22 G • SÓDIO: 378 MG • CÁLCIO: 161 MG • IG: MODERADO

Rabanada de Pão Rústico

RENDIMENTO: 8 FATIAS

4 ovos
2/3 de xícara de creme de leite light
1 colher (sopa) de suco de laranja ou maçã concentrado congelado (descongelar)
1/4 de colher (chá) de canela em pó
8 fatias de pão rústico (de preferência, de farinha de trigo integral)
Margarina ou manteiga light

1. Junte os ovos, o creme de leite light, o suco concentrado e a canela em uma tigela rasa e mexa com um batedor de ovos, misturando bem. Mergulhe as fatias de pão, virando para que os dois lados absorvam a mistura.
2. Unte com margarina ou manteiga light uma frigideira antiaderente grande ou uma chapa e preaqueça em fogo médio. Coloque as fatias de pão na frigideira e frite por um minuto e meio ou até a parte de baixo ficar ligeiramente escurecida ou que os dois lados fiquem dourados. Sirva quente com Cobertura de Frutas Vermelhas (página 102) ou com Cobertura de Maçã com Canela (página 102). Para variar, você pode substituir o pão rústico por pão de farelo de aveia.

Informações nutricionais (1 porção)

CALORIAS: 103 • CARBOIDRATOS: 16 G • COLESTEROL: 1 MG • GORDURA: 1 G • FIBRA: 2 G • PROTEÍNA: 6,9 G • SÓDIO: 239 MG • CÁLCIO: 91 MG • IG: BAIXO

Cobertura de Frutas Vermelhas

RENDIMENTO: CERCA DE 2 XÍCARAS

1/4 de xícara de suco de uvas verdes ou de laranja
2 colheres (chá) de maisena
3 1/2 xícaras de frutas vermelhas frescas ou congeladas misturadas (como morango, amora, amora-preta e framboesa)
2 a 3 colheres (sopa) de açúcar ou mel

1. Misture 1 colher (sopa) do suco e toda a maisena em uma tigela pequena. Mexa para dissolver a maisena e reserve.
2. Junte as frutas vermelhas, o restante do suco e o açúcar ou mel em uma panela. Mexa para misturar bem, tampe e leve para ferver em fogo médio a alto. Reduza o fogo para médio a baixo e cozinhe, mexendo de vez em quando, por mais cinco minutos ou até as frutas ficarem macias.
3. Mexa a mistura de maisena e acrescente mais ou menos a metade à panela. Cozinhe, mexendo sempre, por mais um a dois minutos ou até a mistura engrossar e borbulhar. Se a mistura parecer fina demais, acrescente um pouco mais da mistura de maisena para engrossar o molho até a consistência desejada. Sirva morno sobre panquecas, torradas e *waffles* ou use como cobertura para sorvete.

Informações nutricionais (porção de 1/4 de xícara)

CALORIAS: 44 • CARBOIDRATOS: 11 G • COLESTEROL: 0 MG • GORDURA: 0,3 G • FIBRA: 2,3 G • PROTEÍNA: 0,5 G • SÓDIO: 2 MG • CÁLCIO: 10 MG • IG: BAIXO

Cobertura de Maçã com Canela

RENDIMENTO: 2 XÍCARAS

1/2 xícara mais 2 colheres (sopa) de suco de maçã
2 colheres (chá) de maisena
2 a 3 colheres (sopa) de açúcar mascavo claro
1/4 de colher (chá) de canela moída
1 pitada de sal
3 1/2 xícaras de maçãs descascadas e bem picadas (cerca de 4 maçãs médias)

1. Coloque 1 colher (sopa) do suco de maçã e toda a maisena em uma tigela pequena. Mexa para dissolver a maisena e reserve.

2. Em uma panela, misture bem o açúcar mascavo, a canela e o sal. Acrescente o restante do suco de maçã e mexa bem. Adicione as maçãs e leve para ferver em fogo médio a alto. Reduza o fogo para médio a baixo, tampe e cozinhe em fogo brando, mexendo de vez em quando, por cerca de cinco minutos ou até as maçãs amaciarem.
3. Mexa a mistura de maisena e coloque na panela. Cozinhe e mexa por mais um a dois minutos ou até engrossar e borbulhar. Sirva quente sobre panquecas, torradas e *waffles* ou use como cobertura para sorvete.

Informações nutricionais (porção de 1/4 de xícara)

CALORIAS: 52 • CARBOIDRATOS: 13 G • COLESTEROL: 0 MG • GORDURA: 0,2 G • FIBRA: 1 G • PROTEÍNA: 0,1 G • SÓDIO: 19 MG • CÁLCIO: 6 MG • IG: BAIXO

Muffins de Farelo de Aveia com Amora

RENDIMENTO: 12 MUFFINS

2 xícaras de farelo de aveia
1/4 de xícara de açúcar
2 colheres (chá) de fermento em pó
1/4 de colher (chá) de bicarbonato de sódio
1/2 xícara de iogurte desnatado ou semidesnatado
1/2 xícara de suco de laranja
2 ovos grandes mais 1 clara levemente batida
2 colheres (sopa) de óleo de canola ou de nozes
3/4 de xícara de amoras frescas ou congeladas (sem descongelar)
Margarina light

1. Junte o farelo de aveia, o açúcar, o fermento em pó e o bicarbonato de sódio em uma tigela grande e misture bem.
2. Coloque o iogurte, o suco de laranja, os ovos e o óleo em uma tigela pequena e mexa para misturar bem. Acrescente a mistura de iogurte à mistura de farelo de aveia e mexa bem. Acrescente as amoras.
3. Unte as fôrmas para *muffin* com margarina light e encha-as com a mistura até 3/4 de sua capacidade. Asse em forno a 175°C por cerca de 16 minutos ou até que um palito enfiado no meio do *muffin* saia limpo.
4. Retire as fôrmas do forno e deixe descansar por cinco minutos antes de desenformar. Sirva morno ou em temperatura ambiente. Guarde na geladeira ou no congelador o que não for consumido em 24 horas.

Informações nutricionais (1 *muffin*)

CALORIAS: 98 • CARBOIDRATOS: 18 G • COLESTEROL: 0 MG • GORDURA: 3,4 G • FIBRA: 2,7 G • PROTEÍNA: 4,5 G • SÓDIO: 132 MG • CÁLCIO: 80 MG • IG: BAIXO

Muffins de Farelo de Aveia com Maçã

RENDIMENTO: 12 MUFFINS

2 xícaras de farelo de aveia
2 colheres (chá) de fermento em pó
1/4 de colher (chá) de bicarbonato de sódio
1 colher (chá) de canela em pó
1/4 de xícara de açúcar mascavo
1/2 xícara de iogurte desnatado ou semidesnatado
1/2 xícara de suco de maçã
2 ovos grandes mais 1 clara levemente batidos
2 colheres (sopa) de óleo de canola ou de nozes
1 xícara de maçãs descascadas bem picadas (mais ou menos 1 maçã média a grande)
1/2 xícara de nozes, nozes-pecã ou passas (opcional)
Margarina light

1. Junte o farelo de aveia, o fermento em pó, o bicarbonato de sódio e a canela em uma tigela grande e misture bem. Acrescente o açúcar mascavo e mexa bem. Use a parte de trás de uma colher de pau para amassar qualquer protuberância no açúcar.
2. Coloque o iogurte, o suco de maçã, os ovos e o óleo em uma tigela pequena e mexa para misturar bem. Acrescente a mistura de iogurte à mistura de farelo de aveia e mexa. Adicione as maçãs e, se desejar, as nozes ou frutas secas.
3. Unte as fôrmas para *muffin* com margarina light e encha-as com a mistura até 3/4 de sua capacidade. Asse em forno a 175°C por cerca de 16 minutos ou até que um palito enfiado no meio do *muffin* saia limpo.
4. Retire as fôrmas do forno e deixe descansar por cinco minutos antes de desenformar. Sirva morno ou em temperatura ambiente. Guarde na geladeira ou no congelador o que não for consumido em 24 horas.

Informações nutricionais (1 *muffin*)

CALORIAS: 100 • CARBOIDRATOS: 19 G • COLESTEROL: 0 MG • GORDURA: 3,4 G • FIBRA: 2,6 G • PROTEÍNA: 4,4 G • SÓDIO: 133 MG • CÁLCIO: 83 MG • IG: BAIXO

PREPARE PÃES E *MUFFINS* COM ANTECEDÊNCIA

Muffins e pães de minuto são ótimos para um café da manhã ou para lanches a qualquer hora. E como essas delícias são fáceis de congelar, você sempre pode ter um pequeno estoque em casa. Para congelar pães e *muffins* para consumo futuro, deixe-os em temperatura ambiente. Corte o pão em porções individuais. Embrulhe os *muffins* ou as porções individuais de pão em sacos plásticos, coloque-os em um recipiente próprio para congelar e guarde no freezer por até três semanas. Vá retirando do congelador as porções desejadas e descongele em temperatura ambiente. Ou retire o embrulho de plástico e aqueça os *muffins* ou fatias de pão no microondas em potência média a baixa por um minuto ou até descongelar e aquecer por inteiro.

Pão com Purê de Maçã e Amora

RENDIMENTO: 16 FATIAS

1 1/4 de xícara de farinha de trigo integral
1 xícara de farelo de aveia ou 1/2 xícara de farelo de aveia mais 1/2 xícara de farinha de linhaça
1/3 de xícara de açúcar
1 colher (sopa) de fermento em pó
1/2 colher (chá) de noz-moscada moída
1 pitada de sal
1 1/4 de xícara de purê de maçã em lata
2 ovos mais 1 clara levemente batidos
1/4 de xícara de óleo de canola
1 1/2 colher (chá) de essência de baunilha
1/2 xícara de frutas vermelhas (amora, cereja, etc.)
1/2 xícara de nozes ou nozes-pecã picadas (opcional)

1. Coloque a farinha de trigo integral, o farelo de aveia, o açúcar, o fermento em pó, a noz-moscada e o sal em uma tigela grande e mexa bem. Junte o purê de maçã, os ovos, o óleo e a essência de baunilha em uma tigela média e misture bem. Adicione a mistura do purê de maçã à mistura de farinha e mexa bem. Acrescente as frutas vermelhas e, se desejar, as nozes.

2. Unte um tabuleiro de 20 x 10 cm. Despeje a mistura de maneira uniforme e asse a 175°C por cerca de 50 minutos ou até que um palito enfiado no centro do pão saia limpo. Cuidado para não assar demais.
3. Retire o pão do forno e deixe descansar por 15 minutos. Desenforme-o sobre uma armação de arame, coloque o lado direito para cima e deixe esfriar em temperatura ambiente antes de cortar e servir. Guarde na geladeira ou no congelador o que não for consumido em 24 horas. Para variar, substitua o purê de maçã por bananas bem maduras amassadas.

Informações nutricionais (1 fatia)

CALORIAS: 122 • CARBOIDRATOS: 21 G • COLESTEROL: 0 MG • GORDURA: 3,9 G • FIBRA: 2,8 G • PROTEÍNA: 3,3 G • SÓDIO: 78 MG • CÁLCIO: 9 MG • IG: MODERADO

Pão de Farelo e Frutas

RENDIMENTO: 16 FATIAS

1 lata de 425 g de peras em conserva
1/4 de xícara de óleo de canola
2 ovos levemente batidos
1 colher (chá) de essência de baunilha
1 1/3 de xícara de farinha de trigo integral
2/3 de xícara de farelo de aveia
2/3 de xícara de farelo de trigo
1/3 de xícara de açúcar
1 colher (sopa) de fermento em pó
1/2 colher (chá) de canela moída
1 pitada de sal
2/3 de xícara de ameixas secas sem caroço ou damascos desidratados
1/3 de xícara de nozes ou nozes-pecã (opcional)

1. Escorra as peras e reserve o suco. Coloque as peras e cerca de metade do suco em um liquidificador e bata até obter uma mistura uniforme. Transfira a mistura para uma medida de 2 xícaras e acrescente o restante do suco até completar 1 1/3 de xícara. Junte o óleo, os ovos e a essência de baunilha ao purê de pêra e misture bem. Reserve.
2. Coloque a farinha de trigo integral, o farelo de aveia, o farelo de trigo, o açúcar, o fermento em pó, a canela e o sal em uma tigela grande e misture bem. Acrescente o purê de pêra à mistura de farinha e mexa bem. Junte as ameixas ou damascos e, se desejar, as nozes.

3. Unte um tabuleiro de 20 x 10 cm. Despeje a mistura de maneira uniforme no tabuleiro e asse em forno a 175ºC por cerca de 45 minutos ou até que um palito enfiado no centro do pão saia limpo. Cuidado para não assar demais.
4. Retire o pão do forno e deixe descansar por 15 minutos. Desenforme-o sobre uma armação de arame, coloque o lado direito para cima e deixe esfriar em temperatura ambiente antes de cortar e servir. Guarde na geladeira ou no congelador o que não for consumido em 24 horas.

Informações nutricionais (1 fatia)

CALORIAS: 128 • CARBOIDRATOS: 23 G • COLESTEROL: 0 MG • GORDURA: 4 G • FIBRA: 2,7 G • PROTEÍNA: 3,2 G • SÓDIO: 75 MG • CÁLCIO: 11 MG • IG: BAIXO

Capítulo 7

Entradas com um toque especial

Para a maioria das pessoas, festa é sinônimo de comemoração – e uma superdose de gordura, calorias e carboidratos com IG alto. Bolachas, batata frita, aperitivos variados e tira-gostos encabeçam a lista de alimentos com IG alto, enquanto aquelas pastinhas cremosas e aperitivos podem transformar as ocasiões especiais em um verdadeiro obstáculo para quem está preocupado com os níveis de gordura e as calorias. Felizmente, adotar um estilo de vida saudável com IG baixo não significa abrir mão da festa. Os ingredientes como queijos light, frios magros, creme de leite e maionese com pouca gordura e os vários pães integrais podem tornar suas celebrações e reuniões bem mais leves. Este capítulo utiliza esses ingredientes, além de hortaliças e frutas frescas para criar uma variedade de entradas quentes e frias, comuns ou mais sofisticadas. Portanto, se você está em busca de miniespetinhos para começar sua próxima festa, um molho cremoso para acompanhar uma travessa de hortaliças frescas ou sanduíches inteligentes, este capítulo oferece muitas idéias de comidinhas leves e saudáveis tão deliciosas que ninguém vai duvidar de que fazem bem à saúde!

Espetinho de Camarão Picante

RENDIMENTO: 16 APERITIVOS

450 g de camarões crus limpos
1 1/2 a 2 colheres (sopa) de Pasta Cajun Picante (página 172)
1 colher (sopa) de azeite de oliva extravirgem
16 espetos de 15 cm

1. Coloque o camarão em uma tigela grande, polvilhe com a pasta e regue com um pouco de azeite. Agite para misturar bem e deixe descansar por 15 a 30 minutos.
2. Enfie cerca de quatro camarões em cada espeto da seguinte maneira: dobre cada camarão quase pela metade, para que a ponta maior praticamente toque a menor. Insira o espeto bem acima da cauda para que atravesse o camarão duas vezes. (Se estiver usando espetos de madeira, deixe-os mergulhados na água durante 20 minutos antes de usar, para evitar que queimem.)
3. Grelhe os espetos na brasa em temperatura média por cerca de seis minutos, virando de vez em quando ou até o camarão ficar rosado e totalmente cozido. (Ou então asse os espetos em uma grelha preaquecida por cerca de seis minutos, virando de vez em quando.)

Informações nutricionais (1 porção)

CALORIAS: 28 • CARBOIDRATOS: 0,2 G • COLESTEROL: 40 MG • GORDURA: 1,2 G • FIBRA: 0 G • PROTEÍNA: 4,4 G • SÓDIO: 60 MG • CÁLCIO: 21 MG • IG: BAIXO

Espetos de Frango com Sabor de Amendoim

RENDIMENTO: 24 ESPETOS

550 g de peito de frango sem pele e desossado
48 *échalotes* de 2,5 cm
24 espetos de 15 cm

Marinada
1/2 xícara mais 2 colheres (sopa) de suco de laranja ou de abacaxi
3 colheres (sopa) de pasta de amendoim
3 colheres (sopa) de molho *shoyo* light
1 colher (sopa) de açúcar mascavo claro
1 1/2 colher (chá) de gengibre moído
2 colheres (chá) de alho amassado

1. Lave o frango em água fria e seque com toalhas de papel. Corte em tiras finas (com cerca de 1 cm) e coloque-as em um recipiente raso não metálico.
2. Junte todos os ingredientes da marinada em um liquidificador e bata até formar uma massa homogênea. Retire 1/3 de xícara da marinada, transfira para um recipiente coberto e leve para gelar até a hora de assar os espetos.
3. Despeje o restante da marinada sobre as tiras de frango e misture bem. Tampe e leve para gelar por 6 a 24 horas.
4. Prenda cuidadosamente dois pedaços de *échalote*, dois pedaços de pimentão e uma tira de frango em cada espeto. (Se estiver usando espetos de madeira, deixe-os mergulhados na água durante 20 minutos antes de usar, para evitar que queimem.)
5. Unte uma assadeira grande e arrume os espetos. Deixe grelhar por mais ou menos oito minutos, virando de vez em quando ou até o frango ficar levemente escurecido, sem estar cor-de-rosa por dentro. Regue com a marinada reservada nos últimos três minutos de cozimento. (Outra opção é assar os espetos de frango em uma grelha preaquecida por cerca de oito minutos, virando de vez em quando.) Coloque os espetos em uma travessa e sirva quente.

Informações nutricionais (1 espeto)

CALORIAS: 37 • CARBOIDRATOS: 1,5 G • COLESTEROL: 14 MG • GORDURA: 0,8 G • FIBRA: 0,3 G • PROTEÍNA: 6 G • SÓDIO: 56 MG • CÁLCIO: 7 MG • IG: BAIXO

Filé no Espeto

RENDIMENTO: 28 ESPETOS

700 g de filés limpos
2 a 3 colheres (sopa) de Pasta Picante de Ervas (página 171)
1 colher (sopa) de azeite de oliva extravirgem
56 cogumelos frescos (de médios a pequenos)
28 espetos de 15 cm
Azeite de oliva para untar

1. Lave a carne em água fria e seque com toalhas de papel. Corte os filés em tiras finas (com cerca de 1 cm) e coloque-as em um recipiente raso não metálico.
2. Espalhe a pasta de ervas sobre as tiras de carne e misture bem. Regue levemente as tiras de carne com azeite de oliva e misture novamente. Deixe descansar por 15 a 30 minutos ou, se quiser um sabor mais intenso, tampe e leve à geladeira por até 24 horas.

3. Enfie um cogumelo em cada espeto. Em seguida, coloque uma tira de carne no espeto seguida por outro cogumelo. (Se estiver usando espetos de madeira, deixe-os mergulhados na água durante 20 minutos antes de usar, para evitar que queimem.)
4. Unte uma assadeira grande e arrume os espetos. Molhe ligeiramente os espetos com azeite e asse por cerca de oito minutos, virando de vez em quando ou até que estejam levemente escurecidos e a carne no ponto. (Outra opção é assar os espetos em uma grelha preaquecida por cerca de oito minutos.) Coloque os espetos em uma travessa e sirva quente.

Informações nutricionais (1 espeto)

CALORIAS: 41 • CARBOIDRATOS: 2 G • COLESTEROL: 12 MG • GORDURA: 1,6 G • FIBRA: 0,6 G • PROTEÍNA: 5,1 G • SÓDIO: 38 MG • CÁLCIO: 4 MG • IG: BAIXO

Enroladinhos de Espinafre e Queijo

RENDIMENTO: 30 APERITIVOS

1 colher (sopa) mais 1 colher (chá) de tomates secos cortados
1 colher (sopa) mais 1 colher (chá) de água
225 g de *cream cheese* light, em temperatura ambiente
1 colher (chá) de alho amassado
1 pacote de 285 g de espinafre cortado congelado (descongelar) e espremido até secar
1/2 xícara de azeitonas pretas cortadas
3 Tortillas (página 79) de 25,5 cm de diâmetro em temperatura ambiente

1. Coloque os tomates e a água em uma tigela própria para microondas e ponha para ferver por mais ou menos 30 segundos ou até a água começar a ferver. Retire a tigela do microondas e deixe descansar por mais ou menos 10 minutos ou até a água ser absorvida e os tomates amaciarem.
2. Coloque o *cream cheese* e o alho em uma tigela grande e misture. Pique muito bem os tomates e acrescente-os à mistura de queijo junto com o espinafre e as azeitonas. Mexa bem.
3. Espalhe 1/3 da mistura de queijo em cada *tortilla*, esticando a mistura por toda a beirada superior e inferior, mas deixando 2,5 cm dos lados.
4. Começando por baixo, enrole as *tortillas* bem firmemente. Corte fora um pedaço de 0,5 cm de cada ponta. Fatie o restante das *tortillas* em 10 pedaços de 2 cm. Arrume os rolos em um prato e sirva imediatamente. Ou deixe os rolos sem cortar, envolva em saco plástico e leve para gelar por até oito horas antes de cortar e servir.

Informações nutricionais (1 aperitivo)

CALORIAS: 23 • CARBOIDRATOS: 3,4 G • COLESTEROL: 0 MG • GORDURA: 0,3 G • FIBRA: 0,6 G • PROTEÍNA: 1,8 G • SÓDIO: 72 MG • CÁLCIO: 34 MG • IG: MODERADO

Pizza de Gorgonzola para Festa

RENDIMENTO: 24 APERITIVOS

4 fatias de pão árabe de farinha de trigo integral ou de farelo de aveia (com 15 cm de diâmetro)

Cobertura

1 xícara de tomates cortados em pedaços bem pequenos (cerca de 3 tomates médios)
1 xícara de mussarela light ralada
1/3 de xícara de queijo gorgonzola ou de *blue cheese* amassado
1/4 de xícara de *échalotes* picadas
3/4 de colher (chá) de tempero italiano

1. Espalhe 1/4 dos tomates sobre cada pedaço do pão, deixando um espaço até a borda. Polvilhe primeiro a mussarela e depois o queijo gorgonzola sobre os tomates. Cubra com as *échalotes* e depois salpique o tempero italiano.
2. Arrume as pizzas em um tabuleiro e asse em forno a 205°C por cerca de 10 minutos ou até o queijo derreter e as pizzas começarem a dourar. Transfira as pizzas para uma tábua e corte cada uma em seis fatias. Sirva quente.

Informações nutricionais (1 porção)

CALORIAS: 40 • CARBOIDRATOS: 6 G • COLESTEROL: 4 MG • GORDURA: 1,2 G • FIBRA: 0,8 G • PROTEÍNA: 2,9 G • SÓDIO: 102 MG • CÁLCIO: 35 MG • IG: MODERADO

Rolinhos de Honra

RENDIMENTO: 28 APERITIVOS

4 Tortillas (página 79) de 25,5 cm de diâmetro, à temperatura ambiente
1 xícara de Pasta Vegetariana de Cream Cheese (página 117)
170 g de peito de peru assado cortado em fatias bem finas
115 g de mussarela ou queijo suíço light em fatias bem finas
13 anéis finos de pimentão vermelho
1 1/3 de xícara de alfafa ou de broto de mostarda ou 24 folhas de espinafre frescas e macias

1. Espalhe 1/4 de xícara da pasta de *cream cheese* em cada *tortilla*. Coloque 1/4 do peru apenas na parte de baixo, deixando uma margem de 2,5 cm em cada beirada externa. Arrume 1/4 do queijo e três anéis de pimentão sobre o peru. Finalmente, espalhe 1/4 da alfafa ou das folhas de espinafre sobre os pimentões.
2. Começando pela parte de baixo, enrole cada *tortilla* bem firme. Corte um pedaço de 0,5 cm de cada ponta e descarte. Corte o restane das *tortillas* em fatias (sete pedaços de 2,5 cm cada). Arrume os rolos em um prato e sirva imediatamente. Ou enrole-os em saco plástico e congele por até três horas antes de fatiar e servir.

Informações nutricionais (1 porção)

CALORIAS: 40 • CARBOIDRATOS: 4 G • COLESTEROL: 6 MG • GORDURA: 0,4 G • FIBRA: 0,4 G • PROTEÍNA: 4,5 G • SÓDIO: 89 MG • CÁLCIO: 79 MG • IG: MODERADO

Torta de Aspargos e Presunto

RENDIMENTO: 24 APERITIVOS

115 g de presunto magro cortado fino, em tiras
4 fatias finas de cebola, separada em anéis
1 1/2 xícara de pedaços de 2 cm de aspargos frescos
4 fatias de pão árabe de farinha de trigo integral ou de farelo de aveia (15 cm de diâmetro)
225 g de queijo de cabra macio ou queijo-de-minas cremoso
2 colheres (sopa) de parmesão ralado
Azeite de oliva
Margarina light

1. Unte uma frigideira grande antiaderente com margarina light. Junte o presunto, a cebola e o aspargo e cozinhe, mexendo sempre, por vários minutos ou até o aspargo ficar macio, mas firme, e o presunto começar a escurecer. Tampe de vez em quando se a frigideira ficar muito seca. (O vapor liberado durante o cozimento umedece a frigideira.)
2. Coloque as rodelas de pão árabe em uma superfície plana e espalhe sobre cada uma 1/4 do queijo-de-minas cremoso ou do queijo de cabra. Coloque sobre o queijo 1/4 da mistura de aspargo, depois polvilhe com 1 1/2 colher (chá) do parmesão. Regue cada torta com um fio de azeite.
3. Coloque as tortas em uma fôrma e asse a mais ou menos 200°C por cerca de 10 minutos ou até o queijo derreter e as tortas começarem a escurecer. Transfira as tortas para uma tábua e corte cada uma em seis fatias. Sirva quente.

Informações nutricionais (1 porção)

CALORIAS: 47 • CARBOIDRATOS: 6 G • COLESTEROL: 5 MG • GORDURA: 1,2 G • FIBRA: 0,9 G • PROTEÍNA: 3,8 G • SÓDIO: 142 MG • CÁLCIO: 28 MG • IG: MODERADO

Pasta de Feijão-Branco à Moda Mediterrânea

RENDIMENTO: 1 1/4DE XÍCARA

1 lata de 425 g de feijão-branco, escorrido e lavado
1 colher (sopa) mais 1 colher (chá) de suco de limão
1 a 2 colheres (sopa) de azeite de oliva extravirgem
1 1/2 colher (chá) de alho espremido
1/4 de colher (chá) de orégano seco
1/4 de colher (chá) de pimenta-do-reino moída
2 colheres (sopa) de azeitonas pretas picadas
2 colheres (sopa) de salsa fresca picada

1. Bata todos os ingredientes no processador, menos as azeitonas e a salsa, até obter uma massa homogênea. Acrescente algumas colheres de chá de água se a mistura estiver muito grossa.
2. Espalhe a mistura de feijão em uma pequena travessa rasa. Junte as azeitonas e a salsa em uma tigela pequena, misture bem e espalhe sobre o caldo de feijão. Sirva imediatamente com fatias de pão árabe integral, bolacha integral, folhas de endívia, talos de aipo e talos de cenoura. Ou tampe e leve à geladeira até a hora de servir, mas antes deixe a pasta chegar à temperatura ambiente.

Informações nutricionais (1 porção)

CALORIAS: 26 • CARBOIDRATOS: 3,6 G • COLESTEROL: 0 MG • GORDURA: 0,9 G • FIBRA: 1,4 G • PROTEÍNA: 1,2 G • SÓDIO: 39 MG • CÁLCIO: 11 MG • IG: BAIXO

Hummus de Verão

RENDIMENTO: 2 XÍCARAS

1 lata de 450 g de grão-de-bico escorrido
1/4 de xícara de taíne de gergelim
1/4 de xícara de iogurte natural desnatado ou semidesnatado
2 colheres (sopa) de suco de limão
1 1/2 colher (chá) de alho espremido

1/4 de colher (chá) de cominho moído
1/4 de xícara de cenouras cortadas
3 colheres (sopa) de salsa fresca
2 colheres (sopa) de *échalotes* picadas

1. Junte o grão-de-bico, o taíne, o iogurte, o suco de limão, o alho e o cominho e bata até obter uma massa homogênea. Acrescente um pouco mais de iogurte se a mistura estiver grossa demais. Adicione as cenouras e leve ao processador até que fiquem bem finas. Junte a salsa e as *échalotes* e processe até ficarem finas.
2. Sirva imediatamente com fatias de pão árabe integral, bolacha integral, talos de aipo e de cenoura. Ou tampe e leve à geladeira até a hora de servir, mas antes deixe a pasta chegar à temperatura ambiente.

Informações nutricionais (1 colher (sopa))

CALORIAS: 28 • CARBOIDRATOS: 3,2 G • COLESTEROL: 0 MG • GORDURA: 1,2 G • FIBRA: 0,9 G • PROTEÍNA: 1,3 G • SÓDIO: 26 MG • CÁLCIO: 17 MG • IG: BAIXO

Pasta de Pimentão Vermelho Assado

RENDIMENTO: 1 XÍCARA

3/4 de xícara de maionese light
1/2 xícara de pimentões vermelhos assados e cortados (cerca de 100 g)
1 colher (chá) de alho espremido
1/4 de colher (chá) de orégano seco
1/4 de colher (chá) de pimenta-do-reino moída

1. Junte todos os ingredientes em um liquidificador ou em um miniprocessador e bata até obter uma massa homogênea.
2. Tampe e deixe esfriar por pelo menos duas horas. Sirva com uma salada de legumes e hortaliças frescas e fatias enroladas de peito de peru e de rosbife magro.

Informações nutricionais (1 colher (sopa))

CALORIAS: 9 • CARBOIDRATOS: 1,8 G • COLESTEROL: 0 MG • GORDURA: 0 G • FIBRA: 0 G • PROTEÍNA: 0,1 G • SÓDIO: 101 MG • CÁLCIO: 1 MG • IG: BAIXO

Pasta Cremosa de Ervas

RENDIMENTO: 1 1/4DE XÍCARA

3/4 de xícara de maionese light
1/2 xícara de Sour Cream (página 79)
1 colher (chá) de alho amassado
1 colher (sopa) de salsa fresca picada ou 1 colher (chá) de salsa desidratada
1 colher (sopa) de cebolinha picada ou 1 colher (chá) de cebolinha desidratada
3/4 de colher (chá) de endro fresco picado ou 1/4 de colher (chá) de *dill* desidratado
1/4 de colher (chá) de pimenta-do-reino moída

1. Junte todos os ingredientes em uma tigela pequena e misture bem.
2. Transfira a mistura para um recipiente fechado e leve à geladeira por algumas horas. Sirva com uma salada de hortaliças frescas e fatias de peito de peru ou rosbife magro.

Informações nutricionais (1 colher (sopa))

CALORIAS: 12 • CARBOIDRATOS: 2 G • COLESTEROL: 0 MG • GORDURA: 0 G • FIBRA: 0 G • PROTEÍNA: 0,4 G • SÓDIO: 67 MG • CÁLCIO: 8 MG • IG: BAIXO

Pasta de Chutney e Queijo

RENDIMENTO: 1 XÍCARA

Cerca de 225 g de *cream cheese* light à temperatura ambiente
3 colheres (sopa) de *mango chutney*

1. Ponha o *cream cheese* numa vasilha média e misture com batedor elétrico até que fique liso. Acrescente o *chutney* e bata novamente.
2. Sirva imediatamente ou guarde na geladeira. Sirva com pão pita, *crackers* integrais, talos de aipo e peito de peru cortado fino.

Informações nutricionais (1 colher (sopa))

CALORIAS: 18 • CARBOIDRATOS: 2,1 G • COLESTEROL: 1 MG • GORDURA: 0 G • FIBRA: 0,1 G • PROTEÍNA: 2,2 G • SÓDIO: 75 MG • CÁLCIO: 44 MG • IG: BAIXO

Pasta Vegetariana de Cream Cheese

RENDIMENTO: 1 XÍCARA

Cerca de 225 g de *cream cheese* light à temperatura ambiente
1 colher (chá) de alho amassado
3 colheres (sopa) de *échalotes* picadas
3 colheres (sopa) de pimentão verde picado
3 colheres (sopa) de cenoura ralada

1. Junte o *cream cheese* e o alho em uma tigela média e bata com um misturador elétrico até obter uma massa lisa. Misture os outros ingredientes.
2. Transfira a mistura para um recipiente com tampa e leve à geladeira por pelo menos duas horas. Sirva com bolachas de farinha de trigo integral, hortaliças frescas cortadas ou use como recheio para sanduíches.

Informações nutricionais (1 porção)

CALORIAS: 12 • CARBOIDRATOS: 0,8 G • COLESTEROL: 1 MG • GORDURA: 0 G • FIBRA: 0,1 G • PROTEÍNA: 1,8 G • SÓDIO: 55 MG • CÁLCIO: 35 MG • IG: MUITO BAIXO

Pasta Saborosa de Atum

RENDIMENTO: 2 XÍCARAS

Cerca de 225 g de *cream cheese* light
1/4 de xícara de Sour Cream (página 79) ou maionese light
1 lata de 170 g de atum conservado em água, escorrido
1/4 de xícara de *échalotes* picadas
1/4 de xícara de aipo picado
1/4 de xícara de azeitonas pretas picadas

1. Coloque o *cream cheese* e o *sour cream* ou a maionese em uma tigela média e bata com um misturador elétrico até obter uma massa lisa. Misture o restante dos ingredientes.
2. Transfira para um recipiente com tampa e leve para gelar por pelo menos uma hora. Sirva com bolachas de farinha de trigo integral ou com aipo ou, ainda, como recheio para tomates-cereja e sanduíches. Para variar, substitua o atum por 3/4 de xícara de salmão defumado em lascas.

Informações nutricionais (1 colher (sopa))

CALORIAS: 15 • CARBOIDRATOS: 1 G • COLESTEROL: 2 MG • GORDURA: 0,2 G • FIBRA: 0,1 G • PROTEÍNA: 2,2 G • SÓDIO: 58 MG • CÁLCIO: 23 MG • IG: MUITO BAIXO

Pasta Cremosa de Frutos do Mar

RENDIMENTO: 1 1/2 XÍCARA

225 g de *cream cheese* light, à temperatura ambiente
2 colheres (sopa) de molho *chilli*
1 xícara de carne de siri em lascas ou camarão cozido cortado em cubos
3 colheres (sopa) de *échalotes* picadas

1. Coloque o *cream cheese* e o molho *chilli* em uma tigela média e bata com um misturador elétrico até obter uma massa lisa. Misture o siri ou o camarão.
2. Espalhe a massa de maneira homogênea em duas taças. Tampe e leve para gelar por pelo menos uma hora. Espalhe as *échalotes* sobre a pasta na hora de servir. Sirva com bolachas integrais e aipo.

Informações nutricionais (1 colher de sopa)

CALORIAS: 16 • CARBOIDRATOS: 1 G • COLESTEROL: 4 MG • GORDURA: 0,1 G • FIBRA: 0 G • PROTEÍNA: 2,6 G • SÓDIO: 83 MG • CÁLCIO: 32 MG • IG: BAIXO

Siri com Molho de Alcachofra

RENDIMENTO: 3 XÍCARAS

1 lata de 400 g de alcachofra, escorrida e picada
1 1/2 xícara de siri cozido cortado em lascas finas ou 2 latas (170 g cada) de carne de siri escorrida
1 xícara de maionese light
2 colheres (chá) de mostarda Dijon
1/2 colher (chá) de alho amassado
1/4 de colher (chá) de pimenta branca moída
1/2 xícara de parmesão ralado

1. Junte todos os ingredientes, menos 2 colheres (sopa) do parmesão, em uma tigela média e misture bem. Unte um refratário pequeno e espalhe a mistura de maneira homogênea na travessa. Polvilhe com o restante do parmesão.
2. Cubra a travessa com papel-alumínio e asse em forno a 175°C. Retire o papel e as-

se por mais 10 minutos ou até a parte de cima ficar ligeiramente dourada. Sirva quente com bolachas de farinha de trigo integral ou fatias de pão árabe integral.

Informações nutricionais (1 colher de sopa)

CALORIAS: 14 • CARBOIDRATOS: 1,3 G • COLESTEROL: 4 MG • GORDURA: 0,4 G • FIBRA: 0,3 G • PROTEÍNA: 1,4 G • SÓDIO: 74 MG • CÁLCIO: 19 MG • IG: BAIXO

Quesadillas de Espinafre e Cogumelos

RENDIMENTO: 32 APERITIVOS

2 1/2 xícaras de cogumelo cortado
2 colheres (chá) de alho amassado
1/2 colher (chá) de tomilho seco
5 xícaras (moderadamente cheias) de folhas de espinafre frescas, picadas grosseiramente
8 Tortillas (de 20 cm de diâmetro) (página 79), à temperatura ambiente
2 xícaras de mussarela light ralada
Azeite de oliva
Margarina light

1. Unte uma frigideira grande com margarina light e leve-a ao fogo médio a alto. Junte os cogumelos, o alho e o tomilho e cozinhe, mexendo sempre, até que os cogumelos comecem a soltar o caldo e dourem um pouco. De vez em quando, se a mistura começar a secar, tampe a frigideira. (O vapor liberado durante o cozimento umedecerá a frigideira.) Acrescente o espinafre e cozinhe, mexendo sempre por um ou dois minutos ou até o espinafre murchar. Retire a frigideira do fogo e reserve.
2. Coloque uma *tortilla* em uma superfície plana e espalhe 1/8 da mistura de espinafre sobre a metade inferior da *tortilla*, depois polvilhe com 1/4 de xícara da mussarela. Dobre a metade superior da *tortilla* por cima para juntar o recheio. Repita com o restante dos ingredientes, até rechear oito *tortilla*s.
3. Unte uma assadeira com margarina light e coloque as *tortilla*s dobradas. Regue a parte de cima com azeite. Asse em forno a 220°C por cinco minutos, vire as *quesadillas* com uma espátula e asse por mais quatro minutos ou até ficarem ligeiramente douradas e o queijo derreter.
4. Coloque cada *quesadilla* em uma tábua e corte em quatro fatias. Sirva quente.

Informações nutricionais (1 aperitivo)

CALORIAS: 45 • CARBOIDRATOS: 6 G • COLESTEROL: 0 MG • GORDURA: 0,8 G • FIBRA: 0,7 G • PROTEÍNA: 2,8 G • SÓDIO: 105 MG • CÁLCIO: 52 MG • IG: MODERADO

Cogumelos Recheados com Siri

RENDIMENTO: 24 APERITIVOS

24 cogumelos médios frescos (cerca de 450 g)
1/3 de xícara de pimentão vermelho picado
1/3 de xícara de pimentão verde picado
1/4 de xícara de cebola picada
1 colher (chá) de tomilho seco
1/8 de colher (chá) de pimenta-do-reino moída
1/4 de xícara de caldo de galinha
1 xícara de carne de siri cozida e cortada em lascas finas (cerca de 140 g)
2 xícaras de farinha de rosca feita com pão de sete cereais ou pão rústico
1/4 de xícara de parmesão ralado
Azeite de oliva

1. Retire as hastes dos cogumelos e corte-os finos o bastante para render 3/4 de xícara. Unte uma frigideira grande com o azeite e leve-a ao fogo médio. Junte os cogumelos, os pimentões verde e vermelho, a cebola, o tomilho, a pimenta-do-reino e 1 colher (sopa) do caldo de galinha. Tampe e cozinhe, mexendo sempre durante cerca de três minutos ou até que as hortaliças fiquem macias. Acrescente um pouco mais do caldo durante o cozimento, se a frigideira ficar muito seca.
2. Retire a frigideira do fogo e deixe de lado por alguns minutos para esfriar um pouco. Acrescente o siri à mistura na frigideira e misture bem. Junte a farinha de rosca (que deve ser feita com três fatias já duras e torradas do pão de sete cereais ou do pão rústico, levadas ao liquidificador ou processador para ficarem esmigalhadas) e o parmesão, misturando bem. Acrescente lentamente o restante do caldo, mexendo para misturar bem. A mistura deve ficar úmida, mas não molhada, e grudar quando apertada com cuidado. Coloque um pouco mais do caldo, se necessário.
3. Unte uma fôrma de 20 x 30 cm. Coloque cerca de uma colher de sopa cheia do recheio dentro de cada cogumelo, apertando delicadamente o recheio, e arrume os cogumelos na fôrma. Regue os cogumelos com um pouco de azeite.
4. Cubra a fôrma com papel-alumínio e asse em forno a 205°C por 12 minutos. Retire o papel e asse por mais cerca de cinco minutos ou até os cogumelos amaciarem e o recheio ficar ligeiramente dourado. Sirva quente.

Informações nutricionais (1 porção)

CALORIAS: 24 • CARBOIDRATOS: 3 G • COLESTEROL: 4 MG • GORDURA: 0,6 G • FIBRA: 0,6 G • PROTEÍNA: 2,4 G • SÓDIO: 57 MG • CÁLCIO: 22 MG • IG: BAIXO

Cogumelos Recheados com Lingüiça ou Peito de Peru

RENDIMENTO: 24 APERITIVOS

24 cogumelos frescos de médios a grandes (cerca de 450 g)
225 g de peito de peru defumado ou de lingüiça defumada
1/4 de xícara de cebola picada
1/2 colher (chá) de tomilho seco
1 pitada de pimenta-do-reino moída
1/4 de xícara de caldo de galinha
2 xícaras de farinha de rosca de pão de sete cereais ou de pão rústico
Azeite de oliva
Margarina light

1. Retire as hastes dos cogumelos e corte fino uma quantidade suficiente para encher uma xícara. Reserve.
2. Unte uma frigideira antiaderente grande com margarina light e leve ao fogo médio. Junte a lingüiça e cozinhe, mexendo para esmigalhar muito bem, até que a carne não esteja mais cor-de-rosa. Acrescente as hastes de cogumelos cortadas, a cebola, o tomilho, a pimenta-do-reino e 1 colher (sopa) do caldo. Tampe e cozinhe, mexendo com freqüência por cerca de três minutos ou até as hortaliças ficarem macias. Acrescente um pouco mais do caldo durante o cozimento, se a frigideira secar demais.
3. Retire a frigideira do fogo e deixe de lado por alguns minutos para esfriar um pouco. Acrescente a farinha de rosca (que deve ser feita com três fatias já duras e torradas do pão de sete cereais ou do pão rústico, levadas ao liquidificador ou processador para ficarem esmigalhadas) à mistura na frigideira e mexa delicadamente para misturar bem. Acrescente lentamente o resto do caldo, misturando bem. A mistura deve ficar úmida, mas não molhada, e grudar quando apertada (com cuidado). Coloque um pouco mais do caldo, se necessário.
4. Unte uma fôrma de 20 x 30 cm com margarina light. Coloque cerca de 1 colher (sopa) cheia do recheio dentro de cada cogumelo, apertando delicadamente e arrume os cogumelos na fôrma. Regue com o azeite.
5. Cubra a fôrma com papel-alumínio e asse em forno a 205ºC por 12 minutos. Retire o papel e asse por mais cerca de cinco minutos ou até que os cogumelos estejam macios e o recheio ligeiramente dourado. Sirva quente.

Informações nutricionais (1 aperitivo)

CALORIAS: 27 • CARBOIDRATOS: 3 G • COLESTEROL: 6 MG • GORDURA: 0,6 G • FIBRA: 0,5 G • PROTEÍNA: 3 G • SÓDIO: 53 MG • CÁLCIO: 4 MG • IG: BAIXO

Pepino Recheado com Siri

RENDIMENTO: 14 APERITIVOS

3/4 de xícara de carne de siri cozida cortada em lascas
2 colheres (sopa) de pimentão vermelho picado
2 colheres (sopa) de *échalotes* picadas
3 colheres (sopa) de maionese light
1/4 de colher (chá) de *dill*
1 pitada de pimenta branca moída
2 pepinos médios

1. Junte o siri, o pimentão vermelho e as *échalotes* em uma tigela pequena e misture bem. Acrescente a maionese, o *dill* e a pimenta branca e mexa bem. Transfira a mistura para um recipiente fechado e leve à geladeira por pelo menos uma hora ou até gelar.
2. Para montar os aperitivos, descasque os pepinos e corte-os em fatias com 2 cm de espessura. Usando utensílio para fazer bolinhas de melão ou uma colher pequena, escave, retirando as sementes, deixando uma concha de 0,5 cm cobrindo a parte de baixo da fatia. Recheie cada pepino com 1 colher (sopa) da mistura de siri. Arrume os aperitivos em uma travessa e sirva imediatamente.

Informações nutricionais (1 aperitivo)

CALORIAS: 14 • CARBOIDRATOS: 2,5 G • COLESTEROL: 5 MG • GORDURA: 0,1 G • FIBRA: 0,3 G • PROTEÍNA: 1,7 G • SÓDIO: 47 MG • CÁLCIO: 9 MG • IG: MUITO BAIXO

VARIAÇÃO

Alcachofras Recheadas com Siri

Substitua o *dill* por uma pitada de orégano seco e use 14 fundos de alcachofra (cerca de duas latas de 425 g) em vez dos pepinos.

Informações nutricionais (1 porção)

CALORIAS: 25 • CARBOIDRATOS: 4,3 G • COLESTEROL: 5 MG • GORDURA: 0,1 G • FIBRA: 2,2 G • PROTEÍNA: 2,3 G • SÓDIO: 70 MG • CÁLCIO: 19 MG • IG: MUITO BAIXO

PRECISA DE MAIS IDÉIAS?

Ao criar os aperitivos e lanches, não se prenda às receitas deste capítulo. Eis mais algumas idéias para lanches deliciosos e saudáveis que lhe permitirão manter uma alimentação com IG baixo:

- Escave tomates-cereja e recheie com a Salada de Camarão com Massa Orzo (página 159). Ou recheie com a Salada Picante de Ovos (página 158) e polvilhe com páprica moída.

- Corte talos de aipo com 5 cm de comprimento e recheie com a Salada de Frango com Amêndoas e Dill (página 155), Pasta Saborosa de Atum (página 117) ou Salada Picante de Ovos (página 158).

- Coloque folhas de endívia em uma travessa com a parte côncava para cima para formar recipientes rasos. Recheie cada folha com 1 colher (sopa) da Pasta Saborosa de Atum (página 117), Salada de Peru com Castanha de Caju Triturada (página 156), Salada de Siri da Costa Oeste (página 157), Salada Picante de Ovos (página 158) ou Salada de Camarão com Massa Orzo (página 159).

- Sirva a Salada de Frango com Amêndoas e Dill (página 155), a Salada de Peru com Castanha de Caju Triturada (página 156), a Salada de Siri da Costa Oeste (página 157) ou a Salada Picante de Ovos (página 158) com uma variedade de bolachas de farinhade trigo integral. Ou use-as para rechear pequenos sanduíches feitos com pão de sete cereais ou *pumpernickel*.

- Prenda tomates-cereja, cogumelos, abobrinha, *échalotes*, azeitonas pretas descaroçadas e cubos de queijo light em espetos com 15 cm de comprimento. Sirva com a Pasta Picante de Ervas (página 171) ou com a Pasta de Pimentão Vermelho Assado (página 115).

- Coloque bolas ou cubos de melão fresco, morangos inteiros frescos, uvas e pedaços de abacaxi em espetos de 15 cm.

- Sirva frutas frescas em uma travessa com iogurte desnatado por cima.

Capítulo 8

Sopas para aquecer o coração

Nada é mais gostoso e reconfortante do que um prato de sopa quente, feita em casa. E sopas com ingredientes como carnes magras, frango, frutos do mar, grãos integrais, feijão, massa e hortaliças aparecem como uma opção natural para uma vida com IG baixo.

Talvez o mais versátil dos alimentos, um prato de sopa é o acompanhamento perfeito com IG baixo para um sanduíche ou uma salada. Uma sopa apetitosa só precisa de um pedaço de pão integral torrado para se transformar em um jantar apetitoso ou em uma ceia leve. Mesmo se você resolver fazer uma sopa começando do zero, vai descobrir que as sopas são ideais para quem vive uma vida atribulada, porque podem ser preparadas com antecedência e armazenadas. Na verdade, ficam ainda mais gostosas quando os sabores se casam e se misturam.

Quer emagrecer? Um prato fundo de sopa pode ser o caminho certo. Como a sopa tem bastante água,.você poderá saborear uma porção farta com relativamente poucas calorias. Isso torna a sopa um alimento bastante substancial e satisfatório.

Neste capítulo você encontrará uma combinação de ingredientes que produzirão uma variedade deliciosa de sopas com IG baixo, todas muito saborosas e repletas de nutrientes importantes. Portanto, tire o caldeirão do armário e prepare-se para fazer das sopas uma parte saudável de seu cardápio.

Sopa de Frango e Arroz Selvagem

RENDIMENTO: 8 XÍCARAS

2 metades de peito de frango com o osso e sem pele (cerca de 450 g)
7 xícaras de água ou de caldo de galinha sem sal
1 colher (sopa) mais 1 colher (chá) de grânulos de caldo de galinha instantâneo
2 xícaras de cogumelos frescos cortados
1 xícara de cebola picada
1 xícara de aipo picado (inclusive as folhas)
3/4 de xícara de arroz selvagem
2 xícaras (chá) de alho amassado
3/4 de colher (chá) de tomilho seco
3/4 de colher (chá) de alecrim
1 pitada de pimenta branca moída
Margarina light

1. Unte uma caçarola funda com margarina light e leve ao fogo médio a alto. Coloque os peitos de frango e cozinhe por alguns minutos de cada lado ou até o frango ficar ligeiramente dourado.
2. Acrescente os demais ingredientes à panela e deixe ferver em fogo alto. Reduza o fogo, tampe e ferva em fogo baixo por 25 minutos ou até o frango ficar macio e totalmente cozido. Tire o frango da panela e reserve. Cozinhe a sopa por mais 30 minutos ou até o arroz ficar macio.
3. Desosse o frango e corte a carne em pedaços pequenos. Junte o frango à sopa e deixe ferver por mais um ou dois minutos. Sirva quente. Para variar, substitua o arroz selvagem por arroz integral ou cevada.

Informações nutricionais (1 porção)

CALORIAS: 121 • CARBOIDRATOS: 15 G • COLESTEROL: 27 MG • GORDURA: 1 G • FIBRA: 1,9 G • PROTEÍNA: 14 G • SÓDIO: 365 MG • CÁLCIO: 19 MG • IG: BAIXO

Sopa de Galinha Creole

RENDIMENTO: 8 XÍCARAS

2 metades de peito de frango com o osso e sem pele (cerca de 450 g)
4 1/2 xícaras de água ou de caldo de galinha sem sal
1 lata com cerca de 400 g de tomates cozidos, amassados e com o molho
1 xícara de cebola picada

1 xícara de cogumelos frescos em fatias
3/4 de xícara de aipo picado (inclusive as folhas)
1/2 xícara de arroz integral cru
1 colher (sopa) de grânulos instantâneos de caldo de galinha
2 colheres (chá) de alho espremido
1 1/2 a 2 colheres (chá) de Pasta Cajun Picante (página 172)
1 1/2 colher (chá) de tomilho seco
1 xícara de grãos de milho inteiros frescos ou congelados
1 xícara de quiabo fresco ou congelado em fatias
Margarina light

1. Unte uma caçarola funda com margarina light e leve ao fogo médio a alto. Junte os peitos de frango e cozinhe por alguns minutos de cada lado ou até o frango ficar ligeiramente dourado.
2. Acrescente a água ou o caldo, o tomate, a cebola, o cogumelo, o aipo, o arroz, os grânulos de caldo, o alho, a pasta Cajun picante e o tomilho à panela com o frango e deixe cozinhar até levantar fervura. Reduza o fogo, tampe e ferva em fogo baixo por 25 minutos ou até o frango ficar completamente cozido.
3. Retire o frango da panela e reserve. Cozinhe a sopa por mais 20 minutos ou até o arroz estar quase macio.
4. Acrescente o milho e o quiabo à sopa e cozinhe por 10 minutos ou até o quiabo, o milho e o arroz ficarem macios. Desosse o frango e corte a carne em pedaços pequenos. Junte o frango à sopa e ferva por mais um ou dois minutos. Sirva quente.

Informações nutricionais (1 porção)

CALORIAS: 145 • CARBOIDRATOS: 20 G • COLESTEROL: 24 MG • GORDURA: 1,3 G • FIBRA: 2,8 G • PROTEÍNA: 13 G • SÓDIO: 446 MG • CÁLCIO: 45 MG • IG: BAIXO

Ensopado de Moluscos Manhattan

RENDIMENTO: 7 PORÇÕES

2 latas de mexilhões picados (170 g cada)
1 xícara de coquetel de hortaliças
1 lata com cerca de 400 g de tomates cozidos, amassados e com o molho
1 1/4 de xícara de batata-bolinha cozida e cortada em cubos
1 1/4 de xícara de cogumelos frescos em fatias
3/4 de xícara de aipo cortado em fatias (inclusive as folhas)
3/4 de xícara de cebola picada

1/2 xícara de cenoura cortada em cubos
1 colher (chá) de tomilho seco
1 colher (chá) de salsa seca
1/4 de colher (chá) de pimenta-do-reino moída
1 colher (sopa) de azeite de oliva extravirgem

1. Escorra os mexilhões, coloque o suco em uma medida de 2 xícaras e acrescente água suficiente para completar 1 1/2 xícara.
2. Ponha em uma panela de mais ou menos três litros e adicione os demais ingredientes, exceto os mexilhões e o azeite. Cozinhe até levantar fervura em fogo alto e reduza o fogo. Tampe e ferva por 30 minutos ou até que as hortaliças fiquem macias e os sabores estejam bem misturados. Junte o azeite e os mexilhões à sopa e ferva por mais um ou dois minutos ou até a mistura estar completamente aquecida. Sirva quente.

Informações nutricionais (1 xícara)

CALORIAS: 87 • CARBOIDRATOS: 15 G • COLESTEROL: 1 MG • GORDURA: 2,1 G • FIBRA: 2,2 G • PROTEÍNA: 2,1 G • SÓDIO: 330 MG • CÁLCIO: 45 MG • IG: BAIXO

Sopa Siciliana de Almôndegas

RENDIMENTO: 10 XÍCARAS

Almôndegas
450 g de carne moída magra
2 colheres (chá) de salsa seca
1 colher (chá) de grânulos instantâneos de caldo de carne
3/4 de colher (chá) de tempero italiano seco
1 ovo
1/4 de xícara de massa *orzo**

Sopa
6 xícaras de água
1 colher (sopa) de grânulos instantâneos de caldo de carne
2 colheres (chá) de alho amassado
1 xícara de cebola picada (mais ou menos 1 média)
1 xícara de cenoura cortada em cubos (mais ou menos 2 médias)

* *Pequena massa em formato de arroz, usada principalmente em sopas.*

1 lata com cerca de 400 g de tomates cozidos, amassados e com o molho
1/2 xícara de massa *orzo*
2 abobrinhas cortadas no meio no sentido do comprimento e em pedaços de 1,25 cm de largura (encher 1 1/2 xícara)
1 xícara de espinafre fresco picado (em pacote)

1. Para fazer as almôndegas, junte todos os ingredientes (exceto a massa *orzo*) e misture bem. Acrescente a massa crua e torne a misturar. Faça bolas de mais ou menos 2,5 cm de diâmetro com a mistura de carne e reserve.
2. Junte a água, os grânulos de caldo de carne, o tempero italiano, o alho, a cebola e a cenoura em uma panela de aproximadamente 4,5 litros e deixe ferver em fogo alto. Reduza o fogo, tampe e deixe ferver por cinco minutos ou até as cenouras começarem a amolecer.
3. Coloque os tomates com o molho em um liquidificador e bata até obter um purê liso. Junte o purê de tomates ao ensopado fervendo e aumente o fogo ligeiramente para que a mistura volte a ferver.
4. Acrescente, pouco a pouco, as almôndegas à sopa fervendo. Tampe a panela e deixe ferver em fogo baixo por 20 minutos. Junte a massa e aumente o fogo. Cozinhe com a panela tampada por cerca de 10 minutos ou até a massa ficar quase cozida. (Mexa de vez em quando para evitar que a massa grude no fundo da panela.) Junte a abobrinha e cozinhe por mais três minutos ou até que a abobrinha esteja macia e a massa cozida. Acrescente o espinafre e cozinhe por mais um minuto ou até que o espinafre murche. Sirva quente.

Informações nutricionais (1 xícara)

CALORIAS: 136 • CARBOIDRATOS: 15 G • COLESTEROL: 24 MG • GORDURA: 2,3 G • FIBRA: 1,7 G • PROTEÍNA: 12,1 G • SÓDIO: 391 MG • CÁLCIO: 30 MG • IG: BAIXO

Sopa de Repolho com Carne

RENDIMENTO: 7 XÍCARAS

340 g de carne moída
2 xícaras de caldo de carne
1 lata com cerca de 400 g de tomates cozidos, amassados e com o molho
1 xícara de cebola picada
1 colher (chá) de tomilho seco
1 folha de louro
1 pitada de pimenta-do-reino

4 xícaras de repolho picado grosseiramente (mais ou menos 1/2 cabeça média)
1 lata de 425 g de feijão-mulatinho lavado e escorrido

1. Unte uma panela de 4,5 litros e coloque a carne moída. Leve a panela ao fogo médio e cozinhe, mexendo bem, até a carne dourar. Acrescente os demais ingredientes, exceto o repolho e o feijão, e cozinhe em fogo alto até ferver. Reduza o fogo, tampe e deixe ferver por 15 minutos.
2. Acrescente o repolho e o feijão à panela e aumente o fogo até levantar fervura. Reduza o fogo novamente, tampe e deixe ferver por mais 15 a 20 minutos ou até o repolho ficar macio e os sabores bem misturados. Retire o louro e sirva quente.

Informações nutricionais (1 xícara)

CALORIAS: 162 • CARBOIDRATOS: 20 G • COLESTEROL: 20 MG • GORDURA: 2,6 G • FIBRA: 7 G • PROTEÍNA: 15 G • SÓDIO: 353 MG • CÁLCIO: 43 MG • IG: MUITO BAIXO

Sopa Energética de Carne e Hortaliças

RENDIMENTO: 10 XÍCARAS

450 g de carne moída magra
6 xícaras de água
1 lata com cerca de 400 g de tomates cozidos, amassados e com molho
1 cebola média cortada em rodelas finas
1 cenoura média sem casca cortada em cubos
1 colher (sopa) mais 1 colher (chá) de grânulos instantâneos de caldo de carne
1 1/2 colher (chá) de *chilli* em pó
3/4 de colher (chá) de tomilho seco
1/2 colher (chá) de orégano seco
1 xícara de milho fresco ou congelado
1 xícara de vagem cortada
1 1/2 xícara de repolho cortado grosseiramente
90 g de *penne* (mais ou menos 1 xícara)

1. Unte uma panela de aproximadamente seis litros e coloque a carne moída. Leve a panela ao fogo médio e deixe cozinhar, mexendo bem, até a carne dourar. Acrescente a água, o tomate, a cebola, a cenoura, os grânulos de caldo de carne, o *chilli* em pó, o tomilho e o orégano. Deixe ferver em fogo alto. Reduza o fogo, tampe e deixe ferver por 15 minutos.
2. Acrescente o milho e a vagem à panela e deixe ferver novamente. Reduza o fogo, tampe e deixe ferver por 10 minutos.

3. Junte o repolho e o *penne* e cozinhe por cerca de mais 10 minutos ou até ficar al dente. (Tome cuidado para não cozinhar demais, porque a massa continuará a amolecer enquanto permanecer no caldo quente.) Sirva quente.

Informações nutricionais (1 xícara)

CALORIAS: 134 • CARBOIDRATOS: 16 G • COLESTEROL: 24 MG • GORDURA: 2,4 G • FIBRA: 2 G • PROTEÍNA: 12 G • SÓDIO: 127 MG • CÁLCIO: 32 MG • IG: MUITO BAIXO

Chilli Saboroso

RENDIMENTO: 8 XÍCARAS

1/2 colher (chá) de sementes de cominho integral
450 g de carne moída magra
1 lata com cerca de 400 g de molho de tomate
1 1/2 xícara de coquetel de hortaliças
1 xícara de cebola picada
115 g de *chilli* verde ou pimenta-dedo-de-moça
2 colheres (sopa) de *chilli* em pó
1 1/2 xícara (chá) de alho amassado
1/2 colher (chá) de orégano seco
1/4 de colher (chá) de canela moída
2 latas (cerca de 425 g cada) de feijão-mulatinho vermelho ou de feijão-preto escorrido
1 xícara de queijo prato ou *cheddar* light (opcional) ralado
1/2 xícara de *échalotes* em fatias (opcional)
Margarina light

1. Coloque as sementes de cominho em uma panela antiaderente com capacidade para mais ou menos 4,5 litros e leve ao fogo médio. Cozinhe, mexendo sempre, por 30 a 60 segundos, ou até o cominho exalar um aroma torrado e agradável. Coloque as sementes em uma travessa pequena e reserve.
2. Unte a panela com margarina light, acrescente a carne moída e deixe cozinhar em fogo médio. Cozinhe, mexendo, até a carne dourar. Jogue fora o excesso de caldo e de gordura.
3. Junte o cominho, o tomate, o coquetel de hortaliças, a cebola, o *chilli* ou a pimenta-dedo-de-moça, o *chilli* em pó, o alho, o orégano e a canela na panela e deixe a mistura ferver. Reduza para fogo baixo, tampe e deixe ferver por 20 minutos.
4. Acrescente o feijão. Tampe e ferva por 15 minutos ou até a cebola ficar macia e os sabores bem misturados. Sirva quente, colocando sobre cada porção 2 colheres (sopa) do queijo e 1 colher (sopa) de *échalotes*, se desejar.

Informações nutricionais (1 xícara)

CALORIAS: 232 • CARBOIDRATOS: 30 G • COLESTEROL: 30 MG • GORDURA: 3,5 G • FIBRA: 11 G • PROTEÍNA: 20 G • SÓDIO: 355 MG • CÁLCIO: 63 MG • IG: MUITO BAIXO

Chilli Vegetariano

RENDIMENTO: 7 XÍCARAS

1 lata com cerca de 400 g de tomates cozidos, amassados e com molho
1 lata com cerca de 400 g de molho de tomate
1 cebola média picada
2 a 3 colheres (sopa) de *chilli* em pó
1 1/2 colher (chá) de alho amassado
1 colher (chá) de orégano seco
1 colher (chá) de cominho em pó
2 latas (cerca de 400 g cada) de feijão-mulatinho, escorrido
1 1/2 xícara de grãos de milho frescos ou congelados
1 1/2 xícara de abobrinha em cubos (mais ou menos 1 média)
3/4 de xícara mais 2 colheres (sopa) de queijo *cheddar* ou prato light

1. Coloque o tomate, o molho de tomate, a cebola, o *chilli* em pó, o alho, o cominho e o orégano em uma panela de aproximadamente quatro litros e deixe a mistura ferver em fogo de médio a alto. Reduza o fogo, tampe e deixe ferver por 12 minutos.
2. Junte o feijão, o milho e a abobrinha e aumente o fogo para que a mistura volte a ferver. Reduza para fogo baixo, tampe e deixe ferver por 10 minutos ou até as hortaliças ficarem macias e os sabores bem misturados.
3. Sirva quente, colocando sobre cada porção 2 colheres (sopa) de queijo.

Informações nutricionais (1 xícara)

CALORIAS: 234 • CARBOIDRATOS: 43 G • COLESTEROL: 1 MG • GORDURA: 1,4 G • FIBRA: 13 G • PROTEÍNA: 14 G • SÓDIO: 510 MG • CÁLCIO: 140 MG • IG: MUITO BAIXO

Sopa de Tortellini com Espinafre

RENDIMENTO: 8 XÍCARAS

5 xícaras de caldo de galinha já salgado ou de água
2 1/2 colheres (chá) de grânulos instantâneos de caldo de galinha
1 xícara de cebola picada

1/2 xícara de cenoura picada
2 colheres (chá) de alho amassado
1/2 colher (chá) de pimenta branca moída
250 g de *tortellini* de queijo gelado (cerca de 3 xícaras)
1 lata de 425 g de feijão-fradinho ou de feijão-branco lavado e escorrido
3 xícaras cheias de espinafre fresco picado

1. Coloque o caldo de galinha ou a água, os grânulos de caldo, a cebola, a cenoura, o alho e a pimenta branca em uma panela de aproximadamente 4,5 litros e deixe ferver em fogo alto. Reduza o fogo, tampe e deixe ferver por 25 minutos ou até as hortaliças ficarem macias.
2. Retire a panela do fogo e, usando uma escumadeira, transfira as hortaliças para um liquidificador. Coloque cerca de 1 xícara do caldo no liquidificador. Bata a mistura em velocidade baixa com a tampa ligeiramente aberta (para deixar o vapor escapar) até formar um purê. Coloque o purê de hortaliças novamente na panela.
3. Leve a panela de volta ao fogo e deixe ferver. Acrescente o *tortellini* e o feijão e deixe a mistura ferver novamente. Reduza o fogo e cozinhe, mexendo sempre, por um a dois minutos ou até o *tortellini* ficar cozido. Acrescente o espinafre e deixe até murchar. (Tome cuidado para não cozinhar demais, já que o *tortellini* continuará a amolecer enquanto permanecer no caldo quente.) Sirva quente. Para variar, substitua o feijão por 1 1/2 xícara de frango assado.

Informações nutricionais (1 xícara)

CALORIAS: 179 • CARBOIDRATOS: 26 G • COLESTEROL: 14 MG • GORDURA: 3,1 G • FIBRA: 5,2 G • PROTEÍNA: 128 G • SÓDIO: 496 MG • CÁLCIO: 116 MG • IG: BAIXO

Sopa de Hortaliças e Cevada

RENDIMENTO: 8 XÍCARAS

5 xícaras de água ou de caldo de carne sem sal
1 lata de 425 g de tomates cozidos, amassados e com molho
1 xícara de cebola picada
1 xícara de cogumelos frescos picados
1/2 xícara de aipo picado (inclusive as folhas)
1 xícara de cevada
1 colher (sopa) de grânulos de caldo de carne instantâneo
1 colher (chá) de tomilho seco
1/4 de colher (chá) de pimenta-do-reino moída

1 xícara de cenoura cortada em cubos
1 xícara de vagem picada
1 xícara de milho

1. Coloque a água ou o caldo, os tomates não escorridos, a cebola, os cogumelos, o aipo, a cevada, os grânulos de caldo, o tomilho e a pimenta-do-reino em uma panela de aproximadamente 4,5 litros e deixe ferver em fogo alto. Reduza para fogo baixo, tampe e deixe ferver por 40 minutos.
2. Acrescente a cenoura e a vagem e deixe ferver por mais cinco minutos ou até a cevada e todas as hortaliças ficarem macias. Sirva quente.

Informações nutricionais (1 xícara)

CALORIAS: 101 • CARBOIDRATOS: 22 G • COLESTEROL: 0 MG • GORDURA: 0,8 G • FIBRA: 4,7 G • PROTEÍNA: 3,2 G • SÓDIO: 369 MG • CÁLCIO: 39 MG • IG: MUITO BAIXO

Sopa Cremosa de Arroz Selvagem e Cogumelos

RENDIMENTO: 5 XÍCARAS

3 1/2 xícaras de água
1 colher (sopa) de grânulos de caldo de galinha instantâneo
4 xícaras de cogumelos frescos cortados
3/4 de xícara de cebola picada
1/2 xícara de arroz selvagem cru
1/4 de colher (chá) de tomilho seco
1/4 de colher (chá) de alecrim seco
1/4 de colher (chá) de pimenta branca moída
1 lata de creme de leite light
3 colheres (sopa) de farinha de trigo integral
2 colheres (sopa) de *sherry* seco
1/3 de xícara de *échalotes* (guarnição)

1. Coloque a água, os grânulos de caldo, os cogumelos, a cebola, o arroz selvagem, o tomilho, o alecrim e a pimenta branca em uma panela de aproximadamente 3,5 litros e deixe ferver em fogo alto. Reduza o fogo, tampe e deixe ferver por mais ou menos uma hora ou até o arroz ficar macio.
2. Coloque 1/2 xícara do creme de leite e a farinha de trigo integral em um pote hermético e sacuda até formar uma massa homogênea. Reserve.
3. Acrescente o restante do creme de leite à panela, aumente o fogo e deixe a mistu-

ra ferver. Lentamente, despeje sobre a mistura de farinha, mexendo sem parar. Cozinhe e mexa por um ou dois minutos ou até a mistura ferver.

4. Misture o *sherry* à sopa e sirva imediatamente, colocando sobre cada porção algumas *échalotes*.

Informações nutricionais (1 xícara)

CALORIAS: 164 • CARBOIDRATOS: 30 G • COLESTEROL: 2 MG • GORDURA: 0,6 G • FIBRA: 2,9 G • PROTEÍNA: 9,7 G • SÓDIO: 408 MG • CÁLCIO: 222 MG • IG: BAIXO

Sopa Saborosa de Lentilha

RENDIMENTO: 9 PORÇÕES

1 1/2 xícara de lentilha marrom
1 1/2 xícara de presunto magro cortado em cubos ou um presunto grande com osso
1 xícara de aipo picado (inclusive as folhas)
1 xícara de cebola picada
3/4 de xícara de cenoura cortada em cubos
1 colher (chá) de grânulos de caldo de galinha instantâneo
2 colheres (chá) de alho amassado
1 1/2 colher (chá) de tomilho seco
1 folha de louro
1/4 de colher (chá) de pimenta-do-reino moída
5 xícaras de água
1 lata de 425 g de tomates cozidos, amassados e com molho

1. Coloque a lentilha em uma peneira e lave-a com água fria. Junte a lentilha e os demais ingredientes, exceto o tomate, em uma panela de aproximadamente 3,5 litros e deixe ferver em fogo alto.
2. Reduza o fogo, tampe e deixe ferver por 40 minutos. Se estiver usando o presunto no osso, retire da panela e deixe esfriar um pouco. Acrescente o tomate não escorrido à sopa e cozinhe por mais 20 minutos ou até que a lentilha fique macia e o caldo engrosse.
3. Retire a carne do presunto do osso (se estiver utilizando) e acrescente-a à sopa. Leve ao fogo por mais um ou dois minutos para cozinhar bem. Sirva quente.

Informações nutricionais (1 xícara)

CALORIAS: 167 • CARBOIDRATOS: 25 G • COLESTEROL: 7 MG • GORDURA: 1,5 G • FIBRA: 11 G • PROTEÍNA: 14 G • SÓDIO: 421 MG • CÁLCIO: 42 MG • IG: MUITO BAIXO

Sopa de Lentilha à Moda Toscana

RENDIMENTO: 8 PORÇÕES

3/4 de xícara de lentilha marrom
1/4 de xícara mais 2 colheres (sopa) de arroz integral
1 1/2 xícara de cogumelo fresco cortado grosseiramente
1 xícara de aipo picado (inclusive as folhas)
1 xícara de cebola picada
1 colher (sopa) de grânulos de caldo de carne instantâneo
2 colheres (chá) de alho amassado
1 1/2 colher (chá) de tempero italiano seco
1/4 de colher (chá) de pimenta-do-reino moída
5 xícaras de água
1 lata de 425 g de tomates cozidos, amassados e com molho
3 xícaras cheias de espinafre fresco picado
1 a 2 colheres (sopa) de azeite de oliva extravirgem
1/4 de xícara de parmesão ralado (opcional)

1. Coloque a lentilha em uma peneira e lave com água fria. Junte a lentilha, o arroz, o cogumelo, o aipo, a cebola, os grânulos de caldo, alho, o tempero italiano, a pimenta-do-reino e a água em uma panela de aproximadamente 4,5 litros e deixe ferver em fogo alto.
2. Reduza o fogo, tampe e deixe ferver por 40 minutos. Acrescente o tomate não escorrido e cozinhe por mais 20 minutos ou até que a lentilha esteja macia e o caldo engrosse. Acrescente o espinafre e o azeite e cozinhe por mais um a dois minutos ou até o espinafre murchar. Sirva quente, colocando sobre cada porção um pouco de parmesão, se desejar.

Informações nutricionais (1 xícara)

CALORIAS: 140 • CARBOIDRATOS: 23 G • COLESTEROL: 0 MG • GORDURA: 2,2 G • FIBRA: 7,4 G • PROTEÍNA: 6,9 G • SÓDIO: 371 MG • CÁLCIO: 50 MG • IG: MUITO BAIXO

Sopa de Ervilha com Lingüiça

RENDIMENTO: 7 PORÇÕES

1 1/2 xícara de ervilha verde seca
6 xícaras de água
1 1/4 de xícara de lingüiça defumada (magra)

1 xícara de batata-bolinha cortada em cubos
3/4 de xícara de cenoura cortada em cubos
3/4 de xícara de cebola picada
3/4 de xícara de aipo cortado (inclusive as folhas)
2 colheres (chá) de grânulos de caldo de galinha instantâneo
1 1/2 colher (chá) de alho amassado
1 1/2 colher (chá) de sálvia seca
3/4 de colher (chá) de tomilho seco
1/4 de colher (chá) de pimenta-do-reino moída

1. Coloque a ervilha em uma peneira e lave com água fria. Junte a ervilha e os demais ingredientes em uma panela de aproximadamente 3,5 litros e deixe ferver em fogo alto.
2. Reduza para fogo baixo, tampe e deixe ferver por mais ou menos uma hora ou até a ervilha ficar macia e o caldo engrossar. Sirva quente.

Informações nutricionais (1 xícara)

CALORIAS: 178 • CARBOIDRATOS: 29 G • COLESTEROL: 8 MG • GORDURA: 1,1 G • FIBRA: 9,8 G • PROTEÍNA: 12,5 G • SÓDIO: 409 MG • CÁLCIO: 35 MG • IG: MUITO BAIXO

Sopa de Ervilha com Cevada

RENDIMENTO: 7 PORÇÕES

1 xícara de ervilha verde seca
6 xícaras de água
1 xícara de cenoura cortada em cubos
1 xícara de cebola picada
1 xícara de aipo cortado (inclusive as folhas)
1/4 de xícara mais 2 colheres (sopa) de cevada
2 colheres (sopa) mais 1 colher (chá) de grânulos de caldo de galinha instantâneo
2 colheres (sopa) de alho amassado
1 colher (chá) de tomilho seco
3/4 de colher (chá) de manjerona seca
1 folha de louro
1/4 de colher (chá) de pimenta-do-reino moída

1. Coloque a ervilha em uma peneira e lave em água fria. Junte a ervilha e os demais ingredientes em uma panela de aproximadamente 4,5 litros e deixe ferver em fogo alto.
2. Reduza o fogo, tampe e deixe ferver por uma hora ou até a cevada e a ervilha amolecerem e o caldo engrossar. Acrescente um pouco de água se a mistura estiver muito grossa. Sirva quente.

Informações nutricionais (1 xícara)

CALORIAS: 153 • CARBOIDRATOS: 32 G • COLESTEROL: 0 MG • GORDURA: 0,6 G • FIBRA: 9,5 G • PROTEÍNA: 9 G • SÓDIO: 390 MG • CÁLCIO: 34 MG • IG: MUITO BAIXO

Chilli Rápido de Frango

RENDIMENTO: 6 PORÇÕES

2 latas (425 g cada) de feijão-branco seco
1 1/4 de xícara de caldo de galinha sem sal
1/2 xícara de cebola picada
1 lata com cerca de 115 g de *chilli* verde picado ou pimenta-dedo-de-moça
1 1/2 colher (chá) de cominho moído
1 colher (chá) de alho amassado
1/4 de colher (chá) de orégano seco
1/8 de colher (chá) de pimenta branca moída
2 xícaras de peito de frango cozido em pedaços
1/2 xícara de queijo prato light
1/2 xícara de Sour Cream (página 79)

1. Junte o feijão, o caldo de galinha, a cebola, o *chilli* ou a pimenta, o cominho, o alho, o orégano e a pimenta branca em uma panela de aproximadamente três litros e deixe ferver em fogo alto. Tampe e ferva por 10 minutos. Transfira cerca de 1/2 xícara do feijão para uma travessa pequena, amasse com um garfo e torne a colocar na panela.
2. Acrescente o frango à panela e aumente o fogo para ferver novamente. Reduza o fogo, tampe e deixe ferver por mais cinco minutos. Sirva quente, colocando sobre cada porção um pouco do queijo e do *sour cream*.

Informações nutricionais (1 xícara)

CALORIAS: 249 • CARBOIDRATOS: 28 G • COLESTEROL: 41 MG • GORDURA: 2 G • FIBRA: 6,2 G • PROTEÍNA: 27 G • SÓDIO: 373 MG • CÁLCIO: 156 MG • IG: MUITO BAIXO

Sopa de Feijão-Preto

RENDIMENTO: 8 PORÇÕES

2 1/2 xícaras de feijão-preto
6 1/2 xícaras de água
1 colher (sopa) mais 1 colher (chá) de grânulos de caldo de galinha ou de presunto instantâneo
1 1/2 xícara de cebola cortada em fatias finas (mais ou menos 1 cebola grande)
1 xícara de pimentão verde fatiado (mais ou menos 1 médio)
1/2 xícara de Molho Salsa (página 81)
1 colher (sopa) de alho amassado
1 colher (sopa) de *chilli* em pó
2 colheres (chá) de cominho moído
1 1/2 colher (chá) de orégano seco
1/2 xícara de Sour Cream (página 79)
1/2 xícara de pimentão verde picado
1/2 xícara de cebola roxa picada

1. Lave muito bem o feijão e coloque-o em uma panela de aproximadamente 4,5 litros. Cubra com bastante água e jogue fora os grãos que boiarem. Deixe de molho por no mínimo quatro horas ou no máximo 12 horas. (Se for deixá-lo de molho por mais de quatro horas, mantenha a tigela ou panela na geladeira.)
2. Jogue fora a água do molho e coloque o feijão de volta na panela. Acrescente as 6 1/2 xícaras de água e os grânulos de caldo e deixe ferver em fogo alto. Reduza o fogo, tampe e deixe ferver por uma hora e meia, mexendo de vez em quando ou até o feijão ficar macio. Se necessário, acrescente um pouco de água durante o cozimento para manter os grãos ligeiramente cobertos de água.
3. Acrescente a cebola, o pimentão, o alho, o molho salsa, o *chilli* em pó, o cominho e o orégano e cozinhe por mais 30 minutos ou até o feijão poder ser facilmente amassado com um garfo e o caldo engrossar.
4. Retire duas xícaras da sopa e bata no liquidificador para fazer um purê homogêneo. Volte o purê para a panela e mexa para misturar bem. Tampe e ferva por mais cinco minutos. Coloque um pouco d'água se a mistura estiver muito grossa.
5. Sirva quente, colocando sobre cada porção 1 colher (sopa) de *sour cream*, pimentão verde e cebola roxa. Se desejar, sirva sobre arroz integral.

Informações nutricionais (1 xícara)

CALORIAS: 222 • CARBOIDRATOS: 40 G • COLESTEROL: 0 MG • GORDURA: 1 G • FIBRA: 13,2 G • PROTEÍNA: 13,7 G • SÓDIO: 384 MG • CÁLCIO: 107 MG • IG: BAIXO

Sopa de Feijão-Fradinho

RENDIMENTO: 9 PORÇÕES

2 xícaras de feijão-fradinho seco
5 1/2 xícaras de água
1 xícara de cebola picada
1 colher (sopa) mais 1 colher (chá) de grânulos de caldo de galinha instantâneo
450 g de peito de frango com osso sem pele (mais ou menos 2 peitos grandes) ou de costeleta de porco extramagra (mais ou menos 3 unidades médias)
2 colheres (chá) de alho amassado
1 colher (sopa) de *chilli* em pó
1 colher (chá) de cominho moído
1 lata de 400 g de tomates cozidos, amassados e com o molho
1/2 xícara de *échalotes* cortadas ou de coentro fresco picado

1. Lave o feijão muito bem e coloque em uma panela de aproximadamente 4,5 litros. Cubra com bastante água e jogue fora os grãos que boiarem. Deixe de molho por no mínimo quatro horas ou no máximo 12 horas. (Se for deixá-los de molho por mais de quatro horas, mantenha a tigela ou panela na geladeira.)
2. Jogue fora a água do molho e coloque o feijão de volta na panela. Acrescente as 5 1/2 xícaras de água, a cebola e os grânulos de caldo e deixe ferver em fogo alto. Reduza o fogo, tampe e deixe ferver, mexendo de vez em quando, por 50 minutos.
3. Acrescente o frango ou a costeleta de porco, o alho, o *chilli* e o cominho à panela e cozinhe por mais 30 minutos ou até o frango, ou a costeleta, amaciar e a carne desprender facilmente do osso. Transfira o frango ou a costeleta de porco para uma tábua de corte e deixe esfriar um pouco. Adicione o tomate não escorrido à sopa e cozinhe por mais 30 minutos ou até o feijão ficar macio e o caldo engrossar.
4. Desosse o peito de frango, corte a carne em tiras ou em pedaços pequenos. Acrescente o frango ou o porco à panela e aumente o fogo ligeiramente para que a mistura volte a ferver. Reduza o fogo, tampe e deixe ferver, mexendo de vez em quando, por cinco minutos, ou até que os sabores estejam bem misturados. Sirva quente, colocando sobre cada porção algumas *échalotes* ou o coentro.

Informações nutricionais (1 xícara)

CALORIAS: 228 • CARBOIDRATOS: 32 G • COLESTEROL: 30 MG • GORDURA: 1,9 G • FIBRA: 10 G • PROTEÍNA: 20 G • SÓDIO: 402 MG • CÁLCIO: 76 MG • IG: BAIXO

Sopa Italiana de Hortaliças

RENDIMENTO: 10 PORÇÕES

6 xícaras de água
1 cebola média, cortada em fatias finas
1 xícara de cogumelos frescos cortados
3/4 de xícara de cenoura cortada em cubos (mais ou menos 1 1/2 média)
1 colher (sopa) de grânulos de caldo de carne ou de hortaliças instantâneo
2 colheres (chá) de alho amassado
1 colher (chá) de tempero italiano seco
1/4 de colher (chá) de pimenta-do-reino moída
1 lata com cerca de 400 g de tomates cozidos, amassados e com o molho
115 g de massa tipo *fusilli* (mais ou menos 1 1/3 de xícara) ou caracol (mais ou menos 1 xícara)
1 lata de 425 g de feijão-mulatinho, grão-de-bico ou feijão-branco, lavado e escorrido
1 abobrinha média, dividida ao meio no sentido do comprimento e cortada em fatias com mais ou menos 1,25 cm de espessura (para encher 1 xícara)
3/4 de xícara de ervilhas descongeladas
2 xícaras cheias de espinafre fresco cortado
1 colher (sopa) de azeite de oliva extravirgem
1/3 de xícara de parmesão ralado

1. Junte a água, a cebola, o cogumelo, a cenoura, os grânulos de caldo, o alho, o tempero italiano e a pimenta-do-reino em uma panela de aproximadamente 4,5 litros. Coloque os tomates não escorridos em um liquidificador, bata até formar uma massa homogênea e despeje na panela. Deixe a mistura ferver em fogo alto. Reduza o fogo, tampe e deixe ferver por 25 minutos.
2. Acrescente a massa e o feijão à sopa e aumente o fogo para que a mistura volte a ferver. Reduza o fogo e cozinhe com a tampa por cerca de oito minutos, mexendo de vez em quando ou até a massa estar quase al dente.
3. Acrescente a abobrinha e a ervilha à panela e cozinhe por mais dois minutos ou até a abobrinha ficar macia e a massa estar al dente. Junte o espinafre e o azeite na sopa e cozinhe por mais um minuto ou apenas até o espinafre murchar. Sirva quente, colocando sobre cada porção um pouco de parmesão.

Informações nutricionais (1 xícara)

CALORIAS: 152 • CARBOIDRATOS: 24 G • COLESTEROL: 2 MG • GORDURA: 2,9 G • FIBRA: 5,5 G • PROTEÍNA: 7,3 G • SÓDIO: 362 MG • CÁLCIO: 77 MG • IG: MUITO BAIXO

Sopa de Feijão Rural

RENDIMENTO: 7 PORÇÕES

1 1/4 de xícara de feijão-branco
5 xícaras de água
1 xícara de cebola picada
1/2 xícara de aipo cortado (inclusive as folhas)
2 colheres (chá) de presunto magro cortado em cubos
2 colheres (chá) de grânulos de caldo de presunto ou galinha
1 1/2 xícara de batata-bolinha cortada em pedaços com cerca de 2 cm
3/4 de xícara de cenoura cortada em cubos
1 1/2 xícara cheia de espinafre fresco cortado

1. Lave o feijão muito bem e coloque-o em uma panela de aproximadamente 4,5 litros. Cubra com bastante água e jogue fora os grãos que boiarem. Deixe de molho por no mínimo quatro horas ou no máximo 12 horas. (Se for deixá-lo de molho por mais de quatro horas, mantenha a tigela ou a panela na geladeira.)
2. Jogue fora a água do molho e coloque o feijão de volta na panela. Acrescente as 5 xícaras de água, a cebola, o aipo, os grânulos de caldo e a pimenta-do-reino e deixe ferver em fogo alto. Reduza o fogo, tampe e deixe ferver por uma hora, mexendo de vez em quando.
3. Acrescente o presunto, a batata-bolinha e a cenoura à panela e cozinhe por mais 45 minutos ou até o feijão ficar macio e o caldo engrossar. Se necessário, coloque um pouco mais de água durante o cozimento. Acrescente o espinafre e cozinhe por mais dois minutos ou até o espinafre murchar. Sirva quente.

Informações nutricionais (1 xícara)

CALORIAS: 218 • CARBOIDRATOS: 38 G • COLESTEROL: 8 MG • GORDURA: 1,5 G • FIBRA: 11,5 G • PROTEÍNA: 15 G • SÓDIO: 514 MG • CÁLCIO: 88 MG • IG: BAIXO

Capítulo 9

Saladas para todas as estações

As saladas desempenham um papel importante em qualquer alimentação saudável, e a culinária de IG baixo não é exceção a esta regra. Além de conter nutrientes essenciais, antioxidantes e substâncias fitoquímicas, os ingredientes das saladas (como folhas e hortaliças sem amiláceos) não têm um impacto significativo no açúcar do sangue e podem ser consumidos à vontade. Outros ingredientes das saladas, como massas, legumes e muitas frutas, também apresentam IG baixo.

Além de serem altamente nutritivas, as saladas estão entre os pratos mais versáteis. Dependendo dos ingredientes, podem ser usadas como entrada ou como um refrescante acompanhamento. Como em geral podem ser preparadas com antecedência, são ótimas para servir em festas. E podem ser consumidas tanto em casa quanto em piqueniques e ceias preparadas com o que estiver disponível.

No entanto, se seu peso é uma preocupação para você, cuidado. Apesar da reputação da salada como refeição leve, muitas não são. Aquelas feitas com carnes e queijos com alto teor de gordura e mergulhadas em azeite ou molhos de maionese gordurosos definitivamente não são as mais recomendáveis. Tenha certeza de que as receitas neste capítulo o farão comer alimentos com IG baixo sem estourar seu limite de gorduras ou calorias. Ingredientes como carnes magras, queijos pouco gordurosos e maionese, *sour cream* e molhos light são combinados com vegetais crocantes, frutas maduras, massas satisfatórias, grãos integrais nutritivos e legumes para criar uma variedade de saladas sensacionais que, certamente, farão de qualquer refeição algo especial.

Salada Grega de Camarões Grelhados

RENDIMENTO: 4 PORÇÕES

450 g de camarões crus descascados e limpos
1 1/2 a 2 colheres (sopa) de Pasta Picante de Ervas (página 171)
1 1/2 a 2 colheres (sopa) de azeite de oliva extravirgem
6 a 8 espetos com cerca de 30 cm
10 xícaras de alface romana picada
1 xícara de corações de alcachofra enlatados, cortados e sem molho
1 pepino, descascado, partido na metade no sentido do comprimento e fatiado
12 tomates-cereja cortados pela metade
1 xícara de grão-de-bico lavado e seco
1/2 xícara de azeitonas pretas cortadas
1/2 xícara de queijo *feta*, sem ou com pouca gordura, esfarelado
1/2 xícara de *échalotes* picadas
3/4 de xícara de vinagre de vinho tinto ou de Vinagrete Balsâmico (página 80)

1. Lave os camarões em água fria, seque-os com toalhas de papel e coloque-os em uma tigela grande. Espalhe a pasta picante de ervas sobre o camarão, despeje o azeite e misture bem. Reserve por 15 a 30 minutos.
2. Prenda levemente os camarões nos espetos da seguinte maneira: dobre cada um deles quase até a metade, de modo que a ponta maior quase toque a menor. Enfie o espeto bem acima da cauda para que atravesse o camarão duas vezes.
3. Grelhe os espetos de camarão, virando de vez em quando, por cerca de seis minutos ou até que o camarão fique rosado e cozido por inteiro.
4. Para montar a salada, arrume 1/4 da alface no fundo de cada um dos quatro pratos. Arrume 1/4 dos corações de alcachofra, o pepino, os tomates-cereja, o grão-de-bico e as azeitonas sobre as beiradas externas de cada prato. Retire os camarões dos espetos e coloque 1/4 deles no centro de cada salada. Despeje por cima um pouco do queijo *feta* e das *échalotes* e sirva imediatamente, acompanhada do vinagre de vinho tinto ou do vinagrete balsâmico.

Informações nutricionais (1 porção)

CALORIAS: 288 • CARBOIDRATOS: 30 G • COLESTEROL: 172 MG • GORDURA: 7,7 G • FIBRA: 10 G • PROTEÍNA: 29 G • SÓDIO: 1.252 MG • CÁLCIO: 216 MG • IG: MUITO BAIXO

Salada de Frango Picante

RENDIMENTO: 4 PORÇÕES

4 metades de peitos de frango desossados (115 g cada)
1 a 2 colheres (sopa) de Pasta Jamaicana Picante (página 172)
Azeite de oliva
10 xícaras de alface romana picada ou de uma salada verde variada
1/2 xícara de aipo cortado na diagonal
1 cenoura média fatiada com um descascador de batatas
2 cebolas roxas cortadas em fatias finas, divididas em anéis
8 anéis finos de pimentão verde
1/2 xícara de queijo prato ou *cheddar* light desfiado
1/4 de xícara de passas
1/4 de xícara de Amêndoas Torradas (página 81) fatiadas ou de amendoins torrados e cortados
3/4 de xícara de Molho de Iogurte (página 170)
Margarina light

1. Lave o frango e seque com toalhas de papel. Usando os dedos, esfregue os dois lados dos peitos de frango com um pouco da pasta jamaicana e reserve por 15 a 30 minutos. Ou, para conseguir um sabor mais forte, guarde-os num pote tampado na geladeira por até 24 horas.
2. Unte uma assadeira com a margarina light e coloque nela o frango. Salpique levemente a parte de cima do frango com o azeite de oliva e asse em forno preaquecido, virando de vez em quando por cerca de 12 a 15 minutos ou até a carne ficar levemente dourada e não mais rosada no interior. (Ou grelhe o frango na churrasqueira.) Transfira o frango para uma tábua de corte, deixe descansar cinco minutos e depois corte em fatias finas ao longo do veio. Reserve. (Observação: o frango pode ser preparado de véspera e guardado na geladeira, sendo cortado pouco antes da arrumação da salada.)
3. Para servir, junte a alface, o aipo e a cenoura e arrume 1/4 da mistura no fundo de quatro pratos. Coloque alguns anéis de cebola e de pimentão verde sobre a alface em cada prato e polvilhe cada salada com 2 colheres (sopa) do queijo e com 1 colher (sopa) de passas e amêndoas. Coloque um peito de frango cortado por cima. Sirva imediatamente, acompanhada por um pouco do molho de iogurte.

Informações nutricionais (1 porção)

CALORIAS: 286 • CARBOIDRATOS: 23 G • COLESTEROL: 67 MG • GORDURA: 5 G • FIBRA: 5,2 G • PROTEÍNA: 36 G • SÓDIO: 580 MG • CÁLCIO: 231 MG • IG: BAIXO

Variação

Salada de Porco Picante

Substitua as metades dos peitos de frango por 450 g de filé de carne de porco. Corte os filés pela metade no sentido do comprimento (isso aumentará a superfície para esfregar a pasta jamaicana e permitir um cozimento mais rápido) e cubra os dois lados de cada metade com um pouco da pasta. Asse ou grelhe as metades dos filés da mesma maneira usada para os peitos de frango.

Informações nutricionais (1 porção)

CALORIAS: 297 • CARBOIDRATOS: 23 G • COLESTEROL: 75 MG • GORDURA: 7,4 G • FIBRA: 5,2 G • PROTEÍNA: 34 G • SÓDIO: 562 MG • CÁLCIO: 224 MG • IG: BAIXO

Salada de Frango à Moda Asiática

RENDIMENTO: 4 PORÇÕES

4 metades de peitos de frango desossados e sem pele (115 g cada)
10 xícaras de alface romana picada ou de uma salada verde variada
1 lata de 225 g de castanha de caju sem sal cortada e seca
4 fatias finas de cebola roxa picadas
1/3 de xícara de pimentão vermelho cortado em cubos
1/4 de xícara de amendoim ou castanha de caju torrados com mel (opcional)
3/4 de xícara de Molho de Gergelim e Gengibre (página 169)

Marinada
1/2 xícara de suco de laranja
3 colheres (sopa) de molho *shoyo* light
2 colheres (sopa) de açúcar mascavo
2 colheres (chá) de óleo de gergelim (escuro) queimado
1 colher (chá) de alho amassado
3/4 de colher (chá) de gengibre moído
Margarina light

1. Para fazer a marinada, junte todos os ingredientes em uma tigela pequena e misture bem. Retire 3 colheres (sopa) da marinada, transfira para um recipiente com tampa e leve à geladeira. Coloque o frango em um recipiente que não seja de metal e jogue o resto da marinada por cima, levantando o frango para permitir que a marinada atinja a parte de baixo. Tampe e leve à geladeira por seis a 24 horas.
2. Unte uma assadeira com margarina light. Retire o frango da marinada (jogue fora a marinada) e coloque-o na assadeira. Asse em forno preaquecido, virando ocasionalmente por cerca de 12 a 15 minutos ou até a carne estar levemente dourada e não mais rosada na parte interna. Regue, várias vezes, o frango com a marinada reservada durante os últimos cinco minutos do cozimento. (Ou grelhe o frango na churrasqueira.) Transfira o frango para uma tábua de corte, deixe descansar por cinco minutos para esfriar, depois corte em fatias finas ao longo do veio. Reserve. (Observação: o frango pode ser cozido na véspera, guardado na geladeira e fatiado pouco antes da arrumação da salada.)
3. Para servir, espalhe 1/4 da alface no fundo de cada um dos quatro pratos. Arrume algumas das castanhas e dos anéis de cebola sobre a alface. Coloque uma fatia do peito de frango sobre a alface, com alguns pimentões vermelhos cortados em cubos em torno da beirada dos pratos. Polvilhe um pouco de amendoim e de castanha de caju por cima de cada salada, se desejar. Sirva imediatamente, acompanhada de um pouco do molho de gergelim e gengibre.

Informações nutricionais (1 porção)

CALORIAS: 356 • CARBOIDRATOS: 35 G • COLESTEROL: 66 MG • GORDURA: 9,4 G • FIBRA: 8 G • PROTEÍNA: 32 G • SÓDIO: 738 MG • CÁLCIO: 111 MG • IG: BAIXO

Caesar Salad com Frango Grelhado

RENDIMENTO: 4 PORÇÕES

Molho

1 colher (sopa) de suco de limão

1 colher (chá) de alho amassado

3/4 de colher (chá) de pasta de *alice*

1/2 xícara de maionese light

2 ovos

3 colheres (sopa) de parmesão ralado

1/4 de colher (chá) de pimenta-do-reino moída

Salada

4 metades de peitos de frango desossados e sem pele (115 g cada)

1 a 2 colheres (sopa) da Pasta Picante de Ervas (página 171)

12 xícaras de alface romana picada

3 colheres (sopa) de parmesão ralado

1 1/2 xícara de *croûtons* já prontos

Azeite de oliva

Margarina light

1. Para fazer o molho, junte o suco de limão, o alho e a pasta de *alice* em uma tigela pequena e misture até obter uma textura homogênea. Acrescente os demais ingredientes do molho e misture bem. Tampe o molho e leve à geladeira por pelo menos uma hora.
2. Lave o frango e seque com toalhas de papel. Com os dedos, esfregue os dois lados de cada pedaço com a pasta de ervas. Se tiver tempo, deixe descansar por 15 a 30 minutos. Ou, para obter um sabor mais forte, guarde num pote tampado na geladeira por até 24 horas.
3. Unte uma assadeira com margarina light e coloque o frango nela. Molhe levemente a parte de cima do frango com azeite e deixe assar em forno preaquecido, virando de vez em quando durante 12 a 15 minutos ou até a carne estar ligeiramente dourada e não mais rosada no interior. Transfira o frango para uma tábua de corte, deixe descansar por cinco minutos para esfriar e depois corte em fatias finas ao longo do veio. Reserve. (Observação: o frango pode ser preparado na véspera e guardado na geladeira, sendo cortado pouco antes da arrumação da salada.)
4. Coloque a alface em uma tigela grande. Acrescente o molho e mexa para misturar bem. Junte o parmesão e mexa novamente. Para arrumar a salada, coloque 1/4 da mistura de alface no fundo de cada um dos quatro pratos. Polvilhe 1/4 dos *croûtons* sobre a alface em cada prato. Coloque um peito de frango cortado sobre cada salada. Sirva imediatamente. Para variar, substitua o frango por atum ou salmão fresco.

Informações nutricionais (1 porção)

CALORIAS: 308 • CARBOIDRATOS: 23 G • COLESTEROL: 74 MG • GORDURA: 5,9 G • FIBRA: 3,3 G • PROTEÍNA: 37 G • SÓDIO: 697 MG • CÁLCIO: 224 MG • IG: MODERADO

Salada Cítrica de Frango Grelhado

RENDIMENTO: 4 PORÇÕES

4 metades de peitos de frango desossados e sem pele (115 g cada)
10 xícaras de folhas variadas
3/4 de xícara de aipo cortado na diagonal
4 fatias de cebola roxa separadas em anéis
1/2 xícara de queijo *feta* light esfarelado ou 1/2 xícara de gorgonzola esfarelado
1/4 de xícara de nozes picadas
3/4 de xícara de Vinagrete Balsâmico (página 80) ou vinagre de vinho tinto
Azeite de oliva
Margarina light

Pasta

1 colher (sopa) mais 1 colher (chá) de suco de laranja
1 colher (sopa) de alecrim seco ou de ervas finas
1 colher (sopa) de mostarda Dijon
1 colher (chá) de *lemon pepper*
1/2 colher (chá) de alho em pó

1. Para fazer a pasta, junte os ingredientes em uma tigela pequena e misture bem.
2. Lave o frango e seque com toalhas de papel. Com os dedos, esfregue os dois lados de cada pedaço com a pasta. Se tiver tempo, deixe descansar por 15 a 30 minutos. Ou, para obter um sabor mais forte, guarde num pote tampado na geladeira por até 24 horas antes de cozinhar.
3. Unte uma assadeira com margarina light e coloque o frango nela. Molhe levemente a parte de cima do frango com azeite e deixe assar em forno preaquecido, virando de vez em quando durante 12 a 15 minutos ou até a carne estar ligeiramente dourada e não mais rosada no interior. (Ou grelhe o frango na churrasqueira.) Transfira o frango para uma tábua de corte, deixe descansar por cinco minutos para esfriar e depois corte em fatias finas ao longo do veio. Reserve. (Observação: o frango pode ser preparado na véspera e guardado na geladeira, sendo cortado pouco antes da arrumação da salada.)
4. Para servir, espalhe 1/4 da alface no fundo de cada um dos quatro pratos. Arrume parte do alho e dos anéis de cebola sobre a alface em cada prato. Coloque um peito de frango cortado sobre a alface e polvilhe cada salada com um pouco de queijo e de nozes. Sirva imediatamente, acompanhada por um pouco do vinagrete balsâmico ou do vinagre de vinho tinto.

Informações nutricionais (1 porção)

CALORIAS: 301 • CARBOIDRATOS: 29 G • COLESTEROL: 63 MG • GORDURA: 7,5 G • FIBRA: 5,1 G • PROTEÍNA: 32 G • SÓDIO: 801 MG • CÁLCIO: 149 MG • IG: BAIXO

Salada Cajun de Atum Grelhado

RENDIMENTO: 4 PORÇÕES

4 filés de atum fresco (cerca de 115 g cada)
1 a 2 colheres (sopa) de Pasta Cajun Picante (página 172)
Azeite de oliva
10 xícaras de alface romana picada ou folhas variadas
1 xícara de cogumelos frescos cortados
2 tomates maduros cortados em fatias finas
4 fatias finas de cebola roxa separadas em anéis
3/4 de xícara de queijo *cheddar* light
1 xícara de *croûtons* já prontos
3/4 de xícara do Molho de Iogurte (página 170), do Molho de Tomate Seco (página 170), do Molho de Parmesão e Pimenta-do-Reino (página 169) ou de molho light engarrafado

1. Lave o atum e seque com toalhas de papel. Com os dedos, esfregue os dois lados de cada pedaço de atum com um pouco da pasta. Se tiver tempo, deixe descansar por 15 a 30 minutos. Ou, para obter um sabor mais forte, guarde num pote tampado na geladeira por até 24 horas.
2. Unte uma assadeira e coloque os filés de atum nela. Molhe levemente a parte de cima do atum com o azeite e asse em forno preaquecido durante 10 minutos ou até a carne estar ligeiramente dourada e não mais rosada no interior. Transfira o atum para uma tábua de corte, deixe descansar por cinco minutos para esfriar e depois corte em fatias finas ao longo do veio. Reserve.
3. Para servir, junte a alface com os cogumelos e os tomates e coloque 1/4 dessa mistura no fundo de cada prato. Ponha uma fatia do filé de atum sobre a alface e polvilhe com um pouco do queijo e dos *croûtons*. Sirva imediatamente, acompanhada por um pouco do molho.

Informações nutricionais (1 porção)

CALORIAS: 290 • CARBOIDRATOS: 24 G • COLESTEROL: 53 MG • GORDURA: 3 G • FIBRA: 4 G • PROTEÍNA: 40 G • SÓDIO: 749 MG • CÁLCIO: 295 MG • IG: BAIXO

VARIAÇÃO

Salada Cajun de Camarão Grelhado

Coloque 450 g de camarão em uma tigela grande, junte a pasta e misture bem. Enfie os camarões, sem apertar, em seis espetos de mais ou menos 20 a 25 cm. (Se usar espetos de madeira em vez de metal, deixe-os na água por pelo menos 20 minutos para evitar que queimem.) Molhe os camarões ligeiramente com azeite e grelhe ou asse por cerca de três minutos de cada lado ou até o camarão ficar rosado e totalmente cozido. Prepare a salada como indicado, substituindo os filés de atum pelo camarão.

Informações nutricionais (1 porção)

CALORIAS: 249 • CARBOIDRATOS: 24 G • COLESTEROL: 163 MG • GORDURA: 2,8 G • FIBRA: 4 G • PROTEÍNA: 30 G • SÓDIO: 893 MG • CÁLCIO: 309 MG • IG: BAIXO

Salada de Hortaliças Assadas

RENDIMENTO: 4 PORÇÕES

Mistura de vegetais cozidos

225 g de cogumelos Portobello pequenos ou 12 cogumelos grandes frescos cortados em fatias de 1,25 cm de largura

20 aspargos frescos

4 fatias de cebola de cerca de 1,5 cm

1 pimentão vermelho grande cortado em tiras de 1,25 cm

1 colher (chá) de tomilho seco ou de ervas finas

1/4 de colher (chá) de pimenta-do-reino moída

1/4 de colher (chá) de sal (opcional)

Azeite de oliva

Margarina light

Salada

8 xícaras de alface romana ou folhas variadas

2 xícaras de peito de frango assado ou grelhado cortado em cubos ou 1 1/3 de xícara de grão-de-bico enlatado (escorrido)

1/4 de xícara de azeitona preta cortada

3/4 de queijo *feta* light

1 xícara de *croûtons* já prontos

1/2 xícara de Vinagrete Balsâmico (página 80)

1. Para preparar a mistura de hortaliças, unte duas assadeiras grandes com margarina light. Arrume os cogumelos em uma camada única em uma das assadeiras e os aspargos, a cebola e as tiras de pimentão em uma camada única na outra. Polvilhe-os com as ervas, a pimenta-do-reino e, se desejar, com sal. Molhe levemente os vegetais com azeite de oliva.
2. Asse a mais ou menos 235°C por 10 minutos ou até os aspargos amolecerem. Transfira os aspargos para uma tábua de corte e reserve. Com uma espátula, vire as outras hortaliças e asse por mais cinco a 10 minutos ou até ficarem levemente macias e douradas. Retire do forno e deixe esfriar até chegarem à temperatura ambiente.
3. Quando esfriarem, corte os aspargos em pedaços de mais ou menos 1,5 cm e separe as cebolas em anéis. Coloque as hortaliças em uma tigela média e misture bem. (Observação: a mistura de hortaliças pode ser preparada na véspera e guardada na geladeira até a hora de arrumar a salada.)
4. Para arrumar a salada, coloque duas xícaras da salada verde no fundo de quatro travessas. Ponha por cima de cada prato 1/4 da mistura de vegetais cozidos, o frango ou o grão-de-bico, as azeitonas, o queijo *feta* e os *croûtons*. Sirva imediatamente, acompanhada pelo vinagrete balsâmico.

Informações nutricionais (1 porção)

CALORIAS: 291 • CARBOIDRATOS: 29 G • COLESTEROL: 62 MG • GORDURA: 6 G • FIBRA: 6 G • PROTEÍNA: 35 G • SÓDIO: 956 MG • CÁLCIO: 182 MG • IG: BAIXO

Salada Mediterrânea de Massa e Frango

RENDIMENTO: 4 PORÇÕES

1/4 de xícara de tomate seco picado (não conservado em óleo)

1/4 de xícara de água

115 g de macarrão-gravatinha (mais ou menos 2 xícaras) ou de *rigatoni* (mais ou menos 3 xícaras)

1 1/2 xícara de peito de frango assado ou grelhado cortado em cubos (cerca de 225 g)

1 xícara de corações de alcachofra em lata (escorrido) cortados

1/4 de xícara de azeitonas pretas picadas

1/4 de xícara de *échalotes* picadas

1/2 xícara mais 2 colheres (sopa) de molho vinagrete italiano
8 xícaras de alface romana picada
1/4 de xícara de nozes (opcional)
1/4 de xícara de parmesão ralado

1. Junte os tomates secos e a água em uma panela pequena e deixe ferver em fogo alto. Reduza o fogo, tampe e deixe ferver por dois minutos ou até que os tomates fiquem macios e o caldo seja absorvido. Reserve para que esfrie até a temperatura ambiente.
2. Cozinhe a massa de acordo com as orientações da embalagem, até ficar al dente. Escorra, lave com água fria e escorra novamente.
3. Coloque a massa pronta em uma tigela média, acrescente os tomates, o frango, os corações de alcachofra, as azeitonas e as *échalotes* e misture bem. Adicione 1/4 de xícara do molho sobre a mistura da massa e mexa novamente. Cubra a mistura da massa e leve à geladeira por pelo menos duas horas.
4. Na hora de servir, coloque a alface romana em uma tigela grande e acrescente a mistura da massa, o resto do molho e, se desejar, as nozes. Misture bem. Polvilhe o parmesão sobre a salada e mexa novamente. Sirva imediatamente.

Informações nutricionais (3 xícaras)

CALORIAS: 302 • CARBOIDRATOS: 36 G • COLESTEROL: 53 MG • GORDURA: 5,5 G • FIBRA: 6 G • PROTEÍNA: 27 G • SÓDIO: 685 MG • CÁLCIO: 170 MG • IG: BAIXO

Salada de Massa e Peru Temperado com Ervas

RENDIMENTO: 5 PORÇÕES

Salada

225 g de macarrão-parafuso ou *penne* tricolor (mais ou menos 3 xícaras)
1 1/2 xícara de pedaços de 2,5 cm de aspargos ou de brócolis
2/3 de xícara de cenoura fatiada na diagonal
1 xícara de peito de peru cozido cortado em cubos
1 xícara de mussarela ou queijo suíço light cortados em cubos
1/3 de xícara de azeitonas pretas cortadas
1/4 de xícara de *échalotes* picadas

Molho

1/4 de xícara mais 2 colheres (sopa) de maionese light
1/4 de xícara de Sour Cream (página 79)
1 colher (sopa) de mostarda Dijon

2 colheres (sopa) de suco de laranja

1 1/2 colher (chá) de ervas finas ou 1/2 colher (chá), de cada, de salsa, tomilho e alecrim secos

1 pitada de pimenta branca moída

1. Cozinhe a massa de acordo com as orientações do fabricante, até ficar quase al dente. Acrescente os aspargos ou o brócolis e as cenouras e cozinhe por mais 30 a 60 segundos ou até ficarem com uma cor verde brilhante e levemente crocantes e a massa estar al dente. Escorra, lave com água fria e escorra novamente. Transfira a mistura para uma tigela grande e junte o peru, o queijo, as azeitonas e as *échalotes*.
2. Em uma tigela pequena, junte todos os ingredientes do molho e misture bem.. Espalhe o molho sobre a salada e mexa delicadamente para misturar bem.
3. Tampe a salada e refrigere durante pelo menos duas horas antes de servir. Coloque um pouco mais de maionese momentos antes de servir, se a salada estiver seca demais. Sirva sobre uma camada de salada verde, se desejar.

Informações nutricionais (1 2/3 de xícara)

CALORIAS: 297 • CARBOIDRATOS: 44 G • COLESTEROL: 25 MG • GORDURA: 2,3 G • FIBRA: 2,7 G • PROTEÍNA: 23 G • SÓDIO: 484 MG • CÁLCIO: 239 MG • IG: BAIXO

Salada Mediterrânea de Atum

RENDIMENTO: 5 PORÇÕES

225 g de macarrão *rigatoni* (mais ou menos 3 xícaras)

1 lata pequena de feijão-branco lavado e escorrido

1/3 de xícara de cebola picada

1/3 de xícara de aipo cortado fino

1/2 xícara de azeitonas pretas picadas

1/4 de colher (chá) de orégano seco

1/2 xícara de molho vinagrete italiano

1 lata com cerca de 285 g de atum conservado em água, escorrido

10 xícaras de folhas variadas ou de alface romana picada

1/2 xícara de queijo *feta*, sem ou com pouca gordura, esfarelado

1. Cozinhe a massa de acordo com as orientações do fabricante. Escorra, lave com água fria e escorra novamente.
2. Coloque a massa em uma tigela grande. Acrescente o feijão, a cebola, o aipo, as azeitonas e o orégano e misture bem. Junte o molho vinagrete, misture novamente e,

em seguida, acrescente o atum e mexa mais uma vez levemente. Cubra a salada e refrigere por pelo menos duas horas. Coloque um pouco mais do molho se a salada estiver seca demais.

3. Para montar a salada, coloque duas xícaras da salada verde em cada um dos cinco pratos. Arrume sobre a alface em cada prato 1 1/2 xícara da mistura da massa e polvilhe um pouco do queijo *feta*. Sirva imediatamente.

Informações nutricionais (1 porção)

CALORIAS: 392 • CARBOIDRATOS: 58 G • COLESTEROL: 21 MG • GORDURA: 3,3 G • FIBRA: 7,6 G • PROTEÍNA: 33 G • SÓDIO: 829 MG • CÁLCIO: 161 MG • IG: BAIXO

Salada de Frango Xangai

RENDIMENTO: 5 PORÇÕES

225 g de talharim *udon** ou de *fettuccine*
1 1/2 xícara de ervilhas ou de fatias de aspargo com 2,5 cm
2 xícaras de peito de frango cozido desfiado
3/4 de xícara de fatias de pimentão vermelho cortadas do tamanho de um palito de fósforo
1/2 xícara de *échalotes* picadas
1 lata com cerca de 225 g de castanhas escorridas e picadas
ou 1 lata com cerca de 225 g de broto de bambu escorrido
1/2 xícara mais 2 colheres (sopa) do Molho de Gergelim e Gengibre (página 169)

1. Cozinhe o talharim de acordo com as orientações do fabricante até ficar quase al dente. Acrescente as ervilhas ou o aspargo à panela e cozinhe por mais um minuto ou até que fiquem com uma cor verde brilhante e levemente crocantes e a massa esteja al dente.
2. Escorra o talharim e as hortaliças, lave com água fria e escorra novamente. Transfira a mistura para uma tigela grande e junte o frango, o pimentão, as *échalotes* e a castanha ou o broto de bambu. Espalhe o molho sobre a salada e mexa delicadamente para misturar bem.
3. Cubra a salada e leve para gelar por pelo menos duas horas antes de servir. Coloque um pouco mais de molho se a salada estiver seca demais. Sirva sobre uma camada de salada de verduras, se desejar.

---

* *Um tipo de talharim de trigo longo e grosso parecido com o* fettuccine, *usado na cozinha asiática. Pode ser encontrado nos mercados especializados em produtos asiáticos e em muitos supermercados.*

Informações nutricionais (1 2/3 de xícara)

CALORIAS: 316 • CARBOIDRATOS: 36 G • COLESTEROL: 48 MG • GORDURA: 6,6 G • FIBRA: 4,3 G • PROTEÍNA: 23 G • SÓDIO: 637 MG • CÁLCIO: 44 MG • IG: BAIXO

Salada de Frango

RENDIMENTO: 4 PORÇÕES

1 1/2 xícara de peito de frango ou de peru cozido cortado em cubos (mais ou menos 225 g)
3/4 de xícara de maçã verde descascada e cortada em cubos (mais ou menos 1 unidade média)
1/4 de xícara mais 2 colheres (sopa) de aipo cortado fino
1/4 de xícara de nozes-pecã torradas (veja receita de Amêndoas Torradas, na página 81)
1/4 de xícara de maionese light
3 colheres (sopa) de Sour Cream (página 79)
1 pitada de pimenta branca moída

1. Coloque o frango, a maçã, o aipo e as nozes-pecã em uma tigela grande e misture bem. Ponha a maionese, o *sour cream* e a pimenta branca em uma tigela pequena e mexa bem. Acrescente a mistura da maionese à mistura do frango e mexa novamente. Adicione um pouco mais de maionese se a mistura estiver seca demais.
2. Cubra a salada e leve para gelar por pelo menos duas horas antes de servir. Use como recheio para sanduíche, sirva sobre uma camada de salada verde ou dentro de um melão cantalupo cortado ao meio.

Informações nutricionais (3/4 de xícara)

CALORIAS: 160 • CARBOIDRATOS: 6 G • COLESTEROL: 45 MG • GORDURA: 6,9 G • FIBRA: 0,8 G • PROTEÍNA: 18 G • SÓDIO: 162 MG • CÁLCIO: 28 MG • IG: BAIXO

Salada de Frango com Amêndoas e Dill

RENDIMENTO: 6 PORÇÕES

2 xícaras de peito de frango ou de peru cozido, em cubos
1 lata com cerca de 225 g de castanhas de caju sem sal e picadas
1/2 xícara de aipo cortado fino
1/2 xícara de Amêndoas Torradas (página 81) picadas
1/4 de xícara de *échalotes* picadas
1/3 de xícara de maionese light
1/4 de xícara de Sour Cream (página 79)

1 colher (chá) de *dill*
1 pitada de pimenta branca moída

1. Coloque o frango, a castanha, o aipo, as amêndoas e as *échalotes* em uma tigela grande e mexa bem. Ponha a maionese, o *sour cream*, o *dill* e a pimenta em uma tigela pequena e misture bem. Acrescente a mistura da maionese à mistura do frango e mexa novamente. Adicione um pouco mais de maionese se a mistura estiver seca demais.
2. Tampe e leve para refrigerar por pelo menos duas horas antes de servir. Use como recheio para sanduíche, sirva sobre uma salada verde ou dentro de um melão cantalupo ou abacate cortado ao meio.

Informações nutricionais (3/4 de xícara)

CALORIAS: 164 • CARBOIDRATOS: 10 G • COLESTEROL: 40 MG • GORDURA: 5,8 G • FIBRA: 2 G • PROTEÍNA: 17 G • SÓDIO: 150 MG • CÁLCIO: 48 MG • IG: MUITO BAIXO

Salada de Peru com Castanha de Caju Triturada

RENDIMENTO: 4 PORÇÕES

1 1/2 xícara de peito de peru ou de frango
3/4 de xícara de aipo cortado
1/4 de xícara mais 2 colheres (sopa) de castanha de caju
1/4 de xícara de *échalotes* picadas
1/4 de xícara de pimentão vermelho cortado fino
1/4 de xícara de maionese light
3 colheres (sopa) de Sour Cream (página xx)
1 pitada de pimenta branca moída

1. Coloque o peru, o aipo, a castanha de caju, as *échalotes* e o pimentão em uma tigela grande e misture bem. Ponha a maionese, o *sour cream* e a pimenta branca em uma tigela pequena e misture bem. Acrescente a mistura da maionese à mistura do peru e mexa novamente. Adicione um pouco mais de maionese se a mistura estiver seca demais.
2. Tampe a salada e leve para refrigerar por pelo menos duas horas antes de servir. Use como recheio para sanduíche, sirva sobre uma salada de verduras frescas ou dentro de um melão cantalupo cortado ao meio.

Informações nutricionais (3/4 de xícara)

CALORIAS: 176 • CARBOIDRATOS: 9 G • COLESTEROL: 47 MG • GORDURA: 6,3 G • FIBRA: 1,2 G • PROTEÍNA: 20 G • SÓDIO: 240 MG • CÁLCIO: 40 MG • IG: MUITO BAIXO

Salada de Peru Big Sur

RENDIMENTO: 4 PORÇÕES

1 1/2 xícara de peito de peru cozido desfiado ou cortado em cubos
3/4 de xícara de uvas roxas sem caroço
1/2 xícara de aipo cortado fino
1/4 de xícara de amêndoas ou de nozes picadas (opcional)
1/4 de xícara de maionese light
3 colheres (sopa) de Sour Cream (página 79)
1 pitada de pimenta branca moída

1. Coloque o peru, as uvas, o aipo e, se desejar, as nozes, em uma tigela grande e misture bem. Junte a maionese, o *sour cream* e a pimenta branca em uma tigela pequena e misture bem. Adicione a mistura da maionese à mistura do peru e mexa novamente. Acrescente um pouco mais de maionese se a mistura estiver seca demais.
2. Cubra a salada e leve para gelar por pelo menos duas horas antes de servir. Use como recheio para sanduíche, sirva sobre uma salada verde ou dentro da metade de um melão cantalupo cortado ao meio. Para variar, acrescente de meia a uma colher de chá de pasta de *curry* ao molho.

Informações nutricionais (3/4 de xícara)

CALORIAS: 121 • CARBOIDRATOS: 9 G • COLESTEROL: 43 MG • GORDURA: 0,9 G • FIBRA: 0,7 G • PROTEÍNA: 18 G • SÓDIO: 171 MG • CÁLCIO: 24 MG • IG: BAIXO

Salada de Siri da Costa Oeste

RENDIMENTO: 4 PORÇÕES

2 1/4 xícaras de carne de siri cozida
3/4 de xícara de coração de alcachofra enlatado, escorrido e fatiado
1/2 xícara de ervilhas congeladas (descongeladar)
3 colheres (sopa) de cebola picada
1/3 de xícara de maionese light
3 colheres (sopa) de Sour Cream (página 79)

1 pitada de tomilho seco
1 pitada de pimenta branca moída

1. Coloque o siri, o coração de alcachofra, a ervilha e a cebola em uma tigela grande e misture bem. Junte a maionese, o *sour cream*, o tomilho e a pimenta branca em uma tigela pequena e misture bem. Acrescente a mistura da maionese à mistura de siri e mexa novamente. Adicione um pouco mais de maionese se a mistura estiver seca demais.
2. Cubra a salada e leve para gelar por pelo menos duas horas antes de servir. Use como recheio para sanduíche, sirva sobre uma salada verde ou dentro de um melão cantalupo ou abacate cortado ao meio.

Informações nutricionais (3/4 de xícara)

CALORIAS: 132 • CARBOIDRATOS: 12 G • COLESTEROL: 50 MG • GORDURA: 1 G • FIBRA: 2,8 G • PROTEÍNA: 17 G • SÓDIO: 441 MG • CÁLCIO: 75 MG • IG: BAIXO

Salada Picante de Ovos

RENDIMENTO: 4 PORÇÕES

6 ovos cozidos (de preferência, enriquecidos com ômega-3)
1/2 xícara de aipo cortado fino
1 colher (sopa) de cebolinha fresca cortada fino ou 1/2 colher (chá) de cebolinhas secas
1/2 colher (chá) de *dill*
1/4 de xícara de maionese light
2 colheres (sopa) de mostarda picante
1 pitada de pimenta branca moída

1. Pique os ovos e coloque-os em uma tigela média. Acrescente o aipo, a cebolinha, o *dill* e misture bem. Junte a maionese, a mostarda e a pimenta branca à mistura de ovo e mexa novamente. Adicione um pouco mais de maionese se a mistura estiver seca demais.
2. Tampe a salada e leve para gelar por pelo menos duas horas antes de servir. Use como recheio para sanduíche ou sirva com *crackers* integrais.

Informações nutricionais (1/2 xícara)

CALORIAS: 123 • CARBOIDRATOS: 3 G • COLESTEROL: 322 MG • GORDURA: 7,1 G • FIBRA: 0,5 G • PROTEÍNA: 9,5 G • SÓDIO: 313 MG • CÁLCIO: 43 MG • IG: MUITO BAIXO

Variação

Salada de Ovo Tradicional

Substitua a cebolinha e o *dill* por 2 colheres (sopa) de picles doces.

Informações nutricionais (1/2 xícara)

CALORIAS: 123 • CARBOIDRATOS: 3 G • COLESTEROL: 322 MG • GORDURA: 7,1 G • FIBRA: 0,5 G • PROTEÍNA: 9,5 G • SÓDIO: 375 MG • CÁLCIO: 43 MG • IG: MUITO BAIXO

Salada de Camarão com Massa Orzo

RENDIMENTO: 4 PORÇÕES

1 xícara de massa *orzo** (mais ou menos 200 g)
1 1/2 xícara de camarão sem casca e limpo (mais ou menos 225 g)
1/4 de xícara de *échalotes*
1/4 de xícara de aipo cortado fino
1 1/2 a 2 colheres (chá) de *dill*

Molho
1/2 xícara de maionese light
2 colheres (chá) de suco de limão
1 pitada de pimenta branca moída

1. Cozinhe o macarrão de acordo com as orientações da embalagem, escorra, lave com água fria e escorra novamente. Coloque o macarrão em uma tigela grande, acrescente o camarão, as *échalotes*, o aipo, o *dill* e misture bem.
2. Coloque os ingredientes do molho em uma tigela pequena e mexa bem. Acrescente o molho à mistura de macarrão, misturando novamente.
3. Tampe a salada e leve para gelar por pelo menos duas horas antes de servir. Coloque um pouco mais de maionese se a mistura estiver seca demais. Sirva sobre uma salada de folhas variadas, se desejar. Para variar, substitua o camarão por salmão ou siri e a massa *orzo* por arroz.

* *Pequena massa em formato de arroz, usada principalmente em sopas.*

Informações nutricionais (1 1/8 de xícara)

CALORIAS: 264 • CARBOIDRATOS: 42 G • COLESTEROL: 110 MG • GORDURA: 1,4 G • FIBRA: 1,5 G • PROTEÍNA: 18 G • SÓDIO: 348 MG • CÁLCIO: 43 MG • IG: BAIXO

Salada Crocante

RENDIMENTO: 8 PORÇÕES

10 xícaras de alface romana picada (mais ou menos 1 alface média)
1 lata com cerca de 225 g de castanha de caju sem sal, escorrida
1 xícara de ervilha congelada
1 xícara de aipo cortado fino
1 xícara de *échalotes* picadas
1 xícara de mussarela light
1 1/2 xícara de maionese light
3/4 de xícara de tomate com semente e cortado em cubos (mais ou menos 3 tomates médios)
2 ovos cozidos picados

1. Coloque a alface em uma tigela de vidro e arrume em camadas de castanha, ervilha, aipo, *échalote* e o queijo por cima.
2. Espalhe uma camada homogênea de maionese sobre a salada, levando-a até as beiradas.
3. Cubra a tigela com filme plástico e leve para gelar por várias horas ou de um dia para o outro. Um pouco antes de servir, coloque os tomates e os ovos sobre a salada, misture bem e sirva em seguida.

Informações nutricionais (1 1/2 xícara)

CALORIAS: 120 • CARBOIDRATOS: 16 G • COLESTEROL: 54 MG • GORDURA: 1,7 G • FIBRA: 4,2 G • PROTEÍNA: 8,8 G • SÓDIO: 482 MG • CÁLCIO: 169 MG • IG: BAIXO

Salada Crocante de Repolho com Maçã

RENDIMENTO: 8 PORÇÕES

1 repolho pequeno
1 cenoura média descascada e desfiada com um descascador de legumes (mais ou menos 3/4 de xícara)
1 maçã gala ou deliciosa descascada e cortada em cubos
1/2 xícara de passas escuras

1/4 de xícara mais 2 colheres (sopa) de semente de girassol salgada e assada
3/4 de xícara mais 2 colheres (sopa) de maionese light

1. Descarte as folhas externas do repolho. Corte-o em pedaços de cerca de 5 cm. Remova a parte mais dura de cada pedaço e corte o restante em tiras finas. O repolho deve render seis xícaras. Complete a quantidade, se for preciso.
2. Coloque o repolho em uma tigela grande. Acrescente a cenoura, a maçã, as passas, as sementes de girassol e misture bem. Junte a maionese e misture novamente.
3. Cubra a salada e leve para gelar por pelo menos duas horas antes de servir.

Informações nutricionais (3/4 de xícara)

CALORIAS: 116 • CARBOIDRATOS: 19 G • COLESTEROL: 0 MG • GORDURA: 3,9 G • FIBRA: 3,3 G • PROTEÍNA: 2,6 G • SÓDIO: 236 MG • CÁLCIO: 37 MG • IG: BAIXO

Tabule Grego

RENDIMENTO: 8 PORÇÕES

Salada

3 xícaras de trigo *bulgur* (usado para quibe) preparado
1 1/4 de xícara de pepino sem casca e sem sementes picado (mais ou menos 1 pepino grande)
1 1/4 de xícara de tomate com semente picado (mais ou menos 4 tomates médios)
1/2 xícara de cebola roxa picada
1/2 xícara de salsa fresca picada
1/2 xícara de queijo *feta* light esfarelado
1/3 de xícara de azeitona preta picada

Molho

3 colheres (sopa) de suco de limão
2 colheres (sopa) de azeite de oliva extravirgem
1/4 de colher (chá) de sal
1/4 de colher (chá) de pimenta-do-reino

1. Junte o trigo *bulgur*, o pepino, o tomate, a cebola, a salsa, o queijo *feta* e a azeitona em uma tigela grande e misture bem.
2. Coloque todos os ingredientes do molho em uma tigela pequena e misture bem. Ponha o molho sobre a salada e misture novamente. Tampe o recipiente da salada e leve para gelar por pelo menos duas horas antes de servir.

Informações nutricionais (3/4 de xícara)

CALORIAS: 115 • CARBOIDRATOS: 16 G • COLESTEROL: 0 MG • GORDURA: 4,3 G • FIBRA: 4 G • PROTEÍNA: 4,4 G • SÓDIO: 221 MG • CÁLCIO: 51 MG • IG: BAIXO

Salada de Espinafre e Pêra

RENDIMENTO: 4 PORÇÕES

6 xícaras de folhas frescas de espinafre
2 peras frescas maduras descascadas e picadas
1/4 de xícara mais 2 colheres (sopa) de queijo *feta* light esfarelado
1/4 de xícara de nozes-pecã torradas (veja receita de Amêndoas Torradas, na página 81) e picadas
1/4 de xícara mais 2 colheres (sopa) de Vinagrete Balsâmico (página 80)

1. Divida o espinafre entre os quatro pratos de salada e coloque sobre cada um 1/4 dos pedaços de pêra.
2. Polvilhe cada salada com 1 1/2 colher (sopa) de queijo *feta* e 1 colher (sopa) da noz-pecã. Sirva imediatamente acompanhada do molho.

Informações nutricionais (1 porção)

CALORIAS: 125 • CARBOIDRATOS: 17 G • COLESTEROL: 1 MG • GORDURA: 5,5 G • FIBRA: 3,8 G • PROTEÍNA: 4,6 G • SÓDIO: 434 MG • CÁLCIO: 99 MG • IG: MUITO BAIXO

Salada de Laranja e Abacate

RENDIMENTO: 4 PORÇÕES

8 xícaras de uma salada de folhas variadas ou de folhas de espinafre frescas
1 xícara de gomos de laranja frescos gelados
1 abacate pequeno, descascado e fatiado
4 fatias de cebola roxa, separadas em anéis
1/2 xícara de Vinagrete Balsâmico (página 80)
1/4 de xícara de gorgonzola esfarelado (opcional)

1. Coloque duas xícaras de alface ou de espinafre em cada um dos quatro pratos de salada. Ponha por cima de cada prato 1/4 dos gomos de laranja, 1/4 das fatias de abacate e 1/4 dos anéis de cebola.
2. Espalhe 2 colheres (sopa) do molho sobre cada salada e polvilhe cada uma com um pouco do queijo, se desejar. Sirva imediatamente.

Informações nutricionais (1 porção)

CALORIAS: 116 • CARBOIDRATOS: 15 G • COLESTEROL: 0 MG • GORDURA: 6,4 G • FIBRA: 5,1 G • PROTEÍNA: 3 G • SÓDIO: 311 MG • CÁLCIO: 67 MG • IG: MUITO BAIXO

Folhas Gloriosas

RENDIMENTO: 4 PORÇÕES

8 xícaras de uma salada de folhas variadas
1/2 xícara de queijo *feta* light esfarelado
1/4 de xícara de Vinagrete Balsâmico (página 80)
3/4 de xícara de *croûtons* já prontos (opcional)

1. Coloque as verduras e o queijo *feta* em uma tigela grande e mexa para misturar bem. Jogue o molho sobre a salada e mexa novamente.
2. Sirva imediatamente, colocando sobre cada porção um pouco dos *croûtons*, se desejar.

Informações nutricionais (2 xícaras)

CALORIAS: 56 • CARBOIDRATOS: 10 G • COLESTEROL: 1 MG • GORDURA: 0,4 G • FIBRA: 2 G • PROTEÍNA: 5,2 G • SÓDIO: 434 MG • CÁLCIO: 117 MG • IG: MUITO BAIXO

Salada Balsâmica de Três Feijões

RENDIMENTO: 8 PORÇÕES

2 latas de vagens cortadas e escorridas
1 lata de grão-de-bico lavado e escorrido
1 lata de feijão-mulatinho lavado e escorrido
3/4 de xícara de Vinagrete Balsâmico (página 80)

1. Junte todos os ingredientes em uma tigela grande e misture bem.
2. Tampe o recipiente e leve à geladeira por pelo menos três horas antes de servir. Para variar, substitua o vinagrete balsâmico por um vinagre de framboesa.

Informações nutricionais (3/4 de xícara)

CALORIAS: 128 • CARBOIDRATOS: 23 G • COLESTEROL: 0 MG • GORDURA: 1,2 G • FIBRA: 7,9 G • PROTEÍNA: 7,3 G • SÓDIO: 224 MG • CÁLCIO: 25 MG • IG: MUITO BAIXO

Salada de Brócolis com Amendoim

RENDIMENTO: 10 PORÇÕES

Salada

1 brócolis fresco (cerca de 600 g)

1/2 xícara de cebola roxa picada

1/2 xícara de passas

1/2 xícara de amendoim salgado assado e picado

Molho

1/2 xícara de maionese light

1/2 xícara de Sour Cream (página 79)

1 colher (sopa) de mel

1 pitada de gengibre moído

1. Retire a pele externa do miolo do brócolis e descarte. Corte os caules em pedaços de aproximadamente 1,25 cm e corte em flores pequenas. (Deve render cerca de 6 xícaras de flores e talos de brócolis.)
2. Junte o brócolis, a cebola, as passas e o amendoim em uma tigela grande e misture bem.
3. Coloque os ingredientes do molho em uma tigela pequena e misture bem. Acrescente o molho à mistura de brócolis e misture novamente.
4. Tampe o recipiente da salada e leve para gelar por várias horas ou de um dia para o outro antes de servir.

Informações nutricionais (2/3 de xícara)

CALORIAS: 108 • CARBOIDRATOS: 15 G • COLESTEROL: 0 MG • GORDURA: 3,7 G • FIBRA: 2,9 G • PROTEÍNA: 4,5 G • SÓDIO: 139 MG • CÁLCIO: 509 MG • IG: BAIXO

Salada de Aspargos Primavera

RENDIMENTO: 6 PORÇÕES

450 g de aspargos frescos

1/2 xícara de Vinagrete Balsâmico (página 80)

2 tomates médios cortados em fatias finas

4 fatias finas de cebola roxa separadas em anéis finos

1/4 de xícara de queijo *feta* light esfarelado

2 colheres (sopa) de nozes ou nozes-pecã torradas (veja receita de Amêndoas Torradas, na página 81) e picadas

1. Lave os aspargos com água fria e retire as pontas duras das hastes. Coloque uma panela grande de água para ferver em fogo alto, acrescente os aspargos e cozinhe por dois a três minutos ou até que as hastes estejam macias e crocantes. Escorra as hastes e depois as mergulhe em uma tigela grande com água gelada para interromper o processo de cozimento. Escorra novamente e arrume os aspargos em uma camada única em uma travessa grande.
2. Molhe os aspargos com metade do molho para salada. Arrume as fatias de tomate sobre as hastes de aspargo e coloque por cima os anéis de cebola. Espalhe o restante do molho sobre a cebola.
3. Tampe o recipiente da salada e leve à geladeira por uma a três horas. Polvilhe o queijo *feta* e as nozes sobre a salada e sirva imediatamente.

Informações nutricionais (1 porção)

CALORIAS: 64 • CARBOIDRATOS: 10 G • COLESTEROL: 0 MG • GORDURA: 1,8 G • FIBRA: 2,1 G • PROTEÍNA: 3,4 G • SÓDIO: 268 MG • CÁLCIO: 31 MG • IG: MUITO BAIXO

Salada de Tortellini

RENDIMENTO: 7 PORÇÕES

1 pacote com cerca de 225 g de *tortellini* de queijo
1 1/2 xícara de flores de brócolis pequenas
1 1/2 xícara de cogumelos frescos cortados
1 1/2 xícara de corações de alcachofra em lata cortados e escorridos
3/4 de xícara de tiras finas de pimentão vermelho
1/2 xícara de Vinagrete Balsâmico (página 80)
1/2 colher (chá) de orégano seco ou de tempero italiano
1/3 de xícara de queijo *feta* light ou 3 colheres (sopa) de parmesão ralado (opcional)

1. Cozinhe o *tortellini* al dente, de acordo com as orientações da embalagem. Um minuto antes de a massa ficar pronta, acrescente o brócolis e os cogumelos e cozinhe mais um minuto ou até que o brócolis fique com uma cor verde viva e ligeiramente crocante e a massa esteja al dente. Escorra a massa e as hortaliças, lave com água fria e escorra novamente.
2. Coloque a massa com os vegetais em uma tigela grande, acrescente os corações de alcachofra, o pimentão vermelho, o molho, o orégano e misture bem. Se desejar, junte o queijo *feta* ou o parmesão e mexa novamente.
3. Tampe o recipiente da salada e leve para gelar por pelo menos duas horas antes de servir.

Informações nutricionais (1 xícara)

CALORIAS: 150 • CARBOIDRATOS: 25 G • COLESTEROL: 15 MG • GORDURA: 3,4 G • FIBRA: 4,1 G • PROTEÍNA: 7 G • SÓDIO: 353 MG • CÁLCIO: 93 MG • IG: BAIXO

Salada Simples de Pêra

RENDIMENTO: 6 PORÇÕES

2 latas de pêra em conserva

6 folhas de alface

1/2 xícara de Sour Cream (página 79)

3 colheres (sopa) de queijo *cheddar* light

2 colheres (sopa) de nozes-pecã torradas e picadas (veja receita de Amêndoas Torradas, na página 81)

1. Leve as latas de pêra para gelar por pelo menos duas horas antes de arrumar a salada.
2. Coloque uma folha de alface em cada um dos seis pequenos pratos de salada.
3. Escorra as peras e arrume duas metades pequenas sobre a folha de alface em cada prato. Preencha os buracos de cada meia pêra com 2 colheres (chá) de *sour cream*, depois polvilhe cada uma com 1 colher (chá) do queijo e com um pouco das nozes. Sirva imediatamente.

Informações nutricionais (1 porção)

CALORIAS: 84 • CARBOIDRATOS: 15 G • COLESTEROL: 0 MG • GORDURA: 1,8 G • FIBRA: 1,7 G • PROTEÍNA: 2,5 G • SÓDIO: 47 MG • CÁLCIO: 57 MG • IG: BAIXO

Salada de Frutas Deliciosa

RENDIMENTO: 6 PORÇÕES

3 laranjas-da-bahia ou laranjas-seleta grandes

1 xícara de uvas roxas sem caroço

1 maçã gala média, com casca, cortada em cubos

1 banana grande, descascada e cortada

3 colheres (sopa) de flocos de coco adoçados

1. Descasque as laranjas, tirando a pele branca. Separe os gomos das membranas. Coloque os segmentos e o suco que se acumulou em uma tigela grande. Esprema o resto de suco da pele da laranja e acrescente-o à tigela.

2. Junte as uvas e as maçãs com as laranjas e misture bem. Tampe e leve para gelar por pelo menos uma hora ou até ficar bem gelada. Acrescente as bananas e gele por mais uma hora antes de servir. Para servir, divida a mistura entre seis tigelas ou taças para sorvete de aproximadamente 225 g e polvilhe o coco sobre cada porção.

Informações nutricionais (7/8 de xícara)

CALORIAS: 113 • CARBOIDRATOS: 26 G • COLESTEROL: 0 MG • GORDURA: 1,8 G • FIBRA: 3,4 G • PROTEÍNA: 1,4 G • SÓDIO: 10 MG • CÁLCIO: 43 MG • IG: BAIXO

Salada de Frutas com Duas Camadas

RENDIMENTO: 9 PORÇÕES

Camadas de frutas

1 lata de 450 g de pêssego em conserva

1 lata de 225 g de abacaxi em conserva

1 pacote (tamanho para 4 porções) de gelatina de laranja ou limão sem açúcar

Camada de queijo

1 pacote (tamanho para 4 porções) de mistura de gelatina de laranja ou limão sem açúcar

1/2 xícara de água fervente

1 xícara de suco de laranja

1 caixa (225 g) de *cream cheese* light

1. Para fazer a camada de frutas, escorra os pêssegos e o abacaxi, reservando o suco. Corte os pêssegos grosseiramente e reserve, junto com o abacaxi. Coloque os sucos em um copo medidor e acrescente água até atingir a marca de duas xícaras. Reserve.
2. Coloque a gelatina em uma tigela média e reserve. Ponha uma xícara da mistura de sucos em uma panela pequena e leve para ferver. Derrame o suco sobre a gelatina e mexa para dissolvê-la. Acrescente o restante do suco à mistura de gelatina e misture bem.
3. Leve a mistura de gelatina para gelar por cerca de uma hora e 15 minutos ou até ficar com a consistência de clara de ovo crua. Misture com as frutas escorridas e despeje a mistura em uma travessa de vidro de aproximadamente 2,5 litros. Tampe e leve para gelar por cerca de uma hora ou até a gelatina ficar quase pronta.
4. Para fazer a camada de queijo, coloque a gelatina em um liquidificador e acrescente água fervente. Bata em velocidade baixa com a tampa ligeiramente aberta por um minuto ou até a gelatina ficar completamente dissolvida. Acrescente o suco de

laranja e misture bem. Acrescente o *cream cheese* e torne a mexer até a mistura ficar homogênea.

5. Derrame a mistura de queijo sobre a mistura de frutas na travessa. Leve para gelar por pelo menos quatro horas ou até ficar firme. Corte em quadrados para servir.

Informações nutricionais (1 porção)

CALORIAS: 88 • CARBOIDRATOS: 16 G • COLESTEROL: 2 MG • GORDURA: 0,1 G • FIBRA: 1 G • PROTEÍNA: 6,3 G • SÓDIO: 194 MG • CÁLCIO: 97 MG • IG: BAIXO

Salada de Maçã e Cereja

RENDIMENTO: 5 PORÇÕES

1 pacote (4 porções) de gelatina de cereja sem açúcar
1 xícara de água fervente
1 xícara de cerejas cortadas pela metade
3/4 de xícara de suco de maçã
1 xícara de maçãs descascadas e cortadas
1/3 de xícara de aipo cortado fino
1/4 de xícara de nozes ou nozes-pecã picadas

1. Coloque a gelatina em uma tigela grande, acrescente a água fervente e mexa por dois minutos ou até que a gelatina esteja completamente dissolvida. Acrescente as cerejas e o suco de maçã e mexa por um ou dois minutos. Leve a mistura para gelar por pelo menos 45 minutos ou até que fique com a consistência de clara de ovo crua.
2. Misture lentamente as maçãs, o aipo e as nozes e coloque a mistura em uma fôrma ou tigela de aproximadamente 3,5 litros. Tampe e leve à geladeira por pelo menos seis horas ou até que a gelatina esteja firme.
3. Desenforme a salada em um prato cercado de alface, se desejar, ou apenas sirva diretamente da tigela. Para desenformá-la, mergulhe a fôrma em água morna por alguns segundos para soltar as beiradas da salada. Coloque, então, um prato de cabeça para baixo sobre a fôrma e vire a salada sobre o prato. Sacuda a fôrma delicadamente até soltar, depois levante-a com cuidado retirando-a. Repita essas etapas se a salada não se soltar.

Informações nutricionais (1 porção)

CALORIAS: 100 • CARBOIDRATOS: 14 G • COLESTEROL: 0 MG • GORDURA: 3,6 G • FIBRA: 1,9 G • PROTEÍNA: 3 G • SÓDIO: 51 MG • CÁLCIO: 16 MG • IG: MUITO BAIXO

Molho de Parmesão e Pimenta-do-Reino

RENDIMENTO: 1 1/4 DE XÍCARA

1 xícara de maionese light
1/4 de xícara de parmesão ralado
2 colheres (sopa) de leite desnatado ou semidesnatado
1 colher (sopa) de vinagre de vinho branco
1 1/2 colher (chá) de alho espremido
1/2 colher (chá) de pimenta-do-reino moída

1. Junte todos os ingredientes em uma tigela pequena e misture bem. Acrescente um pouco mais de leite se a mistura estiver grossa demais.
2. Transfira a mistura para um recipiente com tampa e leve para gelar por várias horas antes de servir.

Informações nutricionais (1 colher de sopa)

CALORIAS: 15 • CARBOIDRATOS: 2 G • COLESTEROL: 1 MG • GORDURA: 0,4 G • FIBRA: 0 G • PROTEÍNA: 0,6 G • SÓDIO: 108 MG • CÁLCIO: 20 MG • IG: BAIXO

Molho de Gergelim e Gengibre

RENDIMENTO: 1 1/4 DE XÍCARA

1/4 de xícara mais 1 colher (sopa) de vinagre de arroz temperado
1/4 de xícara de suco de laranja
2 colheres (sopa) de molho *shoyo* light
2 colheres (sopa) de taíne de gergelim torrado
1 colher (sopa) de óleo de gergelim (escuro) torrado
1 colher (sopa) de açúcar mascavo ou mel
1 colher (chá) de alho espremido
1 colher (chá) de gengibre moído ou 1 colher (sopa) de gengibre fresco torrado

1. Coloque todos os ingredientes em um liquidificador e misture até ficar com uma textura homogênea.
2. Tampe e leve para gelar por pelo menos duas horas antes de servir. Para variar, substitua o taíne de gergelim por pasta de amendoim.

Informações nutricionais (1 colher de sopa)

CALORIAS: 30 • CARBOIDRATOS: 2,7 G • COLESTEROL: 0 MG • GORDURA: 1,9 G • FIBRA: 0,2 G • PROTEÍNA: 0,5 G • SÓDIO: 158 MG • CÁLCIO: 10 MG • IG: MODERADO

Molho de Tomate Seco

RENDIMENTO: 7/8 DE XÍCARAS

1/4 de xícara mais 2 colheres (sopa) de água
3 colheres (sopa) de vinagre de vinho branco
3 colheres (sopa) de azeite de oliva extravirgem
1 colher (sopa) de tomate seco picado
1 colher (sopa) de açúcar ou mel
2 colheres (chá) de alho espremido
1/2 colher (chá) de orégano seco
1/4 de colher (chá) de tomilho seco
1/2 colher (chá) de sal
1/4 de colher (chá) de pimenta-do-reino moída

1. Coloque todos os ingredientes em um liquidificador e misture até obter um molho homogêneo.
2. Tampe e leve à geladeira por pelo menos duas horas antes de servir.

Informações nutricionais (1 colher de sopa)

CALORIAS: 30 • CARBOIDRATOS: 1,2 G • COLESTEROL: 0 MG • GORDURA: 2,9 G • FIBRA: 0,1 G • PROTEÍNA: 0,1 G • SÓDIO: 89 MG • CÁLCIO: 2 MG • IG: MUITO BAIXO

Molho de Iogurte

RENDIMENTO: 1 1/2 XÍCARA

1 xícara de maionese light
1/4 de xícara de iogurte natural desnatado ou semidesnatado
1/4 de xícara de leite desnatado ou semidesnatado
1 colher (chá) de alho espremido
1 1/2 colher (chá) de cebolinha seca
1 1/2 colher (chá) de salsa seca
1/4 de colher (chá) de pimenta-do-reino moída
1/4 de colher (chá) de cebola em pó

1. Coloque todos os ingredientes em um liquidificador e bata bem.
2. Tampe e leve para gelar por pelo menos duas horas antes de servir.

Informações nutricionais (1 colher de sopa)

CALORIAS: 9 • CARBOIDRATOS: 1,7 G • COLESTEROL: 0 MG • GORDURA: 0 G • FIBRA: 0 G • PROTEÍNA: 0,3 G • SÓDIO: 73 MG • CÁLCIO: 9 MG • IG: BAIXO

Pastas secas rápidas e saborosas

De sabores variados, as pastas podem transformar carnes, frutos do mar e aves simples e comuns em deliciosas criações culinárias. Quando o tempo é curto, as pastas são excelentes para incrementar uma refeição.

Para aplicar a pasta, lave a carne e seque com toalhas de papel. Em seguida, esfregue a parte externa da carne com a mistura de temperos, usando uma a duas colheres de sopa de pasta para cada 450 g de carne. Para realçar o sabor, misture a pasta com uma quantidade suficiente de azeite para fazer uma pasta grossa antes de aplicá-la ao alimento. Deixe o alimento descansar em temperatura ambiente por 15 a 30 minutos, antes de cozinhar. Com isso, os temperos poderão penetrar no alimento. (Leve à geladeira se precisar deixar a carne descansando por mais de uma hora.)

As receitas a seguir permanecerão saborosas por vários meses. Por isso, você pode dobrar ou triplicar a quantidade de ingredientes de suas pastas favoritas e guardá-las em recipientes herméticos na geladeira para tê-las sempre à disposição.

Pasta Picante de Ervas

RENDIMENTO: CERCA DE 5 COLHERES DE SOPA

1 colher (sopa) de orégano seco
1 colher (sopa) de tomilho seco
1 colher (sopa) de *lemon pepper*
2 colheres (sopa) de alho em pó
2 colheres (chá) de cebola em pó
2 colheres (chá) de açúcar mascavo claro
1/2 colher (chá) de sal

Junte todos os ingredientes em uma tigela pequena e mexa para misturar bem. Aplique na carne de acordo com as orientações anteriores e grelhe, cozinhe ou asse-a como desejar.

Informações nutricionais (1 colher de chá)

CALORIAS: 7 • CARBOIDRATOS: 1,5 G • COLESTEROL: 0 MG • GORDURA: 0,1 G • FIBRA: 0,3 G • PROTEÍNA: 0,2 G • SÓDIO: 145 MG • CÁLCIO: 6 MG • IG: MUITO BAIXO

Pasta Cajun Picante

RENDIMENTO: CERCA DE 5 COLHERES DE SOPA

1 1/2 colher (sopa) de páprica moída
2 colheres (chá) de tomilho seco
2 colheres (chá) de orégano seco
1 1/2 colher (chá) de alho em pó
1 1/2 colher (chá) de açúcar mascavo claro
1 colher (chá) de cebola em pó
1 colher (chá) de pimenta-do-reino moída
3/4 de colher (chá) de sal
1/4 de colher (chá) de pimenta caiena moída

Coloque todos os ingredientes em uma tigela pequena e misture bem. Aplique na carne de acordo com as orientações anteriores e grelhe, cozinhe ou asse-a como desejar.

Informações nutricionais (1 colher de chá)

CALORIAS: 6 • CARBOIDRATOS: 1 G • COLESTEROL: 0 MG • GORDURA: 0,1 G • FIBRA: 0,4 G • PROTEÍNA: 0,2 G • SÓDIO: 117 MG • CÁLCIO: 7 MG • IG: MUITO BAIXO

Pasta Jamaicana Picante

RENDIMENTO: CERCA DE 5 COLHERES DE SOPA

1 colher (sopa) de páprica moída
1 colher (sopa) de açúcar mascavo claro
1 colher (sopa) de *lemon pepper*
2 colheres (chá) de cebola em pó
1 colher (chá) de alho em pó
2 colheres (chá) de tomilho seco
1 colher (chá) de pimenta-da-jamaica
1/2 colher (chá) de sal

Coloque todos os ingredientes em uma tigela pequena e misture bem. Aplique na carne de acordo com as orientações anteriores e grelhe, cozinhe ou asse-a como desejar.

Informações nutricionais (1 colher de chá)

CALORIAS: 8 • CARBOIDRATOS: 2 G • COLESTEROL: 0 MG • GORDURA: 0,1 G • FIBRA: 0,3 G • PROTEÍNA: 0,2 G • SÓDIO: 132 MG • CÁLCIO: 5 MG • IG: MUITO BAIXO

CAPÍTULO 10

Sanduíches inteligentes

Sanduíches em uma dieta de IG baixo? Sim. Corretamente preparados, até os sanduíches podem fazer parte deste plano alimentar. Mas lembre-se de que nem todos os pães são iguais. Por isso, opte por pães integrais, ricos em fibras, em lugar do pão branco. O capítulo 4 o ajudará a escolher os melhores tipos de pão. Acrescente um recheio de proteína magra e muitas hortaliças frescas, complete com uma pasta ou molho com pouca gordura e você terá uma refeição satisfatória que sacia mas não engorda. Lembre-se também de que os acompanhamentos podem ajudar ou atrapalhar. Por isso, em vez de *pretzels* ou batata frita, opte por uma sopa, uma salada ou frutas frescas para acompanhar seu sanduíche.

Este capítulo apresenta uma seleção de sanduíches saudáveis, versáteis, práticos e fáceis de fazer. Por isso, esteja você fazendo um sanduíche de atum, um *wrap* criativo ou um hambúrguer, tenha certeza de que vai poder saborear um lanche sensacional e delicioso que suprirá as suas necessidades.

Sanduíche de Salada de Peru com Ervas

RENDIMENTO: 4 PORÇÕES

1 1/2 xícara de peito de peru ou de frango cozido, cortado em cubos
3/4 de xícara de aipo cortado bem fino
1/4 de xícara de alho-poró
1/3 de xícara de nozes picadas (opcional)
8 fatias de pão integral
2 colheres (sopa) de maionese light
4 folhas de alface americana

Molho
1/4 de xícara mais 2 colheres (sopa) de maionese light
1/4 de xícara de Sour Cream (página 79)
1/2 colher (chá) de ervas finas

1. Coloque o peito de peru ou frango, o aipo, o alho-poró e, se desejar, as nozes, em uma vasilha média e misture bem.
2. Ponha os ingredientes do molho em uma vasilha pequena e misture bem. Acrescente o molho à mistura de peru e misture novamente. Acrescente um pouco mais de maionese se a mistura estiver muito seca. Tampe a salada e refrigere por pelo menos duas horas.
3. Para montar os sanduíches, torre o pão, se desejar, e espalhe em cada fatia um pouco de maionese. Coloque 1/4 da salada de peru sobre cada fatia de pão e, por cima, uma folha de alface.
4. Ponha a outra fatia de pão sobre o recheio, parta os sanduíches ao meio e sirva imediatamente.

Informações nutricionais (por sanduíche)

CALORIAS: 256 • CARBOIDRATOS: 33 G • COLESTEROL: 47 MG • GORDURA: 3 G • FIBRAS: 4,5 G • PROTEÍNA: 24 G • SÓDIO: 566 MG • CÁLCIO: 78 MG • IG: MODERADO

Sanduíche de Rosbife Temperado

RENDIMENTO: 4 PORÇÕES

8 fatias de pão de sete cereais
225 g de rosbife magro cortado bem fino
115 g de queijo suíço (ou mussarela light) cortado bem fino
4 fatias de tomate

4 fatias finas de cebola roxa
4 folhas de alface

Molho
1/4 de xícara de maionese light
1/4 de xícara de Sour Cream (página 79)
2 a 3 colheres (chá) de raiz-forte já preparada

1. Para fazer o molho, misture a maionese, o *sour cream* e a raiz-forte em uma vasilha pequena e misture bem. Reserve.
2. Coloque as fatias de pão sobre uma superfície plana e passe em cada uma um pouco do molho. Ponha 60 gramas de rosbife em cada uma delas e, por cima, 30 g da mussarela ou do queijo suíço, uma fatia de tomate, uma fatia de cebola e uma folha de alface.
3. Coloque as outras fatias de pão sobre os recheios, parta os sanduíches ao meio e sirva imediatamente.

Informações nutricionais (por sanduíche)
CALORIAS: 282 • CARBOIDRATOS: 33 G • COLESTEROL: 31 G • GORDURA: 4,6 G • FIBRAS: 4,3 G • PROTEÍNA: 27 G • SÓDIO: 846 G • CÁLCIO: 284 MG • IG: MODERADO

Club Sandwich com Peru e Lombinho Canadense

RENDIMENTO: 4 PORÇÕES

8 fatias de pão integral torradas
1/4 de xícara de maionese light
170 g de peito de peru assado cortado bem fino
8 fatias de lombinho canadense
4 fatias (20 g cada) de queijo *cheddar* light
8 fatias finas de tomate
4 folhas de alface romana

1. Coloque uma fatia de torrada em uma tábua de corte e passe 1 1/2 colher (chá) de maionese. Acrescente 1/4 do peito de peru, duas fatias de lombinho canadense, uma fatia de queijo, duas fatias de tomate e uma fatia de alface por cima. Por fim, passe 1 1/2 colher (chá) de maionese na outra fatia de torrada e coloque por cima do sanduíche. Repita com os ingredientes que restarem para fazer quatro sanduíches. Corte os sanduíches ao meio e sirva imediatamente.

Informações nutricionais (por sanduíche)

CALORIAS: 286 • CARBOIDRATOS: 30 G • COLESTEROL: 77 MG • GORDURA: 3,9 G • FIBRA: 4,3 G • PROTEÍNA: 31 G • SÓDIO: 854 G • CÁLCIO: 211 G • IG: MODERADO

Pastrami com Chucrute

RENDIMENTO: 4 PORÇÕES

8 fatias de pão integral de centeio ou *pumpernickel*
Manteiga light
1/3 de xícara de molho para salada light tipo Thousand Island
225 g de *pastrami* magro cortado bem fino
120 g de queijo suíço (ou mussarela light) cortado bem fino
1 xícara de repolho roxo cortado bem fino ou chucrute, bem escorrido

1. Unte um lado de cada fatia de pão com a manteiga. Espalhe 2 colheres (chá) do molho para salada no outro lado das fatias de pão.
2. Coloque quatro fatias de pão com o lado com a manteiga para baixo sobre uma superfície plana. Por cima, ponha, em cada um, uma fatia com 60 g de *pastrami*, 30 g de queijo suíço ou mussarela e 1/4 de xícara de repolho roxo ou chucrute. Cubra com as fatias de pão restantes, com a parte em que passou o molho de salada voltada para dentro.
3. Preaqueça uma frigideira grande antiaderente ou chapa em fogo médio e coloque os sanduíches. Cozinhe por mais ou menos três minutos de cada lado ou até o pão ficar tostado e o queijo derretido. Sirva quente.

Informações nutricionais (por sanduíche)

CALORIAS: 314 • CARBOIDRATOS: 36 G • COLESTEROL: 25 MG • GORDURA: 6,9 G • FIBRA: 5 G. • PROTEÍNA: 25 G • SÓDIO: 1.158 MG • CÁLCIO: 296 MG • IG: MODERADO

Sanduíche de Espinafre e Queijo Derretido

RENDIMENTO: 4 PORÇÕES

1 1/4 de xícara de cogumelos frescos fatiados
1 pacote de 280 g de espinafre congelado (descongelar) e escorrido
1 a 2 colheres (sopa) de sementes de girassol salgadas e tostadas
3 colheres (sopa) de maionese light
2 colheres (sopa) de parmesão ralado

4 pães de hambúrguer integrais ou 8 fatias de pão integral ou *pumpernickel*
4 fatias de tomate
3/4 de xícara de brotos de alfafa
120 g de queijo suíço, provolone ou mussarela light
2 a 3 colheres (sopa) de mostarda picante

1. Unte uma frigideira antiaderente e leve ao fogo médio a alto. Adicione os cogumelos e cozinhe, mexendo por alguns minutos ou até os cogumelos dourarem. Tampe a frigideira periodicamente durante o cozimento quando ela começar a secar, pois o vapor do cozimento a umedece. Acrescente algumas colheres de chá de água ou caldo, somente se achar necessário.
2. Adicione o espinafre e reduza o fogo. Cozinhe, mexendo sempre, até o espinafre estar totalmente cozido e todo o excesso de líquido evaporar. (A mistura deve ficar bem seca.) Acrescente as sementes de girassol e misture bem. Retire a frigideira do fogo e coloque primeiro a maionese e depois o parmesão.
3. Para montar os sanduíches, coloque 1/4 da mistura de espinafre em quatro fatias de pão ou na parte de baixo de cada pão de hambúrguer. Por cima, ponha uma fatia de tomate, alguns brotos de alfafa e algumas fatias de queijo. Espalhe a mostarda nas quatro fatias restantes de pão ou na parte de cima dos pães de hambúrguer e coloque sobre os recheios.
4. Leve ao forno preaquecido até o queijo derreter. Sirva quente.

Informações ntricionais (por sanduíche)

CALORIAS: 247 • CARBOIDRATOS: 31 G • COLESTEROL: 5 MG • GORDURA: 5,3 G • FIBRA: 7 G • PROTEÍNA: 19 G • SÓDIO: 720 G • CÁLCIO: 387 G • IG: MODERADO

Sanduíche Derretido de Peru e Alcachofra

RENDIMENTO: 4 PORÇÕES

1 lata de 425 g de corações de alcachofra bem escorridos e cortados bem fino
1/2 xícara de maionese light
1 colher (sopa) de mostarda Dijon
8 fatias de pão de sete cereais ou *pumpernickel*
170 g de peito de peru assado cortado bem fino
8 anéis finos de pimentão vermelho
4 fatias finas de cebola
1 xícara de brotos de alfafa
115 g de queijo suíço ou mussarela light

1. Coloque as alcachofras, 1/4 de xícara da maionese e toda a mostarda em uma tigela média e mexa bem. Reserve.
2. Ponha uma fatia de pão em uma tábua de cortar e espalhe uma colher e meia de chá de maionese. Por cima, coloque 1/4 do peru, 1/4 da mistura de alcachofra, dois anéis de pimentão vermelho, uma fatia de cebola, 1/4 dos brotos de alfafa e 1/4 do queijo. Espalhe uma colher e meia de chá de maionese em outra fatia de pão e coloque por cima do sanduíche.
3. Leve ao forno preaquecido até o queijo derreter. Sirva quente.

Informações nutricionais (por sanduíche)

CALORIAS: 302 • CARBOIDRATOS: 41 G • COLESTEROL: 38 MG • GORDURA: 2,9 G • FIBRA: 8,4 G • PROTEÍNA: 29 G • SÓDIO: 804 MG • CÁLCIO: 347 MG • IG: MODERADO

Sanduíche Picante de Atum com Queijo

RENDIMENTO: 4 PORÇÕES

1 lata de 340 g de atum light em pedaços (em água), escorrido
1/2 xícara de aipo cortado bem fino
1/2 xícara de cebola cortada bem fino
1/4 de xícara mais 2 colheres (sopa) de maionese light
1 colher (sopa) mais 1 colher (chá) de mostarda Dijon
1/4 de colher (chá) de ervas finas secas ou tomilho seco
1 pitada de pimenta-do-reino moída na hora
4 pães de hambúrguer integrais partidos ao meio e torrados
115 gramas de queijo suíço (ou mussarela light) cortado bem fino ou 1 xícara ralado

1. Misture em uma vasilha média o atum escorrido, o aipo, a cebola, a maionese, a mostarda, as ervas finas ou o tomilho e a pimenta-do-reino. Reserve.
2. Arrume pães em uma assadeira, com a parte cortada para cima. Espalhe 1/4 da mistura de atum em cada pedaço e coloque em uma grelha preaquecida por dois a três minutos ou até a mistura aquecer. Por cima de cada metade ponha parte do queijo e grelhe por mais um ou dois minutos ou até o queijo derreter. Sirva quente.

Informações nutricionais (por sanduíche)

CALORIAS: 329 • CARBOIDRATOS: 33 G • COLESTEROL: 35 MG • GORDURA: 6 G • FIBRA: 5 G • PROTEÍNA: 35 G • SÓDIO: 870 G • CÁLCIO: 253 MG • IG: MODERADO

Hambúrguer Riviera

RENDIMENTO: 6 PORÇÕES

Molho

1/2 xícara mais 1 colher (sopa) de maionese light

1 colher (sopa) mais 1/2 colher (chá) de mostarda Dijon

1 1/2 colher (chá) de mel

Mistura de hambúrguer

500 g de carne moída magra

1 xícara de cogumelos frescos cortados bem fino

3/4 de xícara de cebola cortada bem fino

3/4 de xícara de migalhas de pão

1 colher (sopa) de mostarda Dijon

1 colher (sopa) de molho inglês

1 1/2 colher (chá) de ervas finas ou 3/4 de colher (chá) de tomilho e de manjerona

1 1/2 colher (chá) de alho amassado

1/2 colher (chá) de pimenta-do-reino moída grossa

Coberturas

6 fatias (aproximadamente 20 g cada) de queijo suíço ou mussarela light

6 pães de hambúrguer integrais

6 fatias de tomate

6 fatias finas de cebola

6 folhas de alface

1. Junte os ingredientes do molho em uma vasilha pequena e misture bem. Reserve.
2. Coloque todos os ingredientes da mistura de hambúrguer em uma vasilha grande e misture bem. (Para fazer as migalhas de pão, corte 1 1/2 fatia de pão integral em pedaços. Torre e coloque em um processador de alimentos ou liquidificador até esmigalhar.) Separe a mistura em seis partes e dê a cada uma o formato de hambúrguer.
3. Unte uma frigideira antiaderente e leve ao fogo médio. Coloque os hambúrgueres e frite por quatro a cinco minutos de cada lado ou até a carne não estar mais rosada por dentro. (Você também pode cozinhar os hambúrgueres em uma churrasqueira ou grelha por mais ou menos sete minutos de cada lado ou até a carne não estar mais rosada por dentro.)
4. Coloque uma fatia de queijo em cima de cada hambúrguer, tampe a frigideira e cozinhe por mais um minuto ou até o queijo derreter. Se estiver grelhando os hambúrgueres, coloque o queijo e grelhe por mais 30 segundos ou até o queijo derreter.

5. Corte os pães ao meio e espalhe um pouco do molho em cada pedaço. Coloque cada hambúrguer na parte de baixo de um pão e, por cima, uma fatia de tomate, uma fatia de cebola, uma folha de alface e, por fim, a parte superior do pão. Sirva quente.

Informações nutricionais (por sanduíche)

CALORIAS: 309 • CARBOIDRATOS: 35 G • COLESTEROL: 42 MG • GORDURA: 5,9 G • FIBRA: 6,1 G • PROTEÍNA: 31 G • SÓDIO: 792 G • CÁLCIO: 220 G • IG: MODERADO

Hambúrguer Saboroso de Siri

RENDIMENTO: 4 PORÇÕES

Óleo
1/3 de xícara de aipo cortado bem fino (com as folhas)
1/3 de xícara de alho-poró cortado bem fino
1/3 de xícara de pimentão vermelho cortado bem fino
1 1/2 xícara de carne de siri cozida ou 2 latas (170 g cada) de carne de siri bem escorrida
1 colher (sopa) de salsa fresca picada ou 1 colher (chá) de salsa seca
1/2 colher (chá) de páprica moída
1 pitada de pimenta caiena
1 xícara de migalhas de pão integral
1 ovo ou 2 claras de ovo levemente batidas
90 g de queijo suíço (ou mussarela light) em fatias finas ou ralado (opcional)
4 pães de hambúrgueres integrais
4 fatias de tomate
1 xícara de folhas de alface romana rasgadas
Margarina light

Molho
1/4 de xícara mais 1 colher (sopa) de maionese light
1 colher (sopa) de molho de pimenta *chilli* (tipo Tabasco)

1. Para fazer o molho, misture a maionese e o molho de pimenta *chilli* em uma vasilha pequena e agite para misturar bem. Reserve.
2. Unte uma frigideira antiaderente grande com margarina light, adicione o aipo, o alho-poró, o pimentão vermelho e 1 colher (sopa) de água. Leve a frigideira a fogo médio, tampe e cozinhe, mexendo ocasionalmente, durante aproximadamente três minutos ou até as hortaliças amaciarem. (Coloque um pouco mais de água se a frigideira começar a secar, mas só o suficiente para não deixar queimar.) Retire a

frigideira do fogo, acrescente o siri, a salsa, a páprica e a pimenta caiena e misture. Acrescente primeiro as migalhas de pão e depois o ovo ou as claras. (Para fazer as migalhas de pão, corte 1 1/2 fatia de pão integral em pedaços. Torre e coloque em um processador de alimentos ou liquidificador até esmigalhar.)

3. Unte uma assadeira grande com margarina light. Divida a mistura de siri em quatro partes e dê a cada uma o formato de hambúrguer (com 9 cm de espessura). Coloque os hambúrgueres na assadeira e espalhe uma pequena quantidade de óleo no topo de cada um deles. Asse em forno a 210°C por oito minutos, vire os hambúrgueres e asse por mais oito minutos ou até estarem dourados. Se desejar, coloque por cima de cada hambúrguer um pouco de queijo suíço ou mussarela durante os últimos dois minutos para que o queijo derreta.
4. Abra os pães ao meio e espalhe um pouco do molho em cada pedaço. Coloque um hambúrguer na parte de baixo de cada pão e, por cima, uma rodela de tomate, um pouco de alface e a parte superior do pão. Sirva quente.

Informações nutricionais (por sanduíche)

CALORIAS: 222 • CARBOIDRATOS: 34 G • COLESTEROL: 33 MG • GORDURA: 3 G • FIBRA: 5,8 G • PROTEÍNA: 19 G • SÓDIO: 695 MG • CÁLCIO: 97 MG • IG: MODERADO

Sanduíche de Hortaliças

RENDIMENTO: 4 PORÇÕES

8 fatias de pão de sete cereais
180 g de queijo suíço ou provolone light em fatias finas
4 fatias finas de cebola
4 fatias finas de tomate
4 anéis de pimentão verde
4 corações de alcachofra em lata, escorridos, cortados em 4
3/4 de xícara de brotos de alfafa ou 4 folhas de alface

Molho
1/4 de xícara mais 2 colheres (sopa) de maionese light
1 colher (sopa) mais 1 colher (chá) de mostarda Dijon
1 colher (chá) de mel

1. Para fazer o molho, junte a maionese, a mostarda e o mel em uma vasilha pequena e misture bem. Reserve.

2. Toste o pão, se desejar. Espalhe um pouco do molho nas duas metades de cada fatia de pão. Coloque 1/4 do queijo na parte de baixo de cada fatia de pão e, por cima, uma fatia de cebola, uma fatia de tomate, uma fatia de pimentão, um pouco da alcachofra e um pouco dos brotos de alfafa ou uma folha de alface.
3. Ponha a fatia de cima de pão nos sanduíches, corte cada um ao meio e sirva imediatamente.

Informações nutricionais (por sanduíche)

CALORIAS: 259 • CARBOIDRATOS: 40 G • COLESTEROL: 4 MG • GORDURA: 2,3 G • FIBRA: 7,6 G • PROTEÍNA: 20 G • SÓDIO: 829 MG • CÁLCIO: 357 MG • IG: MODERADO

Sanduíche de Bistrô

RENDIMENTO: 4 PORÇÕES

1/2 xícara mais 2 colheres (sopa) de *cream cheese* light, em temperatura ambiente
1 colher (chá) de alho amassado
1/2 colher (chá) de ervas finas ou 1/4 de colher (chá) de cada de tomilho e manjerona
8 fatias de pão de sete cereais
225 g de peito de peru assado
4 fatias finas de cebola
4 fatias de tomate
4 folhas de alface

1. Misture o *cream cheese*, o alho e as ervas finas em uma vasilha pequena e mexa bem. Reserve.
2. Toste as fatias de pão. Espalhe na fatia de pão um pouco do *cream cheese*. Coloque 60 g do peito de peru na parte de baixo da fatia de pão e, por cima, uma fatia de cebola, uma fatia de tomate e uma folha de alface.
3. Coloque a parte de cima da fatia de pão nos sanduíches, corte cada um ao meio e sirva imediatamente.

Informações nutricionais (por sanduíche)

CALORIAS: 279 • CARBOIDRATOS: 35 G • COLESTEROL: 50 MG • GORDURA: 2,3 G • FIBRA: 6,4 G • PROTEÍNA: 30 G • SÓDIO: 503 MG • CÁLCIO: 159 MG • IG: MODERADO

Saboroso Submarino de Rosbife

RENDIMENTO: 4 PORÇÕES

1 cebola média cortada bem fino
2 xícaras de cogumelos frescos fatiados
1/4 de colher (chá) de tomilho seco
1 pitada de pimenta-do-reino moída
1 colher (sopa) de xerez seco
4 pãezinhos integrais
225 g de rosbife magro cortado bem fino
115 g de queijo suíço, mussarela ou provolone light

Molho
1/3 de xícara de maionese light
1 colher (sopa) de mostarda Dijon

1. Para fazer o molho, coloque a maionese e a mostarda em uma vasilha pequena e misture bem. Reserve.
2. Unte uma frigideira antiaderente grande com óleo, coloque as cebolas, os cogumelos, o tomilho, a pimenta e o xerez. Leve a frigideira ao fogo médio a alto. Cubra e cozinhe, mexendo freqüentemente, por cerca de quatro minutos ou até as cebolas e os cogumelos estarem macios e dourados. Adicione um pouco mais de xerez durante o cozimento se a frigideira ficar muito seca, mas só o suficiente para evitar que queime. Retire do fogo e reserve.
3. Coloque a metade de baixo de cada pãozinho em uma superfície plana e espalhe um pouco do molho. Por cima, coloque 60 g de rosbife, 1/4 da mistura de cebolas e cogumelos e 30 g do queijo. Espalhe um pouco do molho na metade de cima de cada pãozinho e coloque nos sanduíches.
4. Leve ao forno preaquecido até o queijo derreter. Sirva imediatamente.

Informações nutricionais (por sanduíche)

CALORIAS: 417 • CARBOIDRATOS: 53 G • COLESTEROL: 50 MG • GORDURA: 5,8 G • FIBRA: 3,2 G • PROTEÍNA: 36 G • SÓDIO: 973 G • IG: MODERADO

Frango com Chutney no Pão Árabe

RENDIMENTO: 4 PORÇÕES

4 pães árabes integrais, partidos ao meio
225 g de peito de peru ou de frango cortado bem fino
8 folhas de alface
4 fatias finas de cebola
1 pepino de pequeno a médio, descascado e cortado bem fino

Molho
1/2 xícara menos 1 colher (sopa) de maionese light
2 colheres (sopa) de *chutney* de manga

1. Para fazer o molho, coloque a maionese com o *chutney* em uma vasilha pequena e misture bem. Reserve.
2. Aqueça os pães árabes na torradeira ou no forno preaquecido.
3. Para montar os sanduíches, coloque 28 g de peru ou frango em cada uma das oito metades de pão árabe. Acrescente uma folha de alface, alguns anéis de cebola, três a quatro fatias de pepino e um pouco do molho. Sirva imediatamente.

Informações nutricionais (por sanduíche)
CALORIAS: 274 • CARBOIDRATOS: 38 G • COLESTEROL: 48 MG • GORDURA: 2,6 G • FIBRA: 5,4 • PROTEÍNA: 25 • SÓDIO: 547 MG • CÁLCIO: 70 MG • IG: MODERADO

Atum no Pão Árabe

RENDIMENTO: 4 PORÇÕES

4 xícaras de folhas de alface romana rasgadas
3/4 de xícara de corações de alcachofra enlatados, escorridos e partidos em pedaços
4 fatias de cebola, separadas em anéis
1/4 de xícara de azeitonas pretas fatiadas
2 latas (170 g cada) de atum em água, escorrido
1/4 de xícara de molho italiano light
2 colheres (sopa) de parmesão ralado
4 pães árabes integrais cortados ao meio

1. Coloque a alface, os corações de alcachofra, os anéis de cebola, as azeitonas e o atum escorrido em uma vasilha grande e misture bem. Adicione o molho italiano e o parmesão e misture novamente. Reserve.
2. Aqueça os pães árabes na torradeira ou no forno preaquecido.
3. Para montar os sanduíches, coloque aproximadamente uma xícara da mistura de atum em cada uma das metades de pão árabe e sirva imediatamente.

Informações nutricionais (por sanduíche)

CALORIAS: 294 • CARBOIDRATOS: 36 G • COLESTEROL: 38 MG • GORDURA: 4 G • FIBRA: 7,5 G • PROTEÍNA: 29 G • SÓDIO: 849 MG • CÁLCIO: 140 MG • IG: MODERADO

Salada de Siri no Pão Árabe

RENDIMENTO: 4 PORÇÕES

2 1/2 xícaras de carne de siri em lascas cozida
3/4 de xícara de pepino ou abacate descascados cortados em cubos e sem semente
1/4 de xícara de aipo cortado bem fino
1/4 de xícara de alho-poró
1/4 de xícara de pimentão vermelho cortado em cubos
4 pães árabes integrais cortados ao meio
8 folhas de alface

Molho
1/4 de xícara mais 2 colheres (sopa) de maionese light
1/4 de xícara de Sour Cream (página 79)
1/2 colher (chá) de *dill*

1. Coloque a carne de siri, o pepino ou o abacate, o aipo, o alho-poró e os pimentões vermelhos em uma vasilha grande e misture bem. Reserve.
2. Para fazer o molho, coloque a maionese, o Sour Cream e o *dill* em uma vasilha pequena e misture bem. Adicione o molho à mistura de siri e misture novamente. Acrescente um pouco mais de maionese se a mistura estiver muito seca. Reserve.
3. Aqueça os pães árabes na torradeira ou no forno preaquecido.
4. Coloque duas folhas de alface em cada metade de pão árabe e ponha meia xícara da mistura de siri em cada uma. Sirva imediatamente.

Informações nutricionais (por sanduíche)

CALORIAS: 255 • CARBOIDRATOS: 35 G • COLESTEROL: 56 MG • GORDURA: 2 G • FIBRA: 4,7 G • PROTEÍNA: 24 G • SÓDIO: 755 MG • CÁLCIO: 114 MG • IG: MODERADO

Cogumelos Portobello no Pão Árabe

RENDIMENTO: 4 PORÇÕES

24 fatias de cogumelos Portobello, com aproximadamente 2,5 cm de espessura (cerca de 340 g)
4 fatias grossas de cebola roxa
1/4 de xícara de Vinagrete Balsâmico (página 80)
4 pães árabes integrais partidos ao meio
1 vidro de 200 g de pimentões vermelhos assados, escorridos e cortados em 8 pedaços iguais
115 g de queijo suíço (ou mussarela light) ralado ou em fatias finas

Molho
1/4 de xícara mais 2 colheres (sopa) de maionese light
2 colheres (sopa) de mostarda Dijon

1. Para fazer o molho, coloque a maionese e a mostarda em uma vasilha pequena e misture bem. Reserve.
2. Unte uma assadeira grande e arrume os cogumelos e as fatias de cebola em uma só camada. Pincele os dois lados dos cogumelos e as fatias de cebola com um pouco de vinagrete balsâmico. Coloque a assadeira em uma grelha preaquecida e deixe por quatro minutos ou até que os cogumelos e as cebolas dourem. Vire as fatias e grelhe por mais três minutos ou até as fatias ficarem macias e douradas dos dois lados. Separe as fatias de cebola em anéis e reserve.
3. Espalhe um pouco da mistura de maionese por dentro de cada pão árabe. Recheie cada pão árabe com três fatias de cogumelos, alguns anéis de cebola, alguns dos pimentões vermelhos assados e um pouco do queijo.
4. Arrume os sanduíches em uma assadeira e leve ao forno preaquecido até o queijo derreter. Sirva quente.

Informações nutricionais (por sanduíche)

CALORIAS: 287 • CARBOIDRATOS: 46 G • COLESTEROL: 3 MG • GORDURA: 5,4 G • FIBRA: 8,1 G • PROTEÍNA: 19 G • SÓDIO: 851 MG • CÁLCIO: 358 MG • IG: MODERADO

Wrap de Hortaliças Assadas

RENDIMENTO: 4 PORÇÕES

1 xícara mais 1/4 de xícara de aspargos frescos cortados em fatias de 2,5 cm ou fatias de abobrinha com aproximadamente 1 cm
1 xícara mais 1/4 de xícara de cogumelos Portobello pequenos com cerca de 1,25 cm
1 pimentão vermelho pequeno cortado em tiras de 2 cm
1 cebola média cortada em pedaços de 2 cm
1 tomate-salada médio cortado em fatias de aproximadamente 1 cm
1 colher (sopa) de vinagre balsâmico
3/4 de colher (chá) de tempero italiano seco
1/4 de colher (chá) de sal
1 pitada de pimenta-do-reino moída
Óleo
4 Tortillas (de 20 cm de diâmetro) (página 79)
1 xícara de mussarela (ou provolone light) ralado
Margarina light

1. Coloque as hortaliças, o vinagre, o tempero italiano, o sal e a pimenta-do-reino em uma vasilha larga e misture bem. Unte uma assadeira grande com margarina light e espalhe a mistura de hortaliças em uma só camada. Unte levemente a superfície da mistura de vegetais com o óleo.
2. Asse em forno a 230°C por 10 minutos, vire as hortaliças com uma espátula e asse por mais oito minutos ou até ficarem macias e douradas.
3. Arrume as *tortillas* quentes em uma superfície plana. Espalhe 1/4 da mistura de hortaliças no terço inferior de cada *tortilla*, deixando uma margem de 2,5 cm nas margens direita e esquerda. Coloque 1/4 do queijo por cima das hortaliças.
4. Dobre as margens direita e esquerda para dentro e depois enrole cada *tortilla* de baixo para cima, como um rocambole. Corte os *wraps* ao meio e sirva imediatamente.

Informações nutricionais (por sanduíche)

CALORIAS: 222 • CARBOIDRATOS: 32 G • COLESTEROL: 3 MG • GORDURA: 3,3 G • FIBRA: 4,2 G • PROTEÍNA: 15 G • SÓDIO: 564 MG • CÁLCIO: 239 MG • IG: MODERADO

Wrap Califórnia

RENDIMENTO: 4 PORÇÕES

4 *Tortillas* (de 20 cm de diâmetro) (página 79)
225 g de peito de peru assado cortado em fatias finas
115 g de queijo suíço ou prato light
12 fatias de abacate com aproximadamente 1 cm de espessura
1/4 de xícara de Molho de Iogurte (página 170)
1 cenoura pequena, grosseiramente cortada com um descascador de batata
2 fatias finas de cebola roxa, separadas em anéis
1 xícara de brotos de alfafa

1. Aqueça as *tortillas* de acordo com as instruções da embalagem. Coloque as *tortillas* em uma superfície plana e, por cima de cada uma delas, ponha 1/4 das fatias de peito de peru, cobrindo-a toda, mas deixando uma margem de 2,5 cm nos lados direito e esquerdo.
2. Arrume 1/4 do queijo e três fatias de abacate somente na metade de baixo da *tortilla* e jogue 1 colher (sopa) de molho por cima dos abacates. Arrume 1/4 das cenouras, cebolas e brotos de alfafa por cima do queijo e do abacate.
3. Dobre as margens direita e esquerda para dentro e depois enrole cada *tortilla* de baixo para cima, como um rocambole. Corte os *wraps* ao meio e sirva imediatamente.

Informações nutricionais (por sanduíche)

CALORIAS: 318 • CARBOIDRATOS: 33 G • COLESTEROL: 49 MG • GORDURA: 6 G • FIBRA: 3,8 G • PROTEÍNA: 30 G • SÓDIO: 512 MG • CÁLCIO: 170 MG • IG: MODERADO

Wrap Tentador de Peru

RENDIMENTO: 4 PORÇÕES

4 Tortillas (de 20 cm de diâmetro) (página 79)
1/2 xícara de *cream cheese* light com sabor de alho e ervas, à temperatura ambiente
225 g de peito de peru assado fatiado bem fino
1 xícara de corações de alcachofra enlatados, cortados e escorridos
2 colheres (sopa) de Vinagrete Balsâmico (página 80)
8 anéis finos de pimentão vermelho
2 fatias finas de cebola, separadas em anéis
12 folhas de espinafre fresco

1. Coloque as *tortillas* ainda quentes em uma superfície plana e espalhe em cada uma 2 colheres (sopa) de *cream cheese*, levando o queijo até as beiradas. Por cima de cada *tortilla*, ponha 1/4 das fatias de peru, cobrindo-a toda, mas deixando uma margem de 2,5 cm nos lados direito e esquerdo.
2. Espalhe 1/4 dos corações de alcachofra somente na metade inferior de cada *tortilla* e depois jogue 1 1/2 colher (chá) do molho nos corações de alcachofra. Arrume um pouco dos pimentões, das cebolas e do espinafre na metade inferior da *tortilla*.
3. Dobre as margens direita e esquerda para dentro, depois enrole cada *tortilla* de baixo para cima, como um rocambole. Corte cada *wrap* ao meio e sirva imediatamente.

Informações nutricionais (por sanduíche)

CALORIAS: 279 • CARBOIDRATOS: 34 G • COLESTEROL: 49 MG • GORDURA: 3,5 G • FIBRA: 5,1 G • PROTEÍNA: 27 G • SÓDIO: 455 G • CÁLCIO: 276 MG • IG: MODERADO

CAPÍTULO 11

Acompanhamentos espertos

A escolha dos acompanhamentos certos pode diminuir substancialmente sua carga glicêmica. Acompanhamentos como batata assada ou purê de batata, batata frita e arroz branco têm IG muito alto. Junte um desses alimentos a um pão com IG alto e você dobra sua carga glicêmica.

Sendo assim, que tipo de acompanhamento você pode servir com seus pratos favoritos? Hortaliças frescas e grãos integrais são, de longe, as melhores opções. Você ficará contente em saber que quanto menos cozinhamos as hortaliças melhor fica o acompanhamento do ponto de vista nutricional. Métodos de cozimento simples, como assar no forno ou cozinhar no vapor, são excelentes técnicas para preservar nutrientes. Outra opção seria cozinhar as hortaliças em uma panela tampada com algumas colheres de sopa de caldo ou vinho.

É igualmente fácil basear seus acompanhamentos em grãos integrais, como arroz integral, trigo *bulgur* (usado para quibe), cuscuz integral e cevada. Associando-os a hortaliças, um pouco de alho e algumas ervas e condimentos, você poderá criar acompanhamentos saborosos e especiais para qualquer ocasião.

Ao escolher os acompanhamentos, não deixe de levar em conta suas metas nutricionais. Por exemplo, se você está servindo um prato principal rico em carboidratos, como o Risoto Cremoso (página 254), sirva como acompanhamento uma salada verde e uma porção generosa de hortaliças pobres em carboidratos, como brócolis no vapor e aspargos assados. Se necessitar de carboidratos e calorias a mais, acrescente outro alimento rico em carboidratos, como um pão integral nutritivo.

Aspargos Frescos Assados

RENDIMENTO: 4 PORÇÕES

550 g de aspargos frescos
Azeite de oliva
1/4 de colher (chá) de sal
1 pitada de pimenta-do-reino moída

1. Lave os aspargos com água fria, corte e descarte as partes duras do final. Seque com uma toalha de papel. Unte uma assadeira grande e arrume os aspargos em uma só camada na assadeira.
2. Unte levemente os aspargos com o azeite e polvilhe sal e pimenta. Asse a 230ºC por 10 a 12 minutos ou até os aspargos ficarem macios. Sirva quente.

Informações nutricionais (por porção)

CALORIAS: 30 • CARBOIDRATOS: 5 G • COLESTEROL: 0 MG • GORDURA: 0,5 G • FIBRA: 2,4 G • PROTEÍNA: 2,4 G • SÓDIO: 145 MG • CÁLCIO: 24 MG • IG: MUITO BAIXO

Abóbora de Outono

RENDIMENTO: 4 PORÇÕES

2 abóboras redondas médias (aproximadamente 500 g cada)
2 colheres (sopa) de suco concentrado de maçã congelado (descongelar)
2 colheres (sopa) de margarina ou manteiga light
1/2 colher (chá) de alecrim seco (opcional)

1. Lave a abóbora com água fria e corte fora as extremidades. Fatie cada abóbora em cruz, formando quatro anéis. Retire as sementes, depois corte cada anel ao meio para fazer dois semicírculos.
2. Unte um tabuleiro de 22 x 32 cm e arrume a abóbora em uma só camada.
3. Misture o suco concentrado de maçã e a margarina ou manteiga em um refratário pequeno e leve ao microondas em potência alta por aproximadamente 30 segundos ou até a margarina ou manteiga derreter. Espalhe essta mistura sobre a abóbora e polvilhe com o alecrim, se desejar.
4. Cubra a panela com papel-alumínio e asse a 200ºC por 25 minutos ou até a abóbora ficar macia. Retire o papel-alumínio e asse por mais cinco minutos ou até a maior parte do líquido evaporar. Sirva quente.

Informações nutricionais (por porção)

CALORIAS: 94 • CARBOIDRATOS: 18 G • COLESTEROL: 0 MG • GORDURA: 2,6 G • FIBRA: 4,5 G • PROTEÍNA: 1,2 G • SÓDIO: 43 MG • CÁLCIO: 46 MG • IG: MODERADO

Vagem com Amêndoas Torradas

RENDIMENTO: 5 PORÇÕES

5 xícaras de vagem (aproximadamente 550 g) cortada
3/4 de colher (chá) de tomilho seco
1 colher (sopa) mais 1 colher (chá) de margarina ou manteiga light
3 a 4 colheres (sopa) de Amêndoas Torradas (página 81)
1 pitada de sal

1. Encha com água uma panela de quatro litros até a metade e deixe ferver em fogo alto. Coloque as vagens e 1/2 colher (chá) de tomilho e ferva por aproximadamente quatro minutos ou até as vagens ficarem crocantes, mas macias.
2. Escorra bem as vagens e coloque-o novamente na panela. Acrescente a margarina ou a manteiga, as amêndoas, o 1/4 de colher (chá) do restante de tomilho e o sal. Cozinhe em fogo baixo, mexendo, para misturar, por um a dois minutos ou até a margarina ou a manteiga derreter. Sirva quente. Para variar, substitua as amêndoas por nozes picadas.

Informações nutricionais (por porção de 3/4 de xícara)

CALORIAS: 67 • CARBOIDRATOS: 8 G • COLESTEROL: 0 MG • GORDURA: 3,3 G • FIBRA: 4,1 G • PROTEÍNA: 2,7 G • SÓDIO: 91 MG • CÁLCIO: 50 MG • IG: MUITO BAIXO

Vagem à Moda Mediterrânea

RENDIMENTO: 5 PORÇÕES

4 xícaras de vagem cortada (aproximadamente 450 g)
1 colher (sopa) de azeite de oliva extravirgem
1 1/2 colher (chá) de alho amassado
1 xícara de tomate-salada sem semente picado (aproximadamente 4 tomates médios)
3/4 de colher (chá) de orégano seco
1/4 de colher (chá) de sal
1 pitada de pimenta-do-reino moída

1. Encha com água uma panela de três litros até a metade e deixe ferver em fogo alto. Coloque as vagens e ferva por aproximadamente quatro minutos ou até as vagens estarem crocantes, porém macias. Escorra bem e reserve.
2. Coloque o azeite na panela usada para cozinhar as vagens e leve ao fogo médio. Adicione o alho e cozinhe por alguns segundos ou até o alho começar a mudar de cor. Acrescente os tomates, o orégano, o sal e a pimenta, tampe e cozinhe por aproximadamente 45 segundos ou até os tomates estarem bem quentes. Adicione as vagens à mistura de tomate e misture bem. Sirva quente.

Informações nutricionais (por porção de 3/4 de xícara)

CALORIAS: 58 • CARBOIDRATOS: 8 G • COLESTEROL: 0 MG • GORDURA: 2,9 G • FIBRA: 3,4 G • PROTEÍNA: 1,9 G • SÓDIO: 124 MG • CÁLCIO: 34 MG • IG: MUITO BAIXO

Brócolis Americano com Alho e Azeite

RENDIMENTO: 5 PORÇÕES

500 g de brócolis americano
3 a 4 colheres (chá) de azeite de oliva extravirgem
2 a 3 colheres (chá) de alho amassado
1/4 de colher (chá) de sal
1 pitada de pimenta-do-reino moída
Parmesão ralado (opcional)

1. Lave o brócolis com água fria e balance para tirar o excesso de água, mas não seque. Apare aproximadamente 3 cm das extremidades para remover as partes duras. Corte em pedaços com cerca de 2,5 cm e reserve. (Deve render aproximadamente oito xícaras.)
2. Coloque 2 colheres (sopa) de água em uma frigideira antiaderente larga e funda e junte o brócolis. Leve a frigideira ao fogo médio a alto e cozinhe, mexendo freqüentemente, por alguns minutos ou até as folhas murcharem e os caules ficarem crocantes e macios. De vez em quando, tampe a frigideira se ela ficar muito seca. Adicione um pouco mais de água durante o cozimento, se necessário, mas só o suficiente para não queimar. (Note que, se preferir um sabor menos acentuado, você pode cozinhar o brócolis em uma panela grande com água fervendo por aproximadamente dois minutos ou até ficar macio. Depois escorra e misture com o alho refogado e o azeite.)
3. Afaste o brócolis para um lado da frigideira e adicione o azeite e o alho. Refogue o alho no azeite por alguns segundos ou até começar a mudar de cor. Retire a fri-

gideira do fogo e polvilhe o sal e a pimenta-do-reino. Mexa o brócolis para misturar com o azeite e o alho. Sirva quente, polvilhando cada porção com parmesão, se desejar.

Informações nutricionais (por porção de 3/4 de xícara)

CALORIAS: 49 • CARBOIDRATOS: 4 G • COLESTEROL: 0 MG • GORDURA: 3,3 G • FIBRA: 2,8 G • PROTEÍNA: 2,6 G • SÓDIO: 165 MG • CÁLCIO: 27 MG • IG: MUITO BAIXO

Repolho e Cebolas Refogados

RENDIMENTO: 4 PORÇÕES

1/2 cabeça média de repolho
2 colheres (chá) de azeite de oliva extravirgem
1 cebola média em fatias finas
1/4 de colher (chá) de tomilho seco
1/4 de xícara de água
1/4 de colher (chá) de sal

1. Divida o repolho ao meio e retire o centro. Corte o repolho em fatias de 1,25 cm e reserve.
2. Unte uma frigideira antiaderente grande com azeite e leve ao fogo médio. Coloque as fatias de cebola e o tomilho, tampe e cozinhe, mexendo de vez em quando, por aproximadamente três minutos ou até a cebola começar a amaciar (não deixe dourar).
3. Adicione o repolho, a água e o sal à frigideira e reduza o fogo para médio a baixo. Tampe e cozinhe, mexendo de vez em quando, por aproximadamente 10 minutos ou até o repolho murchar e amaciar. Acrescente um pouco mais de água durante o cozimento se a frigideira ficar muito seca, deixando somente o líquido necessário para não queimar. Sirva quente.

Informações nutricionais (por porção de 3/4 de xícara)

CALORIAS: 63 • CARBOIDRATOS: 9 G • COLESTEROL: 0 MG • GORDURA: 2,6 G • FIBRA: 3,4 G • PROTEÍNA: 2,1 G • SÓDIO: 167 MG • CÁLCIO: 63 MG • IG: MUITO BAIXO

Repolho Agridoce

RENDIMENTO: 5 PORÇÕES

2 colheres (chá) de óleo de canola ou de nozes
1 cebola média picada
1 maçã verde, descascada e cortada
4 xícaras de repolho roxo rasgado em pedaços grandes (aproximadamente 1/2 repolho médio)
1/4 de xícara de caldo de vegetal ou de galinha
3 colheres (sopa) de suco de maçã concentrado congelado (descongelar)
2 colheres (sopa) de vinagre de maçã
1/4 de colher (chá) de sal
1 pitada de pimenta-do-reino moída

1. Unte uma frigideira antiaderente grande com o óleo e leve ao fogo médio. Coloque a cebola, tampe e cozinhe, mexendo de vez em quando, por aproximadamente três minutos ou até a cebola começar a amolecer. Acrescente algumas colheres de chá de água se a frigideira começar a secar.
2. Junte os ingredientes restantes à frigideira e misture bem. Reduza o fogo para médio a baixo, tampe e cozinhe, mexendo de vez em quando, por aproximadamente 12 minutos ou até o repolho ficar macio. Adicione um pouco mais de caldo durante o cozimento se a frigideira ficar muito seca, mas só o suficiente para não queimar. Se houver líquido em excesso ao fim do cozimento, retire a tampa e cozinhe, mexendo sempre, por um ou dois minutos para evaporar. Sirva quente.

Informações nutricionais (por porção de 3/4 de xícara)

CALORIAS: 75 • CARBOIDRATOS: 14 G • COLESTEROL: 0 MG • GORDURA: 2,4 G • FIBRA: 2,4 G • PROTEÍNA: 1,3 G • SÓDIO: 162 MG • CÁLCIO: 36 MG • IG: MUITO BAIXO

Couve à Moda Asiática

RENDIMENTO: 4 PORÇÕES

450 g de couve fresca
3 colheres (sopa) de suco de laranja
2 colheres (sopa) de óleo de gergelim tostado (escuro)
1 1/2 colher (chá) de alho amassado
1 colher (sopa) de molho *shoyo* light

1. Lave a couve com água fria e balance para retirar o excesso de água. Apare as folhas dos caules duros no centro. Pique as folhas em tiras de 2 cm. Reserve. Deve render cerca de seis xícaras cheias de couve.
2. Despeje o suco de laranja em uma frigideira antiaderente grande e funda e adicione a couve. Leve ao fogo médio a alto e cozinhe, mexendo sempre, por alguns minutos ou só até as folhas tornarem-se verde-escuras e murcharem, mas ficarem crocantes e macias. Se necessário, acrescente um pouco mais de suco de laranja durante o cozimento.
3. Afaste a couve para um lado da frigideira e adicione o óleo de gergelim e o alho. Refogue o alho no óleo por alguns segundos ou até começar a mudar de cor. Retire a frigideira do fogo e coloque o molho *shoyo* por cima. Mexa a couve para misturá-la ao molho, ao óleo e ao alho e sirva imediatamente. Para variar, substitua a couve por folhas de espinafre frescas.

Informações nutricionais (por porção de 3/4 de xícara)

CALORIAS: 61 • CARBOIDRATOS: 8 G • COLESTEROL: 0 MG • GORDURA: 2,7 G • FIBRA: 4,1 G • PROTEÍNA: 3,1 G • SÓDIO: 174 MG • CÁLCIO: 165 MG • IG: MUITO BAIXO

VARIAÇÃO

Couve ao Estilo Mediterrâneo

Substitua o óleo de gergelim por azeite de oliva extravirgem e o molho *shoyo* por 1/4 de colher (chá) de sal e 1 pitada de pimenta-do-reino moída.

Informações nutricionais (por porção de 3/4 de xícara)

CALORIAS: 59 • CARBOIDRATOS: 7 G • COLESTEROL: 0 MG • GORDURA: 2,7 G • FIBRA: 4,1 G • PROTEÍNA: 2,9 G • SÓDIO: 168 MG • CÁLCIO: 165 MG • IG: MUITO BAIXO

Ervilha Sauté

RENDIMENTO: 4 PORÇÕES

1 colher (sopa) mais 1 colher (chá) de margarina ou manteiga light
4 xícaras de ervilhas frescas
1/4 de colher (chá) de *dill*
1 pitada de sal

1. Coloque a margarina ou manteiga em uma frigideira antiaderente grande e leve-a ao fogo médio a alto.
2. Acrescente os ingredientes restantes, tampe e cozinhe, mexendo sempre, por alguns minutos ou até as ervilhas ficarem crocantes e macias. Sirva quente.

Informações nutricionais (por porção de 3/4 de xícara)

CALORIAS: 49 • CARBOIDRATOS: 4 G • COLESTEROL: 0 MG • GORDURA: 3,3 G • FIBRA: 2,8 G • PROTEÍNA: 2,6 G • SÓDIO: 165 MG • CÁLCIO: 27 MG • IG: MUITO BAIXO

Hortaliças Sauté

RENDIMENTO: 5 PORÇÕES

2 colheres (sopa) de margarina ou manteiga light
2 abobrinhas (450 g) partidas ao meio no sentido do comprimento e cortadas em fatias de 1 cm de espessura
1/2 cebola média, cortada em fatias de 1 cm de espessura
1 xícara de grãos de milho verde fresco ou congelado (descongelar)
1/2 xícara de pimentão vermelho cortado em tiras bem finas
1 colher (chá) de alho amassado
1/2 colher (chá) de orégano ou tomilho fresco
1/4 de colher (chá) de sal

1. Coloque a margarina ou manteiga em uma frigideira antiaderente grande e preaqueça em fogo médio a alto.
2. Acrescente os ingredientes restantes e cozinhe, mexendo sempre, por aproximadamente quatro minutos ou até as hortaliças ficarem crocantes, mas macias. Coloque uma tampa na frigideira se ela ficar muito seca. (O vapor umedece a frigideira.) Sirva quente.

Informações nutricionais (por porção de 3/4 de xícara)

CALORIAS: 66 • CARBOIDRATOS: 11 G • COLESTEROL: 0 MG • GORDURA: 2,4 G • FIBRA: 2,5 G • PROTEÍNA: 2,1 G • SÓDIO: 160 MG • CÁLCIO: 16 MG • IG: MUITO BAIXO

Sauté de Abobrinha e Cogumelo

RENDIMENTO: 4 PORÇÕES

2 a 3 colheres (chá) de azeite de oliva extravirgem
3 xícaras de abobrinha fatiada (3 abobrinhas médias)
2 xícaras de cogumelos frescos fatiados
1 1/2 colher (chá) de alho amassado
1/4 de colher (chá) de sal
1 pitada de pimenta-do-reino moída

1. Unte uma frigideira antiaderente grande com azeite e leve ao fogo médio a alto.
2. Acrescente os ingredientes restantes e cozinhe, mexendo sempre, por aproximadamente quatro minutos ou até as hortaliças ficarem crocantes e macias. Tampe periodicamente a frigideira, se a mistura ficar muito seca. (O vapor umedece a frigideira.)

Informações nutricionais (por porção de 3/4 de xícara)

CALORIAS: 42 • CARBOIDRATOS: 4,5 G • COLESTEROL: 0 MG • GORDURA: 2,5 G • FIBRA: 1,6 G • PROTEÍNA: 2 G • SÓDIO: 149 MG • CÁLCIO: 16 MG • IG: MUITO BAIXO

Massa com Brócolis

RENDIMENTO: 8 PORÇÕES

150 g de massa tipo caracol (aproximadamente 1 1/4 de xícara)
2 xícaras de leite desnatado ou semidesnatado
2 colheres (sopa) mais 1 1/2 colher (chá) de farinha de trigo integral
2 colheres (sopa) de leite em pó instantâneo desnatado
3/4 de colher (chá) de mostarda seca
225 g de queijo *cheddar* light ralado (aproximadamente 2 xícaras)
190 g de brócolis lavado, cortado e escorrido
2 colheres (sopa) de farinha de rosca
Manteiga light

1. Cozinhe a massa al dente, de acordo com as instruções da embalagem. Escorra bem e coloque novamente na panela. Reserve.
2. Enquanto a massa estiver cozinhando, misture meia xícara do leite e toda a farinha de trigo integral, o leite em pó e a mostarda seca em uma vasilha com tampa que vede bem. Balance até homogeneizar e reserve.

3. Coloque 1 1/2 xícara de leite restante em uma panela de dois litros e ferva em fogo médio, mexendo sempre. Acrescente a mistura de farinha e cozinhe, ainda mexendo, por aproximadamente um minuto ou até borbulhar. Reduza o fogo, adicione o queijo e mexa até ele derreter. Retire a panela do fogo.
4. Jogue o molho de queijo por cima da massa e misture bem. Adicione o brócolis e misture bem. Unte um pirex e espalhe a mistura de massa igualmente. Polvilhe farinha de rosca por cima e unte levemente com a manteiga. Asse em forno a 180°C por aproximadamente 30 minutos ou até gratinar e a mistura ficar quente e borbulhante nas bordas. Retire o pirex do forno e deixe descansar por 15 minutos antes de servir.

Informações nutricionais (por porção de 3/4 de xícara)

CALORIAS: 174 • CARBOIDRATOS: 24 G • COLESTEROL: 11 MG • GORDURA: 3,5 G • FIBRA: 1,6 G • PROTEÍNA: 12 G • SÓDIO: 485 MG • CÁLCIO • 263 MG • IG: BAIXO

Cogumelos Portobello Assados

RENDIMENTO: 4 PORÇÕES

Azeite de oliva
340 g de cogumelos Portobello fatiados (fatias de 1 cm) – cerca de 20 fatias
1/4 de colher (chá) de sal
1 pitada de pimenta-do-reino moída
3/4 de colher (chá) de ervas finas ou tomilho seco

1. Unte uma assadeira grande com o azeite e arrume as fatias de cogumelo em uma única camada na assadeira. Regue os cogumelos com o azeite e polvilhe com sal, pimenta-do-reino e ervas.
2. Asse a 230°C por 10 minutos, vire as fatias e asse por mais cinco minutos ou até os cogumelos ficarem macios e dourados. Sirva quente.

Informações nutricionais (por porção)

CALORIAS: 21 • CARBOIDRATOS: 4 G • COLESTEROL: 0 MG • GORDURA: 0,4 G • FIBRA: 1 G • PROTEÍNA: 1,8 G • SÓDIO: 148 MG • CÁLCIO: 4 MG • IG: MUITO BAIXO

Pimentão, Cebola e Cogumelos Assados

RENDIMENTO: 6 PORÇÕES

1 cebola média a grande, cortada em rodelas de 2,5 cm
225 g de cogumelos Portobello ou 3 xícaras de *champignons* cortados em fatias de 1,5 cm
1 pimentão verde, cortado em tiras de 2 cm
1 pimentão vermelho, cortado em tiras de 2 cm
1 colher (sopa) de vinagre balsâmico
1 colher (sopa) de azeite de oliva extravirgem
1 1/2 colher (chá) de alho amassado
1 colher (chá) de tempero italiano seco
1/4 de colher (chá) de sal
1/4 de colher (chá) de pimenta-do-reino moída

1. Coloque todos os ingredientes em uma vasilha larga e misture bem. Unte uma assadeira funda e larga (com pelo menos 28 x 33 cm) e espalhe a mistura uniformemente.
2. Asse a 230°C por aproximadamente 30 minutos, mexendo a cada 10 minutos ou até as hortaliças ficarem macias e douradas. Sirva quente.

Informações nutricionais (por porção de 3/4 de xícara)

CALORIAS: 55 • CARBOIDRATOS: 7 G • COLESTEROL: 0 MG • GORDURA: 2,6 G • FIBRA: 1,8 G • PROTEÍNA: 1,5 G • SÓDIO: 100 MG • CÁLCIO: 12 MG • IG: MUITO BAIXO

Cogumelos Refogados com Xerez

RENDIMENTO: 4 PORÇÕES

2 a 3 colheres (chá) de azeite de oliva extravirgem
1 colher (chá) de alho amassado
450 g de cogumelos frescos fatiados
1/4 de colher (chá) de sal
1/4 de colher (chá) de pimenta-do-reino moída
2 a 3 colheres (sopa) de xerez seco, vinho tinto ou vinho branco

1. Unte uma frigideira antiaderente grande com o azeite e leve ao fogo médio a alto. Coloque o alho, os cogumelos, o sal e a pimenta-do-reino e cozinhe, mexendo sempre, por alguns minutos ou até os cogumelos ficarem macios e dourados. Tampe a frigideira de vez em quando, se começar a secar. (O vapor umedece a frigideira.)

2. Acrescente o xerez ou o vinho e cozinhe por mais um a dois minutos ou até a maior parte do xerez ou do vinho evaporar. Sirva quente.

Informações nutricionais (por porção de 3/4 de xícara)

CALORIAS: 58 • CARBOIDRATOS: 5 G • COLESTEROL: 0 MG • GORDURA: 2,7 G • FIBRA: 1 G • PROTEÍNA: 2,4 G • SÓDIO: 151 MG • CÁLCIO: 7 MG • IG: MUITO BAIXO

Feijão-Fradinho Saboroso

RENDIMENTO: 6 PORÇÕES

1 1/2 xícara de feijão-fradinho
2 1/2 colheres (chá) de caldo granulado de vegetais, carne ou galinha; ou 1 1/2 colher de granulado mais 3/4 de xícara de peru defumado ou presunto magro cortado em cubos (aproximadamente 115 g)
1/2 xícara de cebola picada
1 colher (chá) de sálvia
1 pitada de pimenta-do-reino moída
1 pitada de pimenta caiena
4 xícaras de água

1. Misture todos os ingredientes em uma panela com capacidade para três litros e deixe ferver em fogo alto.
2. Reduza o fogo, tampe e cozinhe por aproximadamente uma hora ou até o feijão ficar macio e o caldo engrossar. Sirva quente.

Informações nutricionais (por porção de 3/4 de xícara)

CALORIAS: 147 • CARBOIDRATOS: 26 G • COLESTEROL: 0 MG • GORDURA: 0,6 G • FIBRA: 4,7 G • PROTEÍNA: 10 G • SÓDIO: 273 MG • CÁLCIO: 48 MG • IG: BAIXO

Batata-Doce Assada com Alecrim

RENDIMENTO: 6 PORÇÕES

5 xícaras de batata-doce descascada cortada em fatias bem finas
1 colher (chá) de alecrim
1 1/2 colher (chá) de alho amassado
1/4 de colher (chá) de sal
1 colher (sopa) de azeite de oliva extravirgem

1. Coloque a batata-doce em uma vasilha grande. Polvilhe com o alecrim, o alho e o sal e regue com o azeite. Misture bem.
2. Unte uma assadeira de 23 x 33 cm e espalhe a batata-doce igualmente por toda a assadeira. Cubra com papel-alumínio e asse a 200°C por 15 minutos. Retire o papel-alumínio e asse por mais 10 minutos. Vire a batata-doce e asse por mais 10 minutos ou até ficar macia. Sirva quente.

Informações nutricionais (por porção de 3/4 de xícara)

CALORIAS: 104 • CARBOIDRATOS: 19 G • COLESTEROL: 0 MG • GORDURA: 2,3 G • FIBRA: 2,4 G • PROTEÍNA: 1,4 G • SÓDIO: 105 MG • CÁLCIO: 23 MG • IG: BAIXO

Batata-Bolinha com Salsa

RENDIMENTO: 6 PORÇÕES

4 1/2 xícaras de batata-bolinha cortada em cubos
1/4 a 1/3 de xícara de salsa fresca picada
1 colher (sopa) mais 1 colher (chá) de azeite de oliva extravirgem
1/4 de colher (chá) de sal

1. Coloque as batatas em uma panela com capacidade para quatro litros e cubra-as com água. Deixe ferver em fogo alto. Reduza o fogo para médio e cozinhe por aproximadamente 12 minutos ou até as batatas amaciarem. Escorra as batatas e leve-as novamente à panela.
2. Acrescente a salsa, o azeite e o sal às batatas e misture bem. Sirva quente.

Informações nutricionais (por porção de 3/4 de xícara)

CALORIAS: 110 • CARBOIDRATOS: 19 G • COLESTEROL: 0 MG • GORDURA: 3,1 G • FIBRA: 2 G • PROTEÍNA: 1,8 G • SÓDIO: 104 MG • CÁLCIO: 11 MG • IG: MODERADO

Tomates Verdes Assados

RENDIMENTO: 5 PORÇÕES

1 1/2 xícara do cereal Nesfit
1/4 de xícara mais 2 colheres (sopa) de parmesão ralado
1 colher (chá) de manjericão
1/4 de colher (chá) de pimenta-do-reino moída
2 ovos

450 g de tomates verdes (aproximadamente 3 tomates médios) fatiados bem fino
Azeite de oliva

1. Bata o cereal em um processador até obter migalhas grossas. (Outra opção é colocar o cereal em um saco plástico tipo *zip-lock* e esmagar com um rolo ou o fundo de um copo.) Você terá 3/4 de xícara de migalhas.
2. Misture as migalhas de cereais, o parmesão, o manjericão e a pimenta-do-reino em uma tigela funda.
3. Primeiro mergulhe as fatias de tomate nos ovos previamente batidos e depois na mistura das migalhas, virando para cobrir bem os dois lados. Unte uma assadeira grande e arrume as fatias em uma só camada. Regue com o azeite.
4. Asse a 230°C por oito minutos. Vire as fatias com uma espátula e asse por mais oito a 10 minutos ou até ficarem douradas e macias. Sirva quente.

Informações nutricionais (por porção)

CALORIAS: 93 • CARBOIDRATOS: 10 G • COLESTEROL: 6 MG • GORDURA: 2,5 G • FIBRA: 1,2 G • PROTEÍNA: 7,5 G • SÓDIO: 248 MG • CÁLCIO: 115 MG • IG: BAIXO

Pilaf de Cogumelos e Ervas

RENDIMENTO: 5 PORÇÕES

1 1/2 xícara de cogumelos frescos fatiados
1/4 de xícara de cebola cortada bem fino
1/4 de xícara de aipo cortado bem fino
1/2 colher (chá) de tomilho seco
2 colheres (sopa) margarina ou manteiga light
3 xícaras de arroz integral cozido, arroz selvagem, cevada ou trigo *bulgur* (usado para quibe)
1 pitada de sal

1. Unte uma frigideira antiaderente grande com margarina light e coloque os cogumelos, a cebola, o aipo e o tomilho. Leve ao fogo médio a alto, tampe e cozinhe, mexendo freqüentemente por alguns minutos ou até as hortaliças ficarem macias. Acrescente um pouco mais de água ou caldo se a frigideira ficar muito seca.
2. Reduza o fogo, adicione a margarina ou a manteiga e mexa até que derreta. Junte os grãos e o sal e cozinhe, mexendo por um a dois minutos ou até a mistura ficar bem quente. Sirva quente.

Informações nutricionais (por porção de 3/4 de xícara)

CALORIAS: 155 • CARBOIDRATOS: 28 G • COLESTEROL: 0 MG • GORDURA: 3,1 G • FIBRA: 2,5 G • PROTEÍNA: 3,5 G • SÓDIO: 107 MG • CÁLCIO: 15 MG • IG: BAIXO

Arroz Frito no Gergelim

RENDIMENTO: 6 PORÇÕES

1 colher (sopa) de óleo de gergelim
1 colher (chá) de alho amassado
3/4 de colher (chá) de raiz de gengibre ralada na hora
2 xícaras de brócolis fresco cortado bem fino
1 xícara de cogumelos frescos cortados bem grosso
1/2 xícara de cenoura cortada bem fino
2 colheres (sopa) de caldo de vegetais ou de galinha
3 xícaras de arroz integral cozido
2 colheres (sopa) de molho *shoyo* light

1. Coloque o óleo em uma frigideira antiaderente grande e leve ao fogo médio a alto. Junte o alho e o gengibre e mexa, fritando por alguns segundos ou até o alho começar a mudar de cor. Adicione o brócolis, os cogumelos, as cenouras e o caldo. Tampe e cozinhe, mexendo freqüentemente, por cerca de três minutos ou até as hortaliças ficarem crocantes e macias. Acrescente um pouco mais de caldo se a frigideira ficar muito seca.
2. Diminua o fogo e coloque o arroz e o molho de soja. Cozinhe e mexa por um a dois minutos ou até a mistura estar totalmente aquecida. Sirva quente.

Informações nutricionais (por porção de 7/8 de xícara)

CALORIAS: 147 • CARBOIDRATOS: 25 G • COLESTEROL: 0 MG • GORDURA: 3,3 G • FIBRA: 3,1 G • PROTEÍNA: 4 G • SÓDIO: 218 MG • CÁLCIO: 27 MG • IG: BAIXO

Pilaf de Hortaliças

RENDIMENTO; 4 PORÇÕES

2 colheres (sopa) de margarina ou manteiga light
1/3 de xícara de cebola picada
1/3 de xícara de pimentão vermelho picado
1 xícara de brócolis cortado

2/3 de xícara de milho
1 colher (sopa) de salsa fresca cortada bem fino ou 1 colher (chá) de salsa seca
1/4 de colher (chá) de sal
2 xícaras de trigo *bulgur* (usado para quibe)

1. Coloque a margarina ou a manteiga em uma frigideira antiaderente grande e leve ao fogo médio a alto. Junte a cebola e o pimentão, tampe e cozinhe, mexendo durante alguns minutos ou até as hortaliças ficarem crocantes e macias.
2. Acrescente o brócolis, o milho, a salsa e o sal à mistura na frigideira e reduza o fogo. Cozinhe, mexendo de vez em quando, durante alguns minutos ou até as hortaliças estarem completamente aquecidas. Adicione o trigo *bulgur* e tampe, cozinhando por mais um ou dois minutos. Sirva quente.

Informações nutricionais (por porção de 7/8 de xícara)

CALORIAS: 140 • CARBOIDRATOS: 26 G • COLESTEROL: 0 MG • GORDURA: 3 G • FIBRA: 6,4 G • PROTEÍNA: 5 G • SÓDIO: 198 MG • CÁLCIO: 37 MG • IG: BAIXO

Cuscuz ao Curry

RENDIMENTO: 6 PORÇÕES

1/3 de xícara de cebola cortada bem fino
1/3 de xícara de aipo cortado bem fino
1 1/2 xícara de caldo de vegetais ou de galinha com pouco sódio
1 1/2 colher (chá) de pasta de *curry*
1 xícara de cuscuz de farinha de trigo integral
1/4 de xícara de damasco seco cortado ou de passas
1/4 de xícara de Amêndoas Torradas (página 81) fatiadas
ou amendoins assados cortados
Margarina ou manteiga light

1. Unte uma frigideira antiaderente grande com a margarina ou a manteiga e leve ao fogo médio. Coloque as cebolas e o aipo, cubra e cozinhe, mexendo de vez em quando, por aproximadamente três minutos ou até as hortaliças ficarem crocantes e macias. Acrescente algumas colheres (chá) de água se a frigideira começar a secar.
2. Adicione o caldo e a pasta de *curry* e misture bem. Junte o cuscuz, o damasco ou as passas e as amêndoas, misturando bem. Deixe ferver, depois diminua o fogo, tampe e cozinhe por dois minutos, sem mexer. Retire a frigideira do fogo e deixe descansar por cinco minutos. Afofe com um garfo e sirva quente.

Informações nutricionais (por porção de 3/4 de xícara)

CALORIAS: 196 • CARBOIDRATOS: 35 G • COLESTEROL: 0 MG • GORDURA: 4,2 G • FIBRA: 6,1 G • PROTEÍNA: 6,8 G • SÓDIO: 151 MG • CÁLCIO: 34 MG • IG: MODERADO

Confete de Cuscuz

RENDIMENTO: 6 PORÇÕES

2 colheres (sopa) de margarina ou manteiga light
1/2 xícara de aipo cortado bem fino
1/2 xícara de cebola cortada bem fino
1/2 xícara de cenoura cortada bem fino
3/4 de colher (chá) de alho amassado
1 1/2 xícara de água
1/4 de colher (chá) de sal
1 xícara de cuscuz de trigo integral
3/4 de xícara de ervilha verde congelada

1. Unte uma frigideira antiaderente grande com a margarina ou a manteiga e leve ao fogo médio. Coloque o aipo, a cebola, a cenoura e o alho na frigideira e tampe. Cozinhe, mexendo sempre, por alguns minutos ou até as hortaliças ficarem crocantes e macias.
2. Acrescente a água, o sal, o cuscuz e a ervilha e misture bem. Deixe ferver, reduza o fogo, tampe e cozinhe por dois minutos sem mexer. Tire a frigideira do fogo e deixe descansar por cinco minutos. Afofe com um garfo e sirva quente. Para variar, adicione 1 1/2 colher (chá) de pasta de *curry*, não muito forte, junto com a água.

Informações nutricionais (por porção de 3/4 de xícara)

CALORIAS: 180 • CARBOIDRATOS: 35 GRAMAS • COLESTEROL: 0 MG • GORDURA: 2,5 GRAMAS • FIBRA: 6,2 G • PROTEÍNA: 6,6 G • SÓDIO: 163 MG • CÁLCIO: 27 MG • IG: MODERADO

Cuscuz com Brócolis

RENDIMENTO: 6 PORÇÕES

1 1/2 xícara de água
2 colheres (sopa) de margarina ou manteiga light
1/4 de colher (chá) de sal
280 g de brócolis cortado congelado (descongelar) e escorrido
1 xícara de cuscuz de trigo integral

1. Ponha a água, a margarina ou manteiga e o sal em uma panela com capacidade para 2,5 litros e deixe ferver em fogo alto. Coloque o brócolis e o cuscuz, mexa e deixe a mistura ferver.
2. Reduza o fogo, tampe e cozinhe por dois minutos, sem mexer. Retire a panela do fogo e deixe descansar por cinco minutos. Afofe com um garfo e sirva quente.

Informações nutricionais (por porção de 7/8 de xícara)

CALORIAS: 166 • CARBOIDRATOS: 32 G • COLESTEROL: 0 MG • GORDURA: 2,4 G • FIBRA: 5,9 G • PROTEÍNA: 6,6 G • SÓDIO: 140 MG • CÁLCIO: 35 MG • IG: MODERADO

Capítulo 12

Massas perfeitas

As massas são a prova de que nem todos os carboidratos são iguais. Com um IG entre 35 e 50, elas têm um efeito leve nos níveis de insulina e açúcar no sangue. Talvez seja essa a razão do importante papel das massas nas culinárias mais saudáveis do mundo.

Os pratos deste capítulo foram desenvolvidos tendo-se em mente preocupações com a saúde e com o sabor. As receitas aqui apresentadas combinam massas com carnes magras, frutos do mar, hortaliças variadas e molhos leves, criando pratos que permitem grandes porções sem ultrapassar as quantidades permitidas de gordura, calorias ou carboidratos. Muitos desses pratos também podem ser preparados em questão de minutos, o que os torna perfeitos para um estilo de vida atribulado.

Embora as receitas deste capítulo tenham IG baixo, note que, como todos os amiláceos, as massas são ricas em carboidratos. Por isso, ao planejar refeições com massas, tenha em mente suas necessidades calóricas e de carboidratos. Por exemplo, se está preocupado com o peso, acompanhe seu prato de massa com alimentos pobres em carboidratos, como hortaliças que não contenham amido e uma salada verde. Mas, se você precisa carregar nas calorias e nos carboidratos, acrescente pães integrais à sua refeição.

Carne com Gravatinhas à Moda Italiana

RENDIMENTO: 4 PORÇÕES

225 g de macarrão-gravatinha (aproximadamente 4 xícaras) ou *penne* (aproximadamente 3 xícaras)
340 g de carne moída magra
1 xícara de cebola cortada
1 colher (chá) de alho amassado
1/2 colher (chá) de orégano seco
1 lata de tomates cozidos ao estilo italiano, sem escorrer (*pelati*)
3/4 de xícara de caldo de carne
1/4 de xícara de extrato de tomate com alho
1 abobrinha média, partida ao meio no sentido do comprimento e cortada em fatias bem finas
1/4 de xícara de parmesão ralado (opcional)

1. Cozinhe a massa al dente, de acordo com as instruções da embalagem. Escorra bem, leve-a novamente à panela e tampe para manter aquecida.
2. Unte uma frigideira antiaderente grande e funda e coloque a carne moída. Leve a frigideira ao fogo médio e cozinhe a carne, mexendo bem até dourar. Escorra e descarte qualquer excesso de gordura. Adicione a cebola, o alho e o órégano. Tampe e cozinhe por aproximadamente quatro minutos ou até a cebola começar a amaciar. Se a frigideira ficar muito seca, adicione um pouco de água. Acrescente os tomates, sem escorrer, o caldo, o extrato de tomate e a abobrinha. Tampe e cozinhe por aproximadamente mais cinco minutos, mexendo de vez em quando, até a abobrinha ficar macia.
3. Adicione a massa à frigideira e mexa em fogo baixo para misturar bem. Acrescente um pouco mais de caldo, se a mistura estiver muito seca. Sirva quente, colocando um pouco do parmesão sobre cada porção, se desejar.

Informações nutricionais (por porção de 2 xícaras)

CALORIAS: 392 • CARBOIDRATOS: 57 G • COLESTEROL: 57 MG • GORDURA: 5,3 G • FIBRA: 3,9 G • PROTEÍNA: 26 G • SÓDIO: 457 MG • CÁLCIO: 58 MG • IG: BAIXO

Espaguete ao Molho com Almôndegas

RENDIMENTO: 5 PORÇÕES

1/4 de colher (chá) de sal
1/4 de colher (chá) de pimenta preta moída
280 g de espaguete fino
1 colher (sopa) de azeite de oliva extravirgem (opcional)
1 vidro grande de molho tipo marinada (escolha uma marca que contenha pouca ou nenhuma gordura e açúcar)
1/4 de xícara mais 2 colheres (sopa) de parmesão ralado (opcional)

Almôndegas
450 g de carne moída magra
1 xícara de migalhas de pão integral
1 xícara de cogumelos frescos cortados bem fino
1/4 de xícara mais 2 colheres (sopa) de cebola cortada bem fino
1 ovo inteiro ou 1 clara levemente batida
2 colheres (sopa) de salsa fresca bem picada ou 2 colheres (chá) de salsa seca
1 colher (chá) de alho amassado
Azeite de oliva

1. Para fazer as almôndegas, misture todos os ingredientes em uma vasilha grande e mexa. (Para fazer as migalhas, corte em pedaços 1 1/2 fatia de pão integral ligeiramente torrado, coloque no liquidificador ou processador e bata bem.) Dê à mistura o formato de almôndegas (deve render umas 20 unidades). Unte uma assadeira grande e arrume nela as almôndegas, deixando mais ou menos o mesmo espaço entre elas. Unte-as levemente com azeite de oliva. Asse em forno a 180°C por 30 minutos ou até as almôndegas estarem cozidas por dentro. Reserve.
2. Enquanto as almôndegas estiverem assando, cozinhe o espaguete al dente, de acordo com as instruções da embalagem. Escorra a massa, leve-a novamente à panela, coloque o azeite, se desejar, e tampe para mantê-la aquecida. Reserve.
3. Coloque o molho em uma frigideira grande antiaderente. Junte as almôndegas ao molho e, usando uma espátula, raspe todos os pedacinhos amarronzados da assadeira e junte-os ao molho. Leve a frigideira ao fogo médio a alto e deixe a mistura ferver. Reduza o fogo, tampe e cozinhe por aproximadamente 10 minutos ou até que os sabores estejam bem misturados.
4. Sirva quente, polvilhando um pouco do parmesão sobre cada porção, se desejar.

Informações nutricionais (por porção)

CALORIAS: 404 • CARBOIDRATOS: 56 G • COLESTEROL: 48 MG • GORDURA: 5,4 G • FIBRA: 4 G • PROTEÍNA: 29 G • SÓDIO: 708 MG • CÁLCIO: 78 MG • IG: BAIXO

Penne com Presunto e Aspargos

RENDIMENTO: 4 PORÇÕES

1 1/4 de xícara de creme de leite light
1 ovo
1/4 de colher (chá) de pimenta preta moída
225 g de *penne* (aproximadamente 3 xícaras)
1 1/2 xícara de aspargos frescos em pedaços
1/2 xícara de ervilha verde congelada (descongelar)
1 colher (chá) de alho amassado
115 g de presunto magro, cortado em tiras
1/4 de xícara mais 2 colheres (sopa) de parmesão ralado

1. Coloque o creme de leite, o ovo e a pimenta em uma vasilha pequena e misture bem. Reserve.
2. Cozinhe a massa al dente, de acordo com as instruções da embalagem. Um minuto antes de a massa ficar pronta, adicione os aspargos e as ervilhas e cozinhe por mais um minuto ou até os aspargos ficarem crocantes e macios e a massa estar al dente. Escorra bem, coloque novamente na panela e tampe para manter tudo aquecido.
3. Unte uma frigideira antiaderente grande e leve ao fogo médio. Junte o alho e o presunto e cozinhe, mexendo sempre, durante alguns minutos ou até o presunto começar a dourar.
4. Diminua o fogo e acrescente a massa à frigideira. Lentamente, despeje a mistura de creme de leite sobre a massa e agite levemente por um a dois minutos ou até o molho engrossar um pouco. Adicione um pouco mais de creme de leite se o molho estiver muito seco.
5 Tire a frigideira do fogo e coloque metade do parmesão. Sirva quente, polvilhando sobre cada porção um pouco do parmesão restante.

Informações nutricionais (por porção de 1 3/4 de xícara)

CALORIAS: 378 • CARBOIDRATOS: 58 G • COLESTEROL: 18 MG • GORDURA: 4,8 G • FIBRA: 3,3 G • PROTEÍNA: 26 G • SÓDIO: 584 MG • CÁLCIO: 396 MG • IG: BAIXO

Macarrão-Gravatinha com Frango e Brócolis

RENDIMENTO: 4 PORÇÕES

240 g de macarão-gravatinha (aproximadamente 4 xícaras)
ou *penne* (aproximadamente 3 xícaras)
2 xícaras de brócolis
1 1/2 xícara de peito de frango cozido cortado em cubos ou desfiado
1 xícara de cogumelos frescos fatiados
1 colher (chá) de alho amassado
1/2 xícara de parmesão ralado

Molho
1 1/4 de xícara de creme de leite light
1 ovo
2 colheres (sopa) de xerez seco
1/4 de colher (chá) de pimenta-do-reino moída ou *lemon pepper*

1. Misture todos os ingredientes do molho em uma vasilha pequena e mexa bem. Reserve.
2. Cozinhe a massa al dente, de acordo com as instruções da embalagem. Um minuto antes de a massa estar pronta, adicione o brócolis e cozinhe por mais um minuto ou até o brócolis ficar crocante e macio e a massa estar al dente. Escorra bem, leve a massa novamente à panela e acrescente o frango.
3. Unte uma frigideira antiaderente grande e leve ao fogo médio. Adicione os cogumelos e o alho, tampe e cozinhe por aproximadamente dois minutos ou até os cogumelos começarem a amaciar e soltar água (não deixe dourar). Transfira a massa para a frigideira e despeje o molho por cima. Agite levemente por um a dois minutos ou até o molho estar totalmente aquecido e levemente engrossado. Coloque um pouco de leite se a mistura estiver muito seca.
4. Retire a frigideira do fogo e misture o parmesão. Sirva quente.

Informações nutricionais (por porção de 2 xícaras)

CALORIAS: 442 • CARBOIDRATOS: 54 G • COLESTEROL: 57 MG • GORDURA: 6,5 G • FIBRA: 2,9 G • PROTEÍNA: 37 G • SÓDIO: 398 MG • CÁLCIO: 449 MG • IG: BAIXO

Massa com Frango à Moda Grega

RENDIMENTO: 4 PORÇÕES

225 g de massa tricolor tipo *penne* ou caracol (aproximadamente 3 xícaras)
1 colher (sopa) de azeite de oliva extravirgem
4 metades de peitos de frango sem osso e sem pele (115 g cada)
1/4 de colher (chá) de pimenta-do-reino moída
1/2 xícara de caldo de galinha (ou mais, se necessário)
1 colher (chá) de orégano seco
1 colher (chá) de alho amassado
1 lata de 400 g de tomates cozidos, amassados, sem escorrer (Pelati)
1/2 xícara de queijo *feta* light
1/4 de xícara de azeitonas pretas fatiadas
1/4 de xícara de alho-poró fatiado

1. Cozinhe a massa al dente, de acordo com as instruções da embalagem. Escorra e leve-a novamente à panela. Coloque o azeite. Reserve.
2. Enquanto a massa estiver cozinhando, lave o frango com água fria e seque com papel-toalha. Polvilhe os dois lados dos pedaços de frango com a pimenta. Unte uma frigideira antiaderente grande e leve ao fogo médio a alto. Coloque o frango e cozinhe por aproximadamente dois minutos de cada lado ou até ficar bem dourado.
3. Reduza o fogo para médio a baixo. Junte 1/4 de xícara do caldo e todo o orégano e o alho em uma tigela pequena e misture bem. Despeje a mistura do caldo em volta do frango. Tampe a frigideira e cozinhe por aproximadamente 10 minutos ou até o frango estar macio e cozido. Acrescente um pouco mais de caldo se a frigideira ficar muito seca, mas só o suficiente para mantê-la úmida. Leve o frango a uma tábua de cortar e tampe para mantê-lo aquecido.
4. Adicione os tomates não escorridos e o restante do caldo à frigideira. Aumente o fogo e deixe a mistura ferver, depois reduza a chama.
5. Acrescente a massa à frigideira e mexa em fogo baixo por um a dois minutos ou até a mistura estar completamente aquecida. Adicione mais caldo se estiver muito seca.
6. Para servir, coloque 1/4 da massa (aproximadamente 1 1/8 de xícara) em cada um dos quatro pratos individuais. Fatie o frango e arrume uma metade de peito de frango fatiada sobre a massa em cada prato. Coloque por cima de cada porção um pouco do queijo *feta*, as azeitonas e o alho-poró. Sirva quente.

Informações nutricionais (por porção)

CALORIAS: 430 • CARBOIDRATOS: 52 G • COLESTEROL: 66 MG • GORDURA: 6,5 G • FIBRA: 2,6 G • PROTEÍNA: 38 G • SÓDIO: 680 MG • CÁLCIO: 125 MG • IG: BAIXO

Massa com Frango à Puttanesca

RENDIMENTO: 4 PORÇÕES

225 g de espaguete fino
350 g de peito de frango sem osso e sem pele, cortado em pedaços
1/4 de colher (chá) de sal
1 colher (sopa) de azeite de oliva extravirgem
2 colheres (chá) de alho amassado
1 xícara de caldo de galinha
1/2 xícara de vinho branco seco
1 colher (chá) de pasta de *alice*
3/4 de colher (chá) de orégano seco
1/2 colher (chá) de pimenta-malagueta
1 colher (sopa) de alcaparras pequenas
1/4 de xícara de azeitonas pretas fatiadas
1 xícara de tomate fresco picado (aproximadamente 1 tomate grande)
1/4 de xícara de parmesão ralado

1. Cozinhe a massa al dente, conforme as instruções da embalagem. Escorra bem, leve-a novamente à panela e tampe para mantê-la aquecida.
2. Tempere o frango com o sal e reserve.
3. Coloque o azeite em uma frigideira antiaderente grande e leve ao fogo médio a alto. Junte o alho e o frango e refogue por cerca de quatro minutos ou até o frango ficar dourado e não mais rosado por dentro. Retire da frigideira, ponha em uma vasilha e tampe para mantê-lo aquecido e reserve.
4. Coloque o caldo, o vinho, a pasta de *alice*, o orégano e a pimenta-malagueta na frigideira e leve ao fogo médio a alto. Cozinhe, mexendo sempre, por alguns minutos ou até a mistura ser reduzida à metade. Acrescente as alcaparras, as azeitonas e o tomate, tampe e cozinhe por aproximadamente um minuto ou até o tomate ficar completamente aquecido e começar a amaciar.
5. Adicione a massa e o frango e mexa em fogo baixo para misturar bem. Sirva quente, polvilhando o parmesão sobre cada porção.

Informações nutricionais (por porção de 1 3/4 de xícara)

CALORIAS: 402 • CARBOIDRATOS: 45 G • COLESTEROL: 57 MG • GORDURA: 8,3 G • FIBRA: 2,3 G • PROTEÍNA: 32 G • SÓDIO: 696 MG • CÁLCIO: 61 MG • IG: BAIXO

Porco Condimentado Lo Mein

RENDIMENTO: 4 PORÇÕES

350 g de lombo de porco cortado em cubos de 2 cm
ou costelinhas magras cortadas em tiras finas
225 g de *fettuccine*
2 xícaras de brócolis
1 xícara de cogumelos frescos fatiados
3/4 de xícara de pimentão vermelho em tirinhas
1/2 xícara de alho-poró fatiado
Margarina light

Molho
3/4 de xícara mais 2 colheres (sopa) de caldo de galinha
3 colheres (sopa) de molho *shoyo* light
3 colheres (sopa) de xerez seco
1 colher (sopa) mais 1/2 colher (chá) de açúcar mascavo
2 colheres (chá) de óleo de gergelim escuro
3 a 4 colheres (chá) de tempero tipo Szechuan*
1 colher (chá) de maisena

1. Para fazer o molho, coloque todos os ingredientes, exceto a maisena, em uma vasilha pequena e misture bem.
2. Espalhe 1/4 de xícara do molho por cima do porco, misture bem e deixe descansar por 20 minutos.
3. Dissolva a maisena em 1 colher (sopa) do molho, depois adicione a mistura ao molho restante e reserve.
4. Enquanto a carne estiver marinando, cozinhe a massa de acordo com as instruções da embalagem, escorra bem e reserve.
5. Unte uma frigideira antiaderente grande e funda com margarina light e leve ao fogo médio a alto. Acrescente o porco e o molho em que ele está marinando e refogue por aproximadamente quatro minutos ou até todo o líquido evaporar e a carne ficar totalmente cozida e dourada. Retire a carne da frigideira e deixe tampada para manter aquecida.

* *O molho Szechuan é uma mistura de gengibre, alho, pimenta e temperos asiáticos. É encontrado em lojas de produtos orientais. Se não achá-lo, misture 1 colher (chá) de gengibre moído, 3/4 de colher (chá) de mostarda seca, 3/4 de colher (chá) de* lemon pepper, *1/2 colher (chá) de alho em pó e 1/2 colher (chá) de pimenta-malagueta.*

6. Unte novamente a frigideira e coloque o brócolis, os cogumelos, os pedaços de pimentão e o alho-poró. Refogue por aproximadamente três minutos ou até as hortaliças estarem crocantes e macias. Tampe a frigideira periodicamente durante o cozimento quando ela começar a secar, pois o vapor das hortaliças umedece a frigideira. Acrescente um pouco de água ou caldo durante o cozimento, se necessário.
7. Coloque o porco novamente na frigideira e misture bem. Acrescente a massa e misture. Mexa o molho e despeje-o por cima da massa. Cozinhe e mexa por um a dois minutos ou até o molho ferver e engrossar ligeiramente. Sirva quente. Para variar, substitua a carne de porco por peito de frango sem pele e sem osso ou camarão.

Informações nutricionais (por porção de 2 xícaras)

CALORIAS: 390 • CARBOIDRATOS: 54 G • COLESTEROL: 50 MG • GORDURA: 6,5 G • FIBRA: 3,9 G • PROTEÍNA: 28 G • SÓDIO: 574 MG • CÁLCIO: 50 MG • IG: BAIXO

Conchinhas com Siri à Carbonara

RENDIMENTO: 4 PORÇÕES

1 1/4 de xícara de creme de leite light
1 ovo
1 pitada de pimenta branca moída
1 pitada de noz-moscada
225 g de massa tipo concha (aproximadamente 3 xícaras)
1 xícara de ervilhas congeladas (descongelar)
1 colher (chá) de alho amassado
1 colher (sopa) de vinho branco seco ou caldo de galinha
1 xícara de cogumelos frescos fatiados
1 1/2 xícara de carne de siri cozida (aproximadamente 225 g)
1/2 xícara de parmesão ralado

1. Misture o creme de leite, o ovo, a pimenta branca e a noz-moscada em uma vasilha pequena e mexa bem. Reserve.
2. Cozinhe a massa al dente, de acordo com as instruções da embalagem. Um minuto antes de a massa ficar pronta, adicione as ervilhas e cozinhe por mais um minuto ou até as ervilhas estarem completamente quentes e a massa ficar al dente. Escorra bem, retorne à panela e tampe para manter aquecida.
3. Unte uma frigideira antiaderente grande e leve ao fogo médio a alto. Adicione o alho, o vinho ou o caldo e os cogumelos e cozinhe, mexendo sempre, durante alguns minutos ou até os cogumelos ficarem macios. (Não deixe dourar.)

4. Reduza o fogo para médio a baixo e adicione a massa e a carne de siri à frigideira. Aos poucos, vá colocando o creme de leite sobre a massa, mexendo levemente por um a dois minutos ou até o molho engrossar um pouco. Adicione mais um pouco de creme de leite se o molho estiver muito seco.
5. Retire a frigideira do fogo e coloque metade do parmesão. Sirva quente, polvilhando cada porção com 1 colher (chá) do parmesão restante.

Informações nutricionais (por porção de 1 1/2 xícara)

CALORIAS: 420 • CARBOIDRATOS: 58 G • COLESTEROL: 46 MG • GORDURA: 5,6 G • FIBRA: 3,3 G • PROTEÍNA: 32 G • SÓDIO: 568 MG • CÁLCIO: 454 MG • IG: BAIXO

Massa com Atum à Moda Mediterrânea

RENDIMENTO: 4 PORÇÕES

225 g de espaguete fino
1 colher (sopa) de azeite de oliva extravirgem
2 colheres (chá) de alho amassado
1 xícara de caldo de galinha
1/2 xícara de tomates secos fatiados bem finos (não conservados em óleo)
1/2 colher (chá) de orégano seco
1/2 colher (chá) de manjericão
1/4 de colher (chá) de pimenta-do-reino moída
1 xícara de corações de alcachofra congelados (descongelar) ou enlatados (escorridos) cortados em pedaços
1 lata de 255 g de atum, escorrido
1/4 de xícara de azeitonas pretas fatiadas
1/2 xícara de queijo *feta* light esfarelado

1. Cozinhe a massa al dente de acordo com as instruções da embalagem. Escorra bem e leve a massa novamente à panela. Adicione o azeite e misture bem. Tampe a panela e deixe de lado para conservar quente.
2. Unte uma frigideira grande antiaderente e leve ao fogo médio a alto. Coloque o alho e refogue por alguns segundos ou até o alho começar a mudar de cor. Adicione o caldo, os tomates, o orégano, o manjericão e a pimenta à frigideira e deixe a mistura ferver. Reduza o fogo, tampe e cozinhe por aproximadamente três minutos ou até os tomates ficarem macios.
3. Acrescente os corações de alcachofra, o atum escorrido e as azeitonas à mistura na frigideira. Tampe e cozinhe por um a dois minutos ou até estar totalmente aqueci-

do. Junte a massa e mexa levemente para misturar. Adicione um pouco mais de caldo se a mistura estiver muito seca. Sirva quente, polvilhando cada porção com um pouco do queijo *feta*.

Informações nutricionais (por porção de 1 3/4 de xícara)

CALORIAS: 386 • CARBOIDRATOS: 52 G • COLESTEROL: 28 MG • GORDURA: 7,3 G • FIBRA: 4,9 G • PROTEÍNA: 28 G • SÓDIO: 806 MG • CÁLCIO: 108 MG • IG: BAIXO

Massa e Vieiras ao Gergelim e Gengibre

RENDIMENTO: 4 PORÇÕES

450 g de vieiras médias ou camarões descascados e limpos
225 g de *fettuccine* ou *noodles* (encontrado em lojas de produtos orientais)
1 1/2 xícara de cogumelos frescos fatiados
1 xícara de cenouras cortadas em tiras finas
1/3 de xícara de alho-poró fatiado
3 xícaras cheias de espinafre fresco picado
Margarina light

Molho
1/2 xícara de suco de laranja
3 colheres (sopa) de molho *shoyo* light
2 colheres (chá) de alho amassado
1 colher (chá) de gengibre moído
1 colher (sopa) mais 1 colher (chá) de açúcar mascavo
1 pitada de pimenta branca moída
2 a 3 colheres (chá) de óleo de gergelim tostado (escuro)
1 colher (chá) de maisena
1/2 xícara de caldo de galinha

1. Para fazer o molho, coloque o suco de laranja, o molho *shoyo*, o alho, o gengibre, o açúcar mascavo, a pimenta e o óleo de gergelim em uma tigela pequena e mexa para misturar bem. Espalhe 2 colheres (sopa) da mistura por cima das vieiras ou dos camarões, misture bem e deixe de lado por 20 minutos. Dissolva a maisena em 1 colher (sopa) do caldo, depois adicione a mistura de maisena e o restante do caldo ao molho. Reserve.
2. Enquanto as vieiras ou os camarões estão marinando, cozinhe a massa al dente, de acordo com as instruções da embalagem, escorra bem e reserve.

3. Unte uma frigideira antiaderente grande e funda com margarina light e leve ao fogo médio a alto. Acrescente as vieiras ou os camarões juntamente com o molho em que estão marinando e refogue por cerca de quatro minutos ou até todo o líquido evaporar e as vieiras ou os camarões ficarem opacos. Retire as vieiras ou os camarões da frigideira, tampe para manter o calor e reserve.
4. Unte novamente a frigideira e coloque os cogumelos, as cenouras e o alho-poró. Refogue por cerca de três minutos ou até os vegetais ficarem macios e crocantes. Tampe a frigideira periodicamente durante o cozimento quando ela começar a secar (o vapor umedece a frigideira). Acrescente um pouco mais de água ou caldo durante o cozimento, se necessário. Adicione o espinafre e cozinhe, mexendo sempre, por mais um a dois minutos ou até o espinafre murchar.
5. Coloque as vieiras ou os camarões novamente na frigideira e misture bem. Adicione a massa e misture. Mexa o molho e espalhe-o por cima da massa. Cozinhe e mexa por um a dois minutos ou até o molho ferver e engrossar um pouco. Adicione um pouco mais de caldo se a mistura estiver muito seca. Sirva quente.

Informações nutricionais (por porção de 2 xícaras)

CALORIAS: 394 • CARBOIDRATOS: 59 G • COLESTEROL: 37 MG • GORDURA: 4,4 G • FIBRA: 3,5 G • PROTEÍNA: 29 G • SÓDIO: 657 MG • CÁLCIO: 83 MG • IG: BAIXO

Linguine com Vôngole Temperado

RENDIMENTO: 4 PORÇÕES

225 g de massa tipo *linguine*
330 g de vôngole sem casca
1 a 2 colheres (sopa) de azeite de oliva extravirgem
2 colheres (chá) de alho amassado
1 lata de 435 g de tomates cozidos no estilo italiano, sem escorrer
2 xícaras de cogumelos frescos fatiados
1/4 de xícara de extrato de tomate com alho à italiana
1 pitada de pimenta-malagueta em flocos
1/4 de xícara de alho-poró fatiado ou salsa fresca picada
1/4 de xícara de parmesão ralado

1. Cozinhe a massa al dente, de acordo com as instruções da embalagem, escorra bem, leve-a novamente à panela, tampe para manter quente e reserve.
2. Coloque o azeite em uma frigideira grande antiaderente e leve ao fogo médio a alto. Acrescente o alho e cozinhe por alguns segundos ou até o alho começar a mu-

dar de cor. Acrescente os tomates não escorridos, os cogumelos, o extrato de tomate e a pimenta-malagueta e deixe ferver. Reduza o fogo, tampe e cozinhe por aproximadamente cinco minutos ou até os cogumelos ficarem macios. Junte o vôngole ao molho e cozinhe por mais um minuto.

3. Adicione a massa ao molho e mexa em fogo baixo para misturar bem. Sirva quente, polvilhando cada porção com um pouco de alho-poró ou salsa e parmesão.

Informações nutricionais (por porção de 1 1/2 xícara)

CALORIAS: 400 • CARBOIDRATOS: 57 G • COLESTEROL: 35 MG • GORDURA: 7,6 G • FIBRA: 3,3 G • PROTEÍNA: 24 G • SÓDIO: 642 MG • CÁLCIO: 183 MG • IG: BAIXO

Massa com Ratatouille

RENDIMENTO: 4 PORÇÕES

225 g de massa tipo parafuso (aproximadamente 3 xícaras)
1/2 xícara de caldo quente de vegetais ou de galinha
1/4 de xícara de parmesão ralado
1 xícara de mussarela light ralada
1/4 de xícara de salsa fresca picada

Mistura de hortaliças
450 g de tomates, cortados em 4 no sentido do comprimento (aproximadamente 8 tomates médios)
2 xícaras de cubos de berinjela descascada com 2 cm (aproximadamente 1 berinjela pequena)
1 abobrinha média, partida no sentido do comprimento e fatiada com 1,5 cm de espessura
1 pimentão verde médio, cortado em tiras de 1,5 cm
1 cebola média, cortada em rodelas com 1,5 cm
1 xícara de cogumelos frescos fatiados
2 a 3 colheres (chá) de alho amassado
1 colher (chá) de tomilho seco
1/2 colher (chá) de sal
1/2 colher (chá) de pimenta-do-reino moída
1 colher (sopa) de vinagre balsâmico
1 a 2 colheres (sopa) de azeite de oliva extravirgem

1. Coloque todos os ingredientes para a mistura de hortaliças em uma vasilha grande e mexa bem. Unte uma assadeira de 28 x 33 cm com azeite e espalhe a mistura por igual. Cubra com papel-alumínio.
2. Asse em forno a 230°C por 15 minutos. Depois remova o papel-alumínio e asse por mais 15 minutos. Vire as hortaliças e asse por mais 15 minutos ou até os tomates estarem macios e as hortaliças, douradas.
3. Enquanto as hortaliças estiverem assando, cozinhe a massa de acordo com as instruções da embalagem. Escorra e leve-a novamente à panela.
4. Coloque as hortaliças estiverem prontas, adicione-as à massa.
5. Coloque o caldo na assadeira e balance-o por toda a assadeira para misturá-lo aos resíduos das hortaliças. Adicione esse líquido à massa e misture. Acrescente o parmesão e mexa bem.
6. Divida a massa em quatro pratos. Coloque sobre cada porção 1/4 de xícara de mussarela e 1 colher (sopa) de salsa. Sirva quente.

Informações nutricionais (por porção de 2 xícaras)

CALORIAS: 375 • CARBOIDRATOS: 60 G • COLESTEROL: 7 MG • GORDURA: 6,8 G • FIBRA: 5,8 G • PROTEÍNA: 20 G • SÓDIO: 650 MG • CÁLCIO: 320 MG • IG: BAIXO

Gemelli com Espinafre, Cogumelos e Mussarela

RENDIMENTO: 4 PORÇÕES

225 g de massa tipo *gemelli*, ou parafuso (aproximadamente 2 2/3 de xícaras)
1 colher (sopa) de azeite de oliva extravirgem
2 colheres (chá) de alho amassado
2 xícaras de cogumelos frescos fatiados
1/2 colher (chá) de tomilho seco
1/2 colher (chá) de orégano seco
1/4 de colher (chá) de pimenta-do-reino
1 xícara de caldo de galinha ou vegetais (ou mais, se necessário)
4 xícaras (cheias) de espinafre fresco rasgado
1/4 de xícara de pinhão tostado
1/4 de xícara de azeitonas pretas fatiadas
1/4 de xícara de parmesão ralado
1 xícara de mussarela light ralada
1/4 de xícara de alho-poró fatiado

1. Cozinhe a massa al dente, de acordo com as instruções da embalagem. Escorra bem, leve novamente à panela e tampe para mantê-la aquecida.
2. Enquanto a massa estiver cozinhando, unte uma frigideira grande antiaderente com o azeite e acrescente o alho, os cogumelos, o tomilho, o orégano e a pimenta-do-reino. Leve a frigideira ao fogo médio a alto e cozinhe, mexendo freqüentemente, por alguns minutos ou até os cogumelos começarem a soltar água e dourarem. Tampe a frigideira periodicamente se ela começar a secar (o vapor umedece a frigideira).
3. Acrescente o caldo à frigideira e cozinhe, mexendo de vez em quando, por alguns minutos ou até o caldo ficar reduzido à metade. Adicione o espinafre, os pinhões, as azeitonas e cozinhe, sem parar de mexer, por um a dois minutos ou até o espinafre murchar. Adicione a massa e misture bem. Coloque um pouco mais de caldo se a mistura estiver muito seca.
4. Retire a frigideira do fogo e coloque o parmesão. Divida a mistura em quatro pratos individuais e cubra cada porção com 1/4 de xícara de mussarela e 1 colher (sopa) de alho-poró. Sirva quente.

Informações nutricionais (por porção de 2 xícaras)

CALORIAS: 361 • CARBOIDRATOS: 53 G • COLESTEROL: 7 MG • GORDURA: 6,4 G • FIBRA: 3,4 G • PROTEÍNA: 23 G • SÓDIO: 525 MG • IG: BAIXO

Rigatoni com Rúcula e Tomate Seco

RENDIMENTO: 4 PORÇÕES

225 g de massa tipo *rigatoni* (aproximadamente 3 1/4 xícaras)
1 colher (sopa) de azeite de oliva extravirgem
2 colheres (chá) de alho amassado
2 xícaras de cogumelos frescos fatiados
1 colher (chá) de tempero italiano seco
1/4 de colher (chá) de pimenta-do-reino moída
1 1/4 de xícara de caldo de vegetais ou de galinha (ou mais, se necessário)
1/2 xícara de tomate seco cortado (não conservado em óleo)
3 xícaras (não muito cheias) de rúcula cortada em pedaços grandes
1/3 de xícara de azeitonas pretas fatiadas
1/4 de xícara de nozes partidas (opcional)
1/4 de xícara de parmesão ralado
1 xícara de mussarela light ralada
1/4 de xícara de salsa fresca

1. Cozinhe a massa al dente, de acordo com as instruções da embalagem. Escorra bem, leve-a novamente à panela e tampe para manter aquecida.
2. Enquanto a massa estiver cozinhando, unte uma frigideira grande antiaderente com o azeite e coloque o alho, os cogumelos, o tempero italiano e a pimenta. Leve a frigideira ao fogo médio a alto e cozinhe, mexendo sempre por alguns minutos ou até os cogumelos soltarem água e ficarem dourados. Tampe a frigideira se ela começar a secar (o vapor umedece a frigideira). Adicione algumas colheres (chá) de caldo, se necessário.
3. Acrescente o caldo e os tomates e reduza o fogo para médio. Tampe e cozinhe por dois a três minutos ou até os tomates ficarem inchados. Acrescente a rúcula e cozinhe, sem tampa, mexendo sempre, por um a dois minutos ou até a rúcula murchar. Junte a massa, as azeitonas e, se desejar, as nozes e misture bem. Adicione um pouco mais de caldo, se a mistura estiver muito seca.
4. Retire a frigideira do fogo e acrescente o parmesão. Divida a mistura em quatro pratos e coloque sobre cada porção 1/4 de xícara de mussarela e 1 colher (sopa) de salsa. Sirva quente. Para variar, substitua a rúcula por espinafre.

Informações nutricionais (por porção de 2 xícaras)

CALORIAS: 346 • CARBOIDRATOS: 50 G • COLESTEROL: 7 MG • GORDURA: 7,8 G • FIBRA: 3,3 G • PROTEÍNA: 18 G • SÓDIO: 600 MG • CÁLCIO: 333 MG • IG: BAIXO

Orecchiette com Brócolis e Lingüiça de Frango

RENDIMENTO: 4 PORÇÕES

225 g de massa tipo *concha* (aproximadamente 2 xícaras)
225 g de lingüiça de frango tipo italiana sem a pele
1 pacote de 280 g de brócolis em pedaços congelado (descongelar) e não escorrido
1/2 xícara de parmesão ralado

1. Cozinhe a massa al dente, de acordo com as instruções da embalagem. Escorra bem, leve-a novamente à panela e tampe para manter aquecida.
2. Enquanto a massa estiver cozinhando, unte uma frigideira grande antiaderente e coloque a lingüiça na frigideira. Cozinhe em fogo médio, mexendo para esfarelar até a carne não estar mais rosada. Escorra e jogue fora todo o excesso de gordura.
3. Coloque o brócolis não escorrido na frigideira, tampe e cozinhe por alguns minutos ou até o brócolis estar completamente aquecido. Acrescente a massa à mistura na frigideira e misture levemente em fogo baixo.

4. Retire a frigideira do fogo e coloque metade do parmesão. Sirva quente, polvilhando um pouco do parmesão restante sobre cada porção.

Informações nutricionais (por porção de 1 1/2 xícara)

CALORIAS: 361 • CARBOIDRATOS: 46 G • COLESTEROL: 46 MG • GORDURA: 6,9 G • FIBRA: 3,5 G • PROTEÍNA: 28 G • SÓDIO: 421 MG • CÁLCIO: 222 MG • IG: BAIXO

Massa-Caracol de Verão

RENDIMENTO: 4 PORÇÕES

225 g de massa tipo caracol, ou *ruote* (aproximadamente 3 xícaras)
1 colher (sopa) de azeite de oliva extravirgem
2 xícaras de abobrinha fresca em cubos (aproximadamente 2 abobrinhas médias)
2 colheres (chá) de alho amassado
1/4 de colher (chá) de pimenta-do-reino moída
1/4 de colher (chá) de sal
2 xícaras de tomates frescos picados (aproximadamente 2 1/2 médios)
1/4 de xícara de manjericão fresco picado
1/4 de xícara de azeitonas pretas cortadas
1/2 xícara de parmesão ralado
3/4 de xícara de mussarela light cortada em cubos

1. Cozinhe a massa al dente, de acordo com as instruções da embalagem. Escorra bem, leve-a novamente à panela e tampe para manter aquecida.
2. Enquanto a massa estiver cozinhando, unte uma frigideira antiaderente grande com azeite e leve ao fogo médio a alto. Adicione a abobrinha, o alho, a pimenta e o sal. Tampe e cozinhe, mexendo de vez em quando, por aproximadamente três minutos ou até a abobrinha ficar crocante e macia.
3. Acrescente os tomates, o manjericão e as azeitonas à mistura na frigideira e reduza o fogo. Tampe e cozinhe durante alguns minutos ou só até os tomates estarem completamente aquecidos e começarem a amaciar. Adicione a massa e misture bem.
4. Retire a frigideira do fogo e coloque metade do parmesão e depois toda a mussarela. Sirva quente, polvilhando cada porção com um pouco do parmesão restante.

Informações nutricionais (por porção de 1 7/8 de xícara)

CALORIAS: 361 • CARBOIDRATOS: 50 G • COLESTEROL: 11 MG • GORDURA: 9 G • FIBRA: 3,5 G • PROTEÍNA: 19 G • SÓDIO: 641 MG • CÁLCIO: 350 MG • IG: BAIXO

Fettuccine com Tomates Frescos

RENDIMENTO: 4 PORÇÕES

3 xícaras de tomates frescos cortados em cubos
1/2 xícara de manjericão fresco picado
1 a 2 colheres (sopa) de azeite de oliva extravirgem
2 colheres (chá) de alho amassado
1/2 colher (chá) de pimenta-do-reino moída
1/2 colher (chá) de sal
225 g de massa tipo *fettuccine* ou *linguine*
1/4 de xícara de parmesão ralado

1. Coloque os tomates, o manjericão, o azeite, o alho, a pimenta e o sal em uma tigela de tamanho médio. Misture bem e deixe descansar à temperatura ambiente por 30 minutos.
2. Cozinhe a massa al dente de acordo com as instruções da embalagem. Escorra a massa e leve-a novamente à panela. Adicione a mistura dos tomates à massa e misture bem. Sirva imediatamente, polvilhando cada porção com 1 colher (sopa) de parmesão.

Informações nutricionais (por porção de 1 3/4 de xícara)

CALORIAS: 298 • CARBOIDRATOS: 49 G • COLESTEROL: 5 MG • GORDURA: 6,6 G • FIBRA: 3,2 G • PROTEÍNA: 11,1 G • SÓDIO: 423 MG • CÁLCIO: 111 MG • IG: BAIXO

Torta Esbelta de Espaguete

RENDIMENTO: 6 PORÇÕES

Massa
170 g de espaguete fino
1/3 de xícara de parmesão ralado
2 ovos
Manteiga light

Molho
350 g de carne moída magra
1 1/2 xícara de cogumelos frescos fatiados
1 xícara de cebola picada
1/2 colher (chá) de tempero italiano ou orégano seco

1 lata de 400 g de tomates cozidos estilo italiano, sem escorrer
1/2 xícara de extrato de tomate com alho
Margarina light

Recheio
1 xícara de ricota light
1 xícara de mussarela light

1. Para fazer a massa da torta, cozinhe o espaguete al dente de acordo com as instruções da embalagem. Escorra bem e leve-a novamente à panela. Adicione o parmesão e misture bem. Acrescente o ovo e misture novamente. Unte uma fôrma de torta de 25 cm com manteiga light e espalhe a mistura por igual no fundo e nas laterais. Reserve.
2. Para fazer o molho, unte uma frigideira antiaderente grande com margarina light e leve ao fogo médio. Coloque a carne moída e cozinhe, mexendo até dourar. Escorra qualquer excesso de gordura. Adicione os cogumelos, as cebolas e o tempero italiano ou o orégano, tampe e cozinhe por aproximadamente mais quatro minutos ou até a cebola começar a amaciar. Coloque os tomates sem escorrer e o extrato de tomate, tampe e cozinhe em fogo médio a baixo por mais cinco minutos, mexendo de vez em quando, até os sabores se misturarem. Retire a frigideira do fogo e reserve.
3. Para montar a torta, espalhe a ricota no fundo da massa de espaguete, depois tampe a camada de ricota com o molho. Unte levemente as partes expostas da massa e asse a torta descoberta em forno a 180°C por 25 minutos ou até estar completamente aquecida. Espalhe a mussarela por cima do molho e asse por mais cinco minutos ou até o queijo derreter. Retire a torta do forno e deixe descansar por 10 minutos antes de fatiar e servir.

Informações nutricionais (por porção)

CALORIAS: 341 • CARBOIDRATOS: 37 G • COLESTEROL: 37 MG • GORDURA: 5,4 G • FIBRA: 2,6 G • PROTEÍNA: 33 G • SÓDIO: 737 MG • CÁLCIO: 388 MG • IG: BAIXO

Pastitsio (Caçarola Grega de Macarrão)

RENDIMENTO: 6 PORÇÕES

170 g de *pennete* (aproximadamente 1 1/2 xícara)
1/4 de xícara mais 2 colheres (sopa) de parmesão ralado
Manteiga light

Mistura de carne
340 g de carne moída magra
1/2 xícara de cebola picada
3/4 de colher (chá) de orégano seco
1 pitada de canela moída ou pimenta-da-jamaica
1 lata de 400 g de tomates cozidos estilo italiano, amassados, sem escorrer
1/4 de xícara de extrato de tomate com alho

Molho
3 colheres (sopa) de farinha de trigo integral
2 xícaras de leite desnatado ou semidesnatado
2 ovos
1 pitada de noz-moscada
1 pitada de sal

1. Cozinhe a massa al dente, de acordo com as instruções da embalagem. Escorra bem e leve novamente à panela. Reserve.
2. Para fazer a mistura de carne, coloque a carne moída em uma frigideira antiaderente grande e leve a frigideira ao fogo médio. Cozinhe até a carne dourar. Descarte qualquer excesso de gordura. Acrescente a cebola, o orégano, a canela ou a pimenta-da-jamaica, os tomates e o extrato de tomate e deixe a mistura ferver em fogo médio a alto. Reduza o fogo, tampe e cozinhe por aproximadamente 10 minutos ou até as cebolas ficarem macias e os sabores, bem misturados. Reserve, tampando a frigideira para manter a carne aquecida.
3. Para fazer o molho, coloque a farinha de trigo integral em uma vasilha com dois litros de capacidade que possa ir ao microondas, adicione 1/4 de xícara do leite e misture bem. Vá misturando lentamente o restante do leite e depois os ovos, a noz-moscada e o sal. Leve ao microondas por dois minutos em potência alta, depois mexa até a mistura ficar homogênea. (Note que a mistura, a princípio, pode parecer coalhada, mas ela vai ficando lisa à medida que for sendo misturada.) Leve ao microondas por aproximadamente mais três minutos, mexendo após cada minuto, até a mistura engrossar e borbulhar.
4. Para montar a caçarola, adicione a mistura da carne ao macarrão e misture bem. Junte 1/4 de xícara do parmesão. Espalhe a mistura de carne com macarrão por igual em um refratário com capacidade para dois litros (20 x 20 cm). Coloque o molho igualmente sobre toda a mistura de macarrão, polvilhe o parmesão restante por cima do molho e unte a parte de cima levemente com a manteiga light.
5. Asse em forno a 180°C por aproximadamente 35 minutos ou até que borbulhe em volta das bordas. Retire o refratário do forno e deixe descansar por 20 minutos an-

tes de servir. Corte em quadrados e, usando uma espátula, transfira-os cuidadosamente para um prato. Sirva quente.

Informações nutricionais (por porção)

CALORIAS: 296 • CARBOIDRATOS: 37 G • COLESTEROL: 37 MG • GORDURA: 5,2 G • FIBRA: 1,9 G • PROTEÍNA: 23 G • SÓDIO: 530 MG • CÁLCIO: 221 MG • IG: BAIXO

Espaguete ao Forno à Florentina

RENDIMENTO: 8 PORÇÕES

340 g de espaguete fino
425 g de ricota light
2 xícaras de leite desnatado ou semidesnatado
3/4 de xícara de parmesão ralado
1 ovo
1 1/2 colher (chá) de alho amassado
1/2 colher (chá) de pimenta-do-reino moída
1 pitada de noz-moscada moída
280 g de espinafre picado, congelado (descongelar) e escorrido
2 xícaras de mussarela light ralada
8 fatias de bacon extramagro, cozido, escorrido e picado (opcional)
Manteiga light

1. Cozinhe o espaguete al dente, de acordo com as instruções da embalagem, escorra bem e leve-o novamente à panela.
2. Coloque a ricota, o leite, meia xícara do parmesão, o ovo, o alho, a pimenta e a noz-moscada em uma tigela grande e mexa com um batedor para misturar bem. Adicione a mistura da ricota ao espaguete e misture bem. Acrescente o espinafre, a mussarela e, se desejar, o bacon e misture novamente.
3. Unte um refratário médio e espalhe a mistura de espaguete por igual. Polvilhe o 1/4 de xícara do parmesão restante e depois unte levemente com pedacinhos de manteiga.
4. Asse descoberto a 180°C por aproximadamente 30 minutos ou até as beiradas estarem borbulhantes e a parte de cima levemente dourada. Retire o refratário do forno e deixe descansar por 10 minutos. Corte em quadrados e sirva quente. Para variar, substitua o espinafre por brócolis.

Informações nutricionais (por porção)

CALORIAS: 331 • CARBOIDRATOS: 42 G • COLESTEROL: 12 MG • GORDURA: 3,7 G • FIBRA: 2,1 G • PROTEÍNA: 29 G • SÓDIO: 530 MG • CÁLCIO: 714 MG • IG: BAIXO

Fusilli ao Forno à Moda Siciliana

RENDIMENTO: 6 PORÇÕES

225 g de massa tipo *fusilli* (aproximadamente 3 xícaras)
3/4 de xícara de ricota light
3/4 de xícara de creme de leite light
240 g de lingüiça de peru italiana
1/2 xícara de cebola cortada
1/2 colher (chá) de tomilho seco
3/4 de xícara de tomates sem semente cortados em cubos (aproximadamente 3 tomates médios)
3/4 de xícara de pimentão vermelho assado industrializado (aproximadamente 140 g)
1/4 de xícara de parmesão ralado
Azeite de oliva

1. Cozinhe a massa al dente, de acordo com as instruções da embalagem, escorra bem e leve-a novamente à panela.
2. Junte a ricota e o creme de leite em uma vasilha de tamanho médio e mexa com um batedor para misturar bem. Reserve.
3. Unte uma frigideira grande antiaderente e coloque a lingüiça. Cozinhe em fogo médio, mexendo até dourar. Escorra e descarte qualquer excesso de gordura. Adicione a cebola e o tomilho à frigideira, tampe e cozinhe, mexendo de vez em quando, por mais três minutos ou até a cebola começar a amaciar. Adicione os tomates, tampe e cozinhe por mais um a dois minutos ou até que comecem a amaciar. Adicione os pimentões.
4. Junte a mistura da lingüiça à massa e mexa bem. Acrescente a mistura de ricota e mexa novamente.
5. Unte uma assadeira de 23 x 33 cm e espalhe a mistura por igual. Polvilhe o parmesão por cima e unte ligeiramente com azeite. Asse em forno a 210°C por aproximadamente 15 a 20 minutos ou até estar quente e borbulhante. Sirva imediatamente.

Informações nutricionais (por porção)

CALORIAS: 292 • CARBOIDRATOS: 37 G • COLESTEROL: 37 MG • GORDURA: 5,5 G • FIBRA: 1,6 G • PROTEÍNA: 21 G • SÓDIO: 468 MG • CÁLCIO: 320 MG • IG: BAIXO

Capítulo 13

Pratos principais soberbos

Muitas pessoas acreditam que adotar uma dieta com IG baixo significa passar horas na cozinha aprendendo técnicas culinárias complicadas ou procurar ingredientes exóticos e caros em lojas especializadas. Este capítulo prova que a verdade está muito longe disso. As páginas a seguir apresentam diversos pratos no estilo caseiro que garantirão uma resposta satisfatória à velha pergunta: "O que tem para o jantar?" Independentemente de você procurar um simples prato de frango assado ou uma receita de peixe assado crocante, aqui é o lugar certo para encontrar um prato delicioso que satisfaça as suas necessidades.

Ao analisar as receitas apresentadas, lembre-se de que elas correspondem a apenas alguns pratos com IG baixo que estão à sua disposição. Nos capítulos anteriores, você aprendeu a fazer deliciosos pratos de massa, uma grande variedade de saladas, sopas consistentes e gostosas e muito mais.

Ao planejar uma refeição com IG baixo, lembre-se de balancear o prato principal com acompanhamentos apropriados. Por exemplo, se você vai servir um prato principal rico em amidos, acompanhe-o de uma hortaliça pobre em carboidratos, como repolho, brócolis ou ervilhas no vapor (consulte na página 25 uma lista de hortaliças pobres em carboidratos) e uma salada verde. E, se precisar de carboidratos e calorias a mais, acrescente pão integral ou outro prato rico em amido.

Frango Assado Dijon

RENDIMENTO: 4 PORÇÕES

4 metades de peito de frango sem pele e sem osso (115 g cada)

Marinada

1/4 de xícara de mostarda Dijon

1 colher (sopa) de azeite de oliva extravirgem

1 colher (sopa) de concentrado de suco de maçã congelado (descongelar)

2 colheres (chá) de alho amassado

1 colher (chá) de alecrim seco

1. Coloque todos os ingredientes da marinada em uma vasilha pequena e misture bem. Ponha o frango em um recipiente que não seja de metal e derrame colheradas da marinada em todo o frango. Vire-o para cobrir todos os lados com a marinada. Tampe e leve à geladeira por seis a 24 horas.
2. Unte um refratário de 23 x 33 cm, coloque o frango e regue-o com a marinada que ficou no recipiente.
3. Asse descoberto em forno a 190°C por aproximadamente 25 minutos ou até o frango estar macio e não mais rosado por dentro. Sirva quente. Para variar, substitua o frango por lombo de porco.

Informações nutricionais (por porção)

CALORIAS: 183 • CARBOIDRATOS: 4 G • COLESTEROL: 65 MG • GORDURA: 6,2 G • FIBRA: 0,3 G • PROTEÍNA: 27 G • SÓDIO: 453 MG • CÁLCIO: 40 MG • IG: MUITO BAIXO

Peito de Frango com Recheio de Maçã

RENDIMENTO: 4 PORÇÕES

4 metades de peito de frango sem pele e com osso (aproximadamente 170 g cada)

1/4 de colher (chá) de sal

1/4 de colher (chá) de pimenta-do-reino moída

Manteiga light

Recheio

4 fatias de pão integral ou pão de sete cereais

1/4 de xícara de cebola picada

1/4 de xícara de aipo picado (inclua as folhas)

1 xícara de maçã verde, descascada e picada (aproximadamente 1 unidade média)
1/2 colher (chá) de ervas finas ou 1/4 de colher (chá) (de cada) de tomilho e sálvia
1/4 de xícara mais 2 colheres (sopa) de caldo de galinha

1. Lave o frango com água fria e seque com toalhas de papel. Polvilhe levemente os dois lados com sal e pimenta-do-reino e reserve.
2. Parta o pão em pedaços, torre, coloque no liquidificador ou no processador de alimentos e bata até obter migalhas grossas. Reserve.
3. Unte uma frigideira grande antiaderente com manteiga light. Coloque a cebola, o aipo, a maçã, as ervas e 2 colheres (sopa) do caldo e leve ao fogo médio. Tampe e cozinhe, mexendo de vez em quando por aproximadamente dois minutos ou até as hortaliças e a maçã começarem a amaciar. Retire a frigideira do fogo e junte as migalhas.
4. Mexendo levemente, adicione devagar a quantidade suficiente do caldo restante para fazer um recheio úmido, mas não molhado demais. Reserve o recheio.
5. Unte um refratário de 23 x 33 cm e arrume o frango com a parte do osso para cima. Coloque 1/4 do recheio na depressão do osso de cada pedaço de frango. Unte a parte de cima do recheio com um pouco da manteiga light.
6. Tampe o refratário com papel-alumínio e asse a 180°C por 40 minutos. Retire o papel-alumínio e asse por mais 20 minutos ou até o frango ficar macio e o recheio levemente dourado. Sirva quente.

Informações nutricionais (por porção)

CALORIAS: 248 • CARBOIDRATOS: 18 G: COLESTEROL: 82 MG • GORDURA: 3,1 G • FIBRA: 2,9 G • PROTEÍNA: 36 G • SÓDIO: 435 MG • CÁLCIO: 48 MG • IG: BAIXO

Frango com Molho Cítrico

RENDIMENTO: 4 PORÇÕES

Molho
1/2 colher (chá) de maisena
1/2 xícara de suco de laranja
1/2 xícara de caldo de galinha
1/4 de xícara de vinho branco seco

Frango e temperos
450 g de peito de frango sem pele e sem osso
1 colher (chá) de *lemon pepper*

1/2 colher (chá) de alho em flocos
1 colher (chá) de alecrim seco
1/4 de colher (chá) de sal
3 a 4 colheres (chá) de azeite de oliva extravirgem

Para decorar
2 colheres (sopa) de alho-poró fatiado
2 colheres (sopa) de salsa fresca picada

1. Para fazer o molho, coloque a maisena em um recipiente com capacidade para duas xícaras, adicione 1 colher (sopa) do suco e mexa para dissolver a maisena. Acrescente o restante do suco, o caldo e o vinho e misture bem. Reserve.
2. Lave o frango e seque-o, dando batidinhas com papel toalha. Corte o frango na transversal em oito pedaços iguais. Com a parte cortada para cima, use a palma da mão para achatar cada pedaço até ficar com aproximadamente 1 cm de espessura. Polvilhe os dois lados dos pedaços de frango com um pouco de *lemmon pepper*, alho, alecrim e sal. Reserve.
3. Unte uma frigideira grande antiaderente com azeite e leve ao fogo médio a alto. Coloque o frango e cozinhe por aproximadamente dois a três minutos de cada lado ou até dourar e não estar mais rosado por dentro. Tire o frango da frigideira. Reserve, mantendo aquecido.
4. Despeje o molho na frigideira e cozinhe, mexendo sempre, por alguns minutos ou até o molho engrossar ligeiramente e reduzir para aproximadamente meia xícara.
5. Para servir, coloque um pouco do frango em cada prato, regue com um pouco do molho e salpique uma pitada de alho-poró e a salsa. Sirva quente.

Informações nutricionais (por porção)

CALORIAS: 182 • CARBOIDRATOS: 4 G • COLESTEROL: 65 MG • GORDURA: 4,8 G • FIBRA: 0,3 G • PROTEÍNA: 26 G • SÓDIO: 416 MG • CÁLCIO: 24 MG • IG: BAIXO

Frango Sonoma

RENDIMENTO: 4 PORÇÕES

450 g de peito de frango sem pele e sem osso
1 colher (chá) de alecrim seco
1/2 colher (chá) de alho em pó
1/4 de colher (chá) de sal
1/4 de colher (chá) de pimenta-do-reino moída

3 a 4 colheres (chá) de azeite de oliva extravirgem
1 cebola média, cortada em fatias bem finas separadas em anéis
1 1/2 xícara de cogumelos frescos fatiados
1 xícara de caldo de galinha
1/4 de xícara de vinho branco seco
3 colheres (sopa) de tomates secos picados (não conservados em óleo)
1/4 de xícara de salsa fresca picada

1. Lave o frango e seque-o com papel-toalha. Corte-o na transversal em oito pedaços iguais. Com a parte cortada para cima, use a palma da mão para achatar cada um até ficar com aproximadamente 1 cm de espessura. Polvilhe os dois lados dos pedaços de frango com um pouco de alecrim, alho em pó, sal e pimenta-do-reino e reserve.
2. Unte uma frigideira grande com azeite e leve ao fogo médio a alto. Coloque o frango e cozinhe por aproximadamente dois a três minutos de cada lado ou até dourar e não estar mais rosado por dentro. Tire o frango da frigideira. Reserve, mantendo aquecido.
3. Coloque os anéis de cebola, os cogumelos e 1 colher (sopa) do caldo na frigideira. Tampe e cozinhe, mexendo sempre, durante alguns minutos ou até as cebolas e os cogumelos começarem a dourar e amaciar. Acrescente um pouco mais de caldo se a frigideira ficar muito seca, mas só o suficiente para evitar que queime.
4. Adicione o restante do caldo, o vinho e os tomates à mistura na frigideira e deixe ferver. Reduza o fogo para médio a baixo e cozinhe, descoberto, mexendo sempre, por alguns minutos ou até que aproximadamente 1/4 a 1/3 de xícara do líquido permaneça na frigideira.
5. Para servir, coloque um pouco do frango em cada um dos quatro pratos. Ponha sobre cada porção um pouco da mistura de hortaliças, o caldo que ficou na panela e uma pitada de salsa. Sirva quente.

Informações nutricionais (por porção)

CALORIAS: 189 • CARBOIDRATOS: 5 G • COLESTEROL: 65 MG • GORDURA: 4,8 G • FIBRA: 1,2 G • PROTEÍNA: 27 G • SÓDIO: 436 MG • CÁLCIO: 32 MG • IG: MUITO BAIXO

Frango com Nozes-Pecã

RENDIMENTO: 4 PORÇÕES

450 g de peito de frango sem pele e sem osso
1 xícara de iogurte natural desnatado
2 xícaras de cereal Nesfit
1/4 a 1/3 de xícara de nozes-pecã picadas

1 colher (chá) de *lemon pepper*
3/4 de colher (chá) de tempero para frango
1/4 de colher (chá) de sal
Manteiga light

1. Lave o frango e seque-o com papel-toalha. Corte-o na transversal em oito pedaços iguais. Com a parte cortada voltada para cima, use a palma da mão para achatar cada pedaço até ficar com aproximadamente 1 cm de espessura.
2. Coloque o frango em um recipiente não metálico raso e cubra com o iogurte. Vire o frango para que fique inteiramente coberto pelo iogurte. Tampe e leve à geladeira por seis a 24 horas, virando de vez em quando.
3. Coloque o cereal em um processador e bata até obter migalhas grossas. Se não tiver processador, ponha o cereal em um saco plástico tipo *zip-lock* e esmague com um rolo ou com o fundo de um copo. Essa quantidade rende uma xícara de migalhas. Coloque as migalhas em uma vasilha funda e acrescente as nozes-pecã, a *lemon pepper*, o tempero para frango e o sal. Misture bem.
4. Retire o frango do iogurte e balance para tirar o excesso. Passe os pedaços na mistura de migalhas, virando para que os dois lados fiquem bem cobertos.
5. Unte uma assadeira grande com óleo de cozinha e arrume os pedaços de frango em uma só camada na assadeira. Unte levemente a parte de cima com um pedacinho de manteiga light e asse em forno a 200°C por cerca de 25 minutos ou até o frango estar crocante e dourado por fora e completamente cozido. Sirva quente.

Informações nutricionais (por porção)

CALORIAS: 221 • CARBOIDRATOS: 10 G • COLESTEROL: 65 MG • GORDURA: 6,8 G • FIBRA: 0,9 G • PROTEÍNA: 29 G • SÓDIO: 415 MG • CÁLCIO: 17 MG • IG: BAIXO

Peru Assado Saboroso

RENDIMENTO: APROXIMADAMENTE 12 PORÇÕES

1 peru de aproximadamente 5 quilos
1/2 xícara de água
1/2 xícara de xerez seco

Molho para pincelar
2 colheres (sopa) de xerez seco
1 1/2 colher (chá) de páprica moída
1 colher (chá) de alho amassado

1 colher (chá) de açúcar mascavo

3/4 de colher (chá) de tempero para frango

1/2 colher (chá) de *lemon pepper*

1. Retire o pacote com os miúdos e o pescoço da cavidade do peru. Lave o peru por dentro e por fora e seque-o com toalhas de papel. Tire todo o excesso de gordura.
2. Transfira o peru para uma grelha sobre uma grande assadeira. Amarre as pernas sem apertar. Dobre as asas do peru para trás e para baixo.
3. Coloque a água e o xerez no fundo da assadeira. Junte os ingredientes do molho para regar em uma vasilha pequena e misture bem. Pincele o molho na pele do peru. Envolva completamente a ave com papel-alumínio, apertando o papel em volta das bordas da assadeira para selar bem.
4. Asse em forno a 170°C por duas horas e meia. Retire o papel-alumínio e asse por mais 30 minutos, regando de vez em quando com o caldo da assadeira até o peru estar bem dourado. Retire do forno e deixe descansar, levemente coberto com o papel-alumínio por 20 minutos antes de fatiar. Guarde as sobras que ficarem na assadeira para fazer o Molho Saboroso para Peru Assado (receita abaixo). (Dica: não espere pelas festas para assar um peru. É muito fácil, e esta é uma ótima receita para todas as épocas do ano, que deixa muitas sobras para saladas e sanduíches.)

Informações nutricionais (por porção de 90 g, carne branca, sem pele)

CALORIAS: 114 • CARBOIDRATOS: 0 G • COLESTEROL: 70 MG • GORDURA: 0,6 G • FIBRA: 0 G • PROTEÍNA: 26 G • SÓDIO: 44 MG • CÁLCIO: 10 MG • IG: MUITO BAIXO

Informações nutricionais (por porção de 90 g, carne escura, sem pele)

CALORIAS: 163 • CARBOIDRATOS: 0 G • COLESTEROL: 68 MG • GORDURA: 6,6 G • FIBRA: 0 G • PROTEÍNA: 24 G • SÓDIO: 64 MG • CÁLCIO: 25 MG • IG: MUITO BAIXO

Molho Saboroso para Peru Assado

RENDIMENTO: 2 1/2 XÍCARAS

2 xícaras de sobras da assadeira em que o peru foi assado

1 pitada de pimenta branca moída

1/4 de colher (chá) de tempero para frango

1 1/2 colher (chá) de granulado de caldo de galinha

1/4 de xícara mais 1 colher (sopa) de farinha de trigo integral

1/2 xícara de leite desnatado ou semidesnatado (para preparar um molho mais rico, use creme de leite light)

1. Desengordure as sobras passando por uma peneira bem fina. Meça duas xícaras das sobras desengorduradas, coloque-as em uma panela com capacidade para um litro e adicione a pimenta branca, o tempero para frango e o granulado de caldo de galinha. Deixe a mistura ferver em fogo alto, depois reduza o fogo e cozinhe, tampado, por cinco minutos.
2. Misture a farinha de trigo integral e o leite em um pote com tampa bem firme e balance até homogeneizar. Adicione lentamente a mistura de leite ao caldo que está cozinhando, mexendo constantemente com um batedor. Continue a cozinhar e mexer até o molho ficar grosso e borbulhante. Sirva quente.

Informações nutricionais (por porção de 1/4 de xícara)

CALORIAS: 25 • CARBOIDRATOS: 3,7 G • COLESTEROL: 0 MG • GORDURA: 0,1 G • FIBRA: 0,5 G • PROTEÍNA: 2,1 G • SÓDIO: 136 MG • CÁLCIO: 19 MG • IG: MODERADO

Jambalaya de Camarão e Lingüiça

RENDIMENTO: 4 PORÇÕES

2 a 3 colheres (chá) de azeite de oliva extravirgem
1 xícara de lingüiça defumada cortada em cubos
1/2 xícara de cebola picada
1/2 xícara de aipo fatiado
1 colher (chá) de alho amassado
1 lata de 400 g de tomates cozidos, amassados, sem escorrer
225 g de camarões crus sem casca e limpos
1 1/2 a 2 colheres (chá) de Pasta Cajun Picante (página 172)
1 1/2 colher (chá) de páprica moída
3 xícaras de arroz integral cozido

1. Unte uma frigideira grande antiaderente com o azeite e leve ao fogo médio. Coloque a lingüiça, a cebola, o aipo e o alho. Tampe e cozinhe, mexendo sempre, por aproximadamente quatro minutos ou até as hortaliças começarem a amaciar.
2. Coloque os tomates, os camarões, a pasta e a páprica na frigideira e cozinhe tampado, mexendo de vez em quando, por mais cinco minutos ou até os camarões ficarem rosados e completamente cozidos. Junte o arroz à mistura da frigideira e cozinhe mexendo por mais um a dois minutos ou até o arroz ficar bem quente. Sirva quente.

Informações nutricionais (por porção de 1 1/2 xícara)

CALORIAS: 318 • CARBOIDRATOS: 47 G • COLESTEROL: 93 MG • GORDURA: 4,9 G • FIBRA: 4,4 G • PROTEÍNA: 18 G • SÓDIO: 650 MG • CÁLCIO: 89 MG • IG: BAIXO

VARIAÇÃO

Jambalaya de Feijão Vermelho e Lingüiça

Em vez do camarão, acrescente 1 1/4 de xícara de feijão vermelho em lata, escorrido, juntamente com o arroz.

Informações nutricionais (por porção de 1 1/2 xícara)

CALORIAS: 347 • CARBOIDRATOS: 60 G • COLESTEROL: 12 MG • GORDURA: 4,8 G • FIBRA: 8 G • PROTEÍNA: 14 G • SÓDIO: 714 MG • CÁLCIO: 88 MG • IG: BAIXO

Camarão ao Curry e Arroz Integral

RENDIMENTO: 4 PORÇÕES

450 g de camarões descascados e limpos
1/4 de xícara de cebola picada
1 colher (chá) de alho amassado
1 xícara de ervilhas verdes congeladas
1/4 de xícara de caldo de vegetais ou de galinha
2 a 3 colheres (chá) de pasta de *curry*
3 xícaras de arroz integral cozido
1 a 2 colheres (chá) de óleo de gergelim escuro

1. Unte uma frigideira antiaderente grande e funda com óleo e leve ao fogo médio a alto. Acrescente os camarões, a cebola e o alho e cozinhe, mexendo sempre por aproximadamente quatro minutos ou até o camarão estar rosado e totalmente cozido. De vez em quando, tampe a frigideira se ela ficar muito seca (o vapor umedece a frigideira) ou acrescente um pouco de água ou caldo, se necessário.
2. Coloque as ervilhas, o caldo e a pasta de *curry* na frigideira e reduza o fogo para médio. Tampe e cozinhe por um a dois minutos ou só até as ervilhas estarem descongeladas e completamente aquecidas.
3. Adicione o arroz e o óleo de gergelim. Mexa a mistura levemente em fogo médio

por um a dois minutos ou até estar completamente aquecida. Acrescente um pouco mais de caldo se a mistura estiver muito seca. Sirva quente.

Informações nutricionais (por porção de 1 1/4 de xícara)

CALORIAS: 338 • CARBOIDRATOS: 40 G • COLESTEROL: 172 MG • GORDURA: 5,9 G • FIBRA: 4,7 G • PROTEÍNA: 28 G • SÓDIO: 328 MG • CÁLCIO: 83 MG • IG: BAIXO

Repolho Recheado

RENDIMENTO: 5 PORÇÕES

450 g de carne moída magra
2/3 de xícara de trigo *bulgur*, usado para quibe
3/4 de xícara de cebola picada
1 1/2 colher (chá) de alho amassado
3/4 de colher (chá) de tomilho seco
1/4 de colher (chá) de pimenta-do-reino moída
3/4 de xícara de caldo de carne
10 folhas grandes de repolho
1 lata de 450 g de molho de tomate

1. Junte a carne moída, o trigo, a cebola, o alho, o tomilho, a pimenta-do-reino e o caldo em uma vasilha grande e misture bem. Reserve.
2. Coloque as folhas de repolho, duas a três por vez, em um recipiente para cozinhar no microondas ou no fogão convencional. Cozinhe em potência alta ou em fogo alto por aproximadamente três minutos ou até as folhas estarem macias o suficiente para serem enroladas. (Como alternativa, coloque as folhas, duas a três por vez, em uma panela grande com água fervendo por alguns minutos. Retire, escorra qualquer excesso de líquido e reserve.)
3. Coloque as folhas de repolho em uma superfície plana. Retire aproximadamente 2,5 cm da parte mais grossa da veia do centro para que possa enrolar as folhas com mais facilidade.
4. Espalhe 1/3 de xícara de mistura de carne na parte de baixo de cada folha, deixando uma margem de 3,5 cm de cada lado. Dobre os lados para dentro e enrole a folha para prender o recheio. Unte uma assadeira de 23 x 33 cm e posicione os rolinhos de repolho com a parte do talo para baixo na assadeira. Espalhe o molho de tomate por cima dos rolinhos.
5. Tampe a assadeira com papel-alumínio e asse em forno a 180°C por uma hora ou até a carne ficar completamente cozida e o trigo, macio (um termômetro de leitu-

ra instantânea deve medir pelo menos 70°C quando inserido no centro de um rolinho). Sirva quente.

Informações nutricionais (por porção)

CALORIAS: 227 • CARBOIDRATOS: 25 G • COLESTEROL: 48 MG • GORDURA: 4,6 G • FIBRA: 6,4 G • PROTEÍNA: 22 G • SÓDIO: 575 MG • CÁLCIO: 50 MG • IG: BAIXO

Burritos de Espinafre e Carne

RENDIMENTO: 6 PORÇÕES

450 g de carne moída magra
3/4 de colher (chá) de alho amassado
1/2 xícara de cebola picada
1 1/2 xícara de molho enlatado de *enchilada*
3 xícaras (cheias) de espinafre fresco grosseiramente picado
6 Tortillas (de 20 cm de diâmetro) (página 79) à temperatura ambiente
1 xícara mais 2 colheres (sopa) de queijo *cheddar* light

Coberturas
3/4 de xícara de Sour Cream (página 79)
1/4 de xícara mais 2 colheres (sopa) de alho-poró fatiado
1/4 de xícara mais 2 colheres (sopa) de azeitonas pretas fatiadas

1. Unte uma frigideira antiaderente grande com óleo de cozinha e coloque a carne moída e o alho. Leve a frigideira ao fogo médio e cozinhe, mexendo para esfarelar, até a carne dourar. Acrescente a cebola e meia xícara do molho de *enchilada*, tampe e cozinhe, mexendo de vez em quando, por três minutos ou até as cebolas começarem a amaciar.
2. Adicione o espinafre à frigideira. Cozinhe, mexendo sempre, por um a dois minutos ou até o espinafre murchar e qualquer excesso de líquido evaporar.
3. Arrume as *tortillas* em uma superfície plana e coloque às colheradas 1/6 da mistura de carne no lado direito de cada *tortilla*, parando a 4 cm da extremidade. Sobre o recheio, ponha 1 colher (chá) do queijo. Dobre a margem de baixo de cada *tortilla* para cima aproximadamente 2,5 cm. (Essa dobra vai evitar que o recheio caia.) Depois, começando na margem direita, enrole cada *tortilla* para cima, como se fosse um rocambole. (Veja diagrama na página 92.)
4. Unte um refratário de 23 x 33 cm e arrume as *tortillas* recheadas com a dobra para baixo em uma só camada no refratário. Espalhe a xícara de molho de *en-*

chilada restante pelo centro das *tortillas* e polvilhe com os 3/4 de xícara de queijo restante.

5. Cubra o refratário com papel-alumínio. Asse em forno a 180°C por 20 minutos ou até os *burritos* estarem completamente aquecidos e o queijo derretido. Coloque sobre cada *burrito* 2 colheres (sopa) do *sour cream*, 1 colher (sopa) de alho-poró e 1 colher (sopa) de azeitonas. Sirva quente.

Informações nutricionais (por porção)

CALORIAS: 341 • CARBOIDRATOS: 35 G • COLESTEROL: 42 MG • GORDURA: 7,5 G • FIBRA: 3,1 G • PROTEÍNA: 26 G • SÓDIO: 676 MG • CÁLCIO: 207 MG • IG: BAIXO

Bolo de Carne Clássico

RENDIMENTO: 8 PORÇÕES

700 g de carne moída magra
1 xícara de cogumelos frescos cortados bem fino
1/2 xícara de cebola picada
1/2 xícara de aipo picado (inclua as folhas)
2 colheres (chá) de alho amassado
3/4 de xícara de aveia trilhada
1 ovo ou 2 claras
1/2 colher (chá) de pimenta-do-reino moída
1 colher (sopa) de mostarda Dijon
1 colher (sopa) de molho inglês
1/2 xícara de suco de hortaliças
1/2 xícara de ketchup ou molho *chilli*
Óleo

1. Misture todos os ingredientes, exceto o ketchup ou molho *chilli*, em uma vasilha grande e mexa bem. Unte uma fôrma de 23 x 12 cm com óleo e pressione a mistura na fôrma para fazer um bolo.
2 Asse em forno a 180°C por 30 minutos. Espalhe o ketchup ou o molho *chilli* por cima do bolo e asse por mais 35 minutos ou até a carne dourar ou um termômetro de leitura instantânea inserido no centro do bolo ler 70°C.
3. Retire o bolo do forno e deixe descansar por 10 minutos antes de fatiar e servir.

Informações nutricionais (por porção)

CALORIAS: 166 • CARBOIDRATOS: 12 G • COLESTEROL: 45 MG • GORDURA: 4,5 G • FIBRA: 1,5 G • PROTEÍNA: 19 G • SÓDIO: 397 MG • CÁLCIO: 20 MG • IG: BAIXO

Carne com Cevada

RENDIMENTO: 5 PORÇÕES

450 g de carne moída magra
1 1/4 de xícara de cogumelos frescos fatiados
1/2 xícara de cebola picada
1 1/2 colher (chá) de tomilho seco
1/4 de colher (chá) de pimenta-do-reino moída
1 xícara de cevada debulhada ou perolada
2 1/2 xícaras de água
2 1/2 colheres (chá) de granulados de caldo de carne
1 xícara de ervilhas verdes congeladas (descongelar)

1. Coloque a carne moída em uma frigideira grande que vá ao forno e cozinhe em fogo médio, mexendo para esfarelar, até dourar. Escorra e descarte todo o excesso de gordura.
2. Adicione os ingredientes restantes, exceto as ervilhas, e deixe ferver em fogo alto. Retire a frigideira do fogo, tampe com papel-alumínio e asse em forno a 180°C por 55 minutos.
3. Retire o papel-alumínio, tomando cuidado com o vapor que irá soltar, e acrescente as ervilhas. (Adicione um pouco de água se a mistura estiver muito seca.) Recoloque o papel sobre a frigideira e leve-a ao forno por mais cinco minutos ou até a cevada estar macia e as ervilhas ficarem completamente aquecidas. Sirva quente.

Informações nutricionais (por porção de 1 1/3 de xícara)

CALORIAS: 288 • CARBOIDRATOS: 37 G • COLESTEROL: 49 MG • GORDURA: 4,7 G • FIBRA: 8 G • PROTEÍNA: 24 G • SÓDIO: 417 MG • CÁLCIO: 22 MG • IG: MUITO BAIXO

Carne Refogada com Tomate Seco

RENDIMENTO: 4 PORÇÕES

450 g de carne para ensopado extramagra (tipo músculo)
1/2 xícara de água
1/3 de xícara de vinho tinto seco
2 colheres (chá) de açúcar mascavo
1 colher (chá) de alecrim seco
2 colheres (chá) de granulado de caldo de carne
1/4 de colher (chá) de pimenta-do-reino moída
2 xícaras de cogumelos frescos cortados ao meio
1 xícara de cebolas picadas
1/2 xícara de tomates secos cortados (não conservados em óleo)
3 colheres (sopa) de salsa fresca picada

1. Lave a carne com água fria e seque-a com papel-toalha. Reserve. Coloque a água, o vinho, o açúcar, o alecrim, o granulado de caldo de carne e a pimenta-do-reino em uma vasilha pequena, misture bem e reserve.
2. Unte uma frigideira grande que vá ao forno e leve ao fogo médio a alto. Coloque a carne e cozinhe, mexendo sempre, por alguns minutos ou até a carne estar bem dourada. Retire a frigideira do fogo, adicione os cogumelos, as cebolas e o tomate seco e mexa para misturar bem. Acrescente a mistura de vinho e misture bem.
3. Tampe a frigideira com papel-alumínio e leve ao forno a 160°C por uma hora e meia ou até a carne estar bem macia.
4. Sirva quente sobre arroz integral, *noodles* ou cuscuz, se desejar. Polvilhe um pouco de salsa por cima de cada porção.

Informações nutricionais (por porção)

CALORIAS: 213 • CARBOIDRATOS: 12 G • COLESTEROL: 64 MG • GORDURA: 4,2 G • FIBRA: 2 G • PROTEÍNA: 28 G • SÓDIO: 391 MG • CÁLCIO: 32 MG • IG: BAIXO

Carne com Páprica

RENDIMENTO: 4 PORÇÕES

450 g de carne para ensopado extramagra (tipo músculo)
3/4 de xícara de água
1 colher (sopa) de páprica
2 colheres (chá) de granulados de caldo de carne

1/4 de colher (chá) de pimenta-do-reino moída
2 xícaras de cogumelos frescos fatiados
1 xícara de cebola picada
1/2 xícara de pimentão verde picado
3/4 de xícara de Sour Cream (página 79)
1 colher (sopa) de farinha de trigo integral

1. Lave a carne em água fria e seque-a com papel-toalha. Reserve. Junte a água, a páprica, o granulado de caldo de carne e a pimenta-do-reino em uma vasilha pequena, misture bem e reserve.
2. Unte uma frigideira antiaderente grande e leve ao fogo médio a alto. Coloque a carne e cozinhe, mexendo sempre, por alguns minutos ou até que a carne esteja bem dourada. Retire a frigideira do fogo. Adicione os cogumelos, as cebolas e o pimentão verde e mexa. Adicione a mistura de água e misture bem.
3. Cubra a frigideira com papel-alumínio e asse em forno a 160°C por uma hora e meia ou até a carne estar bem macia. Retire a frigideira do forno e remova cuidadosamente o papel-alumínio (o vapor vai escapar).
4. Coloque o *sour cream* em uma vasilha pequena, adicione a farinha e misture bem. Adicione 1/4 de xícara do caldo da frigideira e misture novamente. Reserve.
5. Leve a frigideira ao fogo médio e deixe ferver. Adicione a mistura de *sour cream* à frigideira e cozinhe, mexendo sempre, até a mistura ferver e engrossar ligeiramente.
6. Sirva quente, sobre *noodles*, arroz integral ou cuscuz, se desejar.

Informações nutricionais (por porção)

CALORIAS: 231 • CARBOIDRATOS: 16 G • COLESTEROL: 64 MG • GORDURA: 4,2 G • FIBRA: 2 G • PROTEÍNA: 30 G • SÓDIO: 415 MG • CÁLCIO: 64 MG • IG: MUITO BAIXO

Assado de Panela com Sour Cream

RENDIMENTO: 8 PORÇÕES

1,250 kg de lagarto redondo
1/2 colher (chá) de pimenta-do-reino moída
1 pacote (sopa) de cebola instantânea
3/4 de xícara de água
1/2 xícara de xerez seco
1/2 colher (chá) de tomilho seco
1/2 colher (chá) de manjerona seca

Molho

1/2 xícara de Sour Cream (página 79)

3 colheres (chá) de farinha de trigo integral

2 xícaras de cogumelos frescos fatiados

1. Tire a gordura visível da carne, lave com água fria e seque com toalhas de papel. Polvilhe todos os lados com um pouco da pimenta-do-reino.
2. Unte uma panela com capacidade para quatro litros e leve ao fogo médio a alto. Coloque a carne na panela e cozinhe por alguns minutos ou até todos os lados dourarem bem.
3. Adicione a sopa não diluída, a água, o xerez, o tomilho e a manjerona à panela e deixe a mistura ferver. Reduza o fogo, tampe e cozinhe por aproximadamente duas horas e meia, virando a carne de vez em quando, até ficar macia. Retire e coloque sobre uma tábua de corte, cubra levemente com papel-alumínio e reserve.
4. Para fazer o molho, misture o *sour cream* e meia xícara do caldo da panela em um liquidificador e bata até homogeneizar. Reserve.
5. Coloque o caldo restante na panela em um copo medidor. Se necessário, adicione água para levar o volume para uma xícara. (Se houver mais de uma xícara de líquido, leve-o à panela e cozinhe, sem tampa, em fogo médio a alto por alguns minutos até reduzir o volume para uma xícara.) Leve novamente à panela e adicione os cogumelos. Deixe a mistura ferver, depois reduza o fogo para médio a baixo, tampe e cozinhe por cerca de cinco minutos ou até os cogumelos ficarem macios. Acrescente lentamente a mistura de farinha de trigo integral, sempre mexendo com um batedor. Cozinhe e mexa por um a dois minutos ou até o molho engrossar e borbulhar.
6. Corte a carne em fatias finas e sirva acompanhada do molho.

Informações nutricionais (por porção)

CALORIAS: 229 • CARBOIDRATOS: 9 G • COLESTEROL: 70 MG • GORDURA: 5,9 G • FIBRA: 0,9 G • PROTEÍNA: 30 G • SÓDIO: 369 MG • CÁLCIO: 31 MG • IG: MUITO BAIXO

Medalhões de Porco com Molho de Cereja e Cogumelos

RENDIMENTO: 4 PORÇÕES

1 lombinho de porco (450 g)

1 colher (chá) de *lemon pepper*

3/4 de colher (chá) de alecrim seco

1/4 de colher (chá) de alho em pó

1 pitada de sal
Azeite de oliva
1/2 xícara de xerez seco
2 xícaras de cogumelos frescos fatiados

Molho
1/4 de xícara de caldo de galinha
1 colher (chá) de maisena
1/2 xícara de Sour Cream (página 79)

1. Lave a carne e seque com papel-toalha. Corte o lombinho transversalmente em oito fatias e, usando a palma da mão, amasse cada pedaço, que deve ficar com aproximadamente 1 cm de espessura no formato de medalhão. Misture a *lemon pepper*, o alecrim, o alho em pó e o sal em uma vasilha pequena, mexendo bem. Passe um pouco dessa mistura nos dois lados dos medalhões.
2. Para fazer o molho, coloque 1 colher (sopa) do caldo e toda a maisena em uma tigela pequena e mexa com um batedor para dissolver a maisena. Adicione o caldo restante e o *sour cream* e bata até homogeneizar. Reserve.
3. Unte uma frigideira antiaderente grande com azeite e leve ao fogo médio a alto. Coloque os medalhões de porco na frigideira e cozinhe por aproximadamente três minutos ou até dourar. Unte os medalhões levemente com azeite, vire e cozinhe por mais dois a três minutos ou até estarem bem dourados nos dois lados e completamente cozidos. Transfira a carne para um prato e tampe para mantê-la aquecida.
4. Adicione metade do xerez à frigideira usada para cozinhar a carne e cozinhe em fogo médio a alto, mexendo freqüentemente até a maior parte do xerez evaporar. Acrescente os cogumelos e cozinhe, mexendo freqüentemente, por cerca de três minutos ou até os cogumelos começarem a dourar e a soltar líquido. Adicione o xerez restante e cozinhe, mexendo sempre, até reduzir à metade.
5. Diminua o fogo e espalhe o caldo acumulado no prato contendo os medalhões cozidos na frigideira. Adicione o molho à frigideira e misture bem. Cozinhe, mexendo sempre, até a mistura ferver e engrossar um pouco. Para servir, coloque dois medalhões em cada prato e cubra com um pouco do molho. Sirva quente.

Informações nutricionais (por porção)

CALORIAS: 200 • CARBOIDRATOS: 8 G • COLESTEROL: 73 MG • GORDURA: 4 G • FIBRA: 0,5 G • PROTEÍNA: 26 G • SÓDIO: 310 MG • CÁLCIO: 46 MG • IG: MUITO BAIXO

Assado de Porco à Moda Cantonesa

RENDIMENTO: 8 PORÇÕES

2 lombinhos de porco (450 g cada)

Marinada

1/2 xícara de suco de laranja

3 colheres (sopa) de molho *shoyo* light

3 colheres (sopa) de molho *hoisin* (encontrado em lojas de produtos orientais)

2 colheres (chá) de alho amassado

2 1/4 de colheres (chá) de raiz de gengibre ralada na hora
ou 3/4 de colher (chá) de gengibre moído

1. Coloque todos os ingredientes da marinada em uma vasilha pequena e misture bem. Transfira 3 colheres (sopa) da marinada para uma tigela pequena e refrigere até o momento em que for cozinhar os lombinhos.
2. Lave os lombinhos e seque-os com papel-toalha. Elimine qualquer excesso de gordura. Coloque-os em um recipiente raso não metálico e despeje a marinada restante por cima. Levante a carne para permitir que a marinada escorra por baixo. Tampe e refrigere por seis a 24 horas, virando de vez em quando.
3. Unte a grade de uma assadeira com grelha e encha o fundo com 1,30 cm de água. Coloque os lombinhos, deixando entre eles um espaço de pelo menos 7,5 cm (jogue fora a marinada usada para temperar a carne). Asse em forno a 230°C por 25 a 30 minutos ou até que um termômetro inserido na parte mais grossa da carne marque entre 65 e 70°C. Regue algumas vezes durante os últimos 15 minutos de cozimento com a marinada reservada na geladeira.
4. Retire os lombinhos do forno, cubra levemente com papel-alumínio e deixe descansar por cinco minutos antes de cortar em fatias finas na transversal e servir.

Informações nutricionais (por porção)

CALORIAS: 149 • CARBOIDRATOS: 2 G • COLESTEROL: 73 MG • GORDURA: 3,9 G • FIBRA: 0 G • PROTEÍNA: 24 G • SÓDIO: 280 MG • CÁLCIO: 7 MG • IG: MUITO BAIXO

Assado de Porco

RENDIMENTO: 6 PORÇÕES

1 kg de lombo de porco magro, sem osso, para assado
1 xícara de água
1 colher (sopa) de granulado de caldo de galinha
1 colher (chá) de alecrim seco
1 colher (chá) de sálvia seca
1/2 colher (chá) de pimenta-do-reino moída
400 g de batatas-bolinha pequenas, partidas ao meio
3 cenouras médias, descascadas e cortadas em pedaços de 5 cm ou 1 1/2 xícara de cenourinhas baby
18 cogumelos frescos inteiros

Molho
1/2 xícara de creme de leite light
1/4 de xícara de farinha de trigo integral

1. Retire excesso de gordura da carne, lave-a em água fria e seque com papel-toalha. Unte uma panela antiaderente com capacidade para quatro litros e leve ao fogo médio a alto. Coloque a carne na panela e cozinhe durante alguns minutos de cada lado ou até dourar bem.
2. Misture a água, o granulado, o alecrim, a sálvia e a pimenta-do-reino e coloque por cima da carne. Reduza o fogo, tampe e cozinhe por uma hora e 15 minutos.
3. Coloque as batatas-bolinha, as cenouras e os cogumelos em volta da carne e aumente o fogo para ferver novamente a mistura. Reduza o fogo, tampe e cozinhe por mais 30 minutos ou até a carne e as hortaliças estarem macias.
4. Transfira a carne para uma travessa e, com a ajuda de uma escumadeira, também as hortaliças. Coloque o caldo da panela em uma peneira fina para separar a gordura, depois ponha o caldo desengordurado em um copo medidor com capacidade para 2 xícaras. Se necessário, adicione água para aumentar o volume até 1 1/2 xícara.
5. Para fazer o molho, despeje o caldo desengordurado em uma panela com capacidade para um litro e deixe ferver em fogo médio. Acrescente o creme de leite e a farinha em um pote com tampa hermética e balance até homogeneizar. Aos poucos, coloque a mistura de creme de leite no caldo fervente, mexendo sempre com um batedor. Cozinhe e mexa por um a dois minutos ou até a mistura engrossar. Passe o molho para uma molheira aquecida e sirva quente com o assado e as hortaliças.

Informações nutricionais (por porção)

CALORIAS: 288 • CARBOIDRATOS: 24 G • COLESTEROL: 95 MG • GORDURA: 5,6 G • FIBRA: 3,3 G • PROTEÍNA: 37 G • SÓDIO: 509 MG • CÁLCIO: 77 MG • IG: MODERADO

Peixe Empanado ao Forno

RENDIMENTO: 4 PORÇÕES

2 xícaras de cereal Nesfit
2 colheres (chá) de Pasta Cajun Picante (página 172)
2 ovos
450 g de filés de peixe de carne branca, cortado em 8 pedaços iguais
Manteiga light

Molho
1/4 de xícara de maionese light
1 colher (sopa) de cebola picada
1 1/2 colher (chá) de alcaparras picadas
1/4 de colher (chá) de mostarda Dijon

1. Para fazer o molho, coloque todos os ingredientes em uma vasilha pequena e misture bem. Reserve.
2. Coloque o cereal em um processador de alimentos e bata até obter migalhas grossas. (Ou, então, coloque o cereal em um saco plástico tipo *zip-lock* e esmigalhe com um rolo ou com o fundo de um copo.) Essa quantidade deve render uma xícara de migalhas. Transfira para uma vasilha rasa, adicione a pasta e misture bem. Coloque os ovos em outra vasilha rasa e bata.
3. Primeiro mergulhe os pedaços de peixe no ovo e depois passe na mistura de migalhas, virando para cobrir bem os dois lados.
4. Unte uma assadeira grande com a manteiga e arrume os filés de peixe em uma só camada. Unte levemente a parte de cima com manteiga e asse em forno a 230°C por 12 a 15 minutos ou até a parte externa ficar crocante e dourada e o peixe se partir facilmente com um garfo. Sirva quente, acompanhado do molho.

Informações nutricionais (por porção)

CALORIAS: 146 • CARBOIDRATOS: 12 G • COLESTEROL: 22 MG • GORDURA: 1,3 G • FIBRA: 0,6 G • PROTEÍNA: 21 G • SÓDIO: 519 MG • CÁLCIO: 43 MG • IG: MODERADO

Peixe com Amêndoas e Dill

RENDIMENTO: 4 PORÇÕES

1 1/2 xícara de cereal Nesfit
1 colher (chá) de *lemon pepper*
1/2 colher (chá) de *dill*
1/4 de xícara de amêndoas picadas
2 ovos
450 g de filé de peixe de carne branca cortado em 8 pedaços iguais
Manteiga light
Rodelas de limão (para guarnecer)

1. Coloque o cereal em um processador de alimentos e bata até obter migalhas grossas. (Ou, então, coloque o cereal em um saco plástico tipo *zip-lock* e esmigalhe com um rolo ou com o fundo de um copo.) Essa quantidade deve render 3/4 de xícara de migalhas. Transfira para uma vasilha rasa, adicione a pimenta e o *dill* e mexa para misturar bem. Esmague as amêndoas picadas e junte à mistura de migalhas. Deposite os ovos em outra vasilha rasa e bata.
2. Primeiro mergulhe os pedaços de peixe no ovo batido e depois passe na mistura de migalhas, virando para cobrir bem os dois lados.
3. Unte uma assadeira grande com a manteiga e arrume os filés de peixe em uma só camada. Unte a parte de cima levemente com manteiga e asse em forno a 230°C por 12 a 15 minutos ou até a parte de fora estar crocante e dourada e o peixe se partir facilmente com um garfo. Sirva quente acompanhado das rodelas de limão.

Informações nutricionais (por porção)

CALORIAS: 164 • CARBOIDRATOS: 9 G • COLESTEROL: 22 MG • GORDURA: 4,6 G • FIBRA: 0,8 G • PROTEÍNA: 21 G • SÓDIO: 299 MG • CÁLCIO: 57 MG • IG: MODERADO

Garoupa à Moda Grega

RENDIMENTO: 4 PORÇÕES

4 filés de garoupa (170 g cada)
1 colher (chá) de *lemon pepper*
2 a 3 colheres (chá) de azeite de oliva extravirgem
1 1/2 xícara de cogumelos frescos fatiados
1/2 xícara de pimentão verde picado
1/2 xícara de cebola ralada
1 colher (chá) de alho amassado
1/2 colher (chá) de orégano seco
1/4 de colher (chá) de sal
1/4 de xícara de vinho branco seco
1 xícara de tomates sem semente picados (aproximadamente 3 tomates médios)
1/4 de xícara de queijo *feta* light esfarelado (opcional)

1. Lave o peixe e seque-o com papel-toalha. Unte uma assadeira média e arrume nela os filés. Polvilhe cada filé com um pouco da *lemon pepper*. Asse descoberto em forno a 230°C por cerca de 10 minutos ou até que o peixe se parta facilmente com um garfo.
2. Enquanto o peixe está cozinhando, unte uma frigideira grande antiaderente com o azeite. Adicione os cogumelos, o pimentão, a cebola, o alho, o orégano e o sal e leve a frigideira ao fogo médio a alto. Cozinhe, mexendo sempre por aproximadamente quatro minutos ou até as hortaliças estarem crocantes e macias. De vez em quando, coloque uma tampa na frigideira se ela começar a secar (o vapor umedece a frigideira). Adicione o vinho à frigideira e cozinhe, sem tampa, durante alguns minutos ou até o vinho se reduzir à metade.
3. Adicione os tomates à frigideira e diminua o fogo. Tampe e cozinhe por um a dois minutos ou até os tomates estarem completamente aquecidos e começarem a amaciar.
4. Coloque um filé de peixe em cada prato e cubra com 1/4 da mistura de hortaliças. Polvilhe sobre cada porção um pouco do queijo *feta*, se desejar. Sirva imediatamente.

Informações nutricionais (por porção)

CALORIAS: 203 • CARBOIDRATOS: 6 G • COLESTEROL: 63 MG • GORDURA: 4,3 G • FIBRA: 1,4 G • PROTEÍNA: 34 G • SÓDIO: 356 MG • CÁLCIO: 54 MG • IG: MUITO BAIXO

Bolinhos de Salmão com Molho de Pepino e dill

RENDIMENTO: 4 PORÇÕES

1/4 de xícara mais 2 colheres (sopa) de aipo picado (inclua as folhas)
1/4 de xícara mais 2 colheres (sopa) de alho-poró picado
1 1/2 xícara de salmão em lascas cozido
3/4 de colher (chá) de *lemon pepper*
1/4 de colher (chá) de *dill*
1 xícara de migalhas de pão integral
1 clara de ovo, levemente batida
2 colheres (sopa) de maionese light
Azeite de oliva

Molho
1/4 de xícara de maionese light
1/4 de xícara de Sour Cream (página 79) ou iogurte natural desnatado
1 colher (chá) de *dill*
1/2 xícara de pepino sem semente picado

1. Para fazer o molho, nisture bem todos os ingredientes em uma tigela pequena. Reserve.
2. Coloque o aipo e o alho-poró em uma frigideira antiaderente grande e adicione 1 colher (sopa) de água. Leve a frigideira ao fogo médio, tampe e cozinhe, mexendo de vez em quando, por aproximadamente três minutos ou até as hortaliças ficarem macias. Adicione um pouco mais de água se a frigideira ficar muito seca.
3. Retire a frigideira do fogo e misture primeiro o salmão escorrido, a *lemon pepper* e o *dill*, depois as migalhas de pão, as claras de ovo e a maionese. Molde a mistura de salmão em quatro bolinhos de 9 cm. (Para fazer as migalhas, parta aproximadamente 1 1/4 de fatia de pão integral em pedaços, torre e coloque em um processador de alimentos ou liquidificador.)
4. Unte uma frigideira antiaderente grande e leve ao fogo médio. Cozinhe os bolinhos por cerca de três minutos ou até o fundo estar bem dourado. Unte a parte de cima levemente com o azeite, vire e cozinhe por mais três minutos ou até os bolinhos estarem bem dourados. Sirva quente, acompanhado do molho.

Informações nutricionais (por porção)

CALORIAS: 167 • CARBOIDRATOS: 11 G • COLESTEROL: 32 MG • GORDURA: 4,5 G • FIBRA: 1,2 G • PROTEÍNA: 18 G • SÓDIO: 355 MG • CÁLCIO: 69 MG • IG: BAIXO

Peixe Grelhado com Gengibre

RENDIMENTO: 4 PORÇÕES

4 filés de peixe de carne firme, como atum, salmão ou garoupa

Marinada
3 colheres (sopa) de xerez seco
3 colheres (sopa) de molho *shoyo* light
2 colheres (sopa) de suco concentrado de laranja congelado (descongelar)
1 colher (sopa) de gengibre ralado na hora ou 1 colher (chá) de gengibre moído
1 colher (sopa) de óleo de gergelim escuro
1 colher (chá) de alho amassado

1. Misture bem todos os ingredientes da marinada em um recipiente raso, não metálico. Remova 2 colheres (sopa) da marinada, transfira para uma vasilha e refrigere até o momento de cozinhar o peixe.
2. Coloque o peixe no recipiente da marinada e vire para cobrir todos os lados com o líquido. Tampe e deixe marinar na geladeira, virando de vez em quando, por uma a duas horas.
3. Asse o peixe, envolto em papel-alumínio, em churrasqueira ou em uma grelha preaquecida por cinco minutos de cada lado ou até a carne se partir facilmente com um garfo. Regue com a marinada reservada na geladeira durante os últimos minutos de cozimento. Sirva quente.

Informações nutricionais (por porção)

CALORIAS: 170 • CARBOIDRATOS: 1 G • COLESTEROL: 63 MG • GORDURA: 2,5 G • FIBRA: 0 G • PROTEÍNA: 33 G • SÓDIO: 278 MG • CÁLCIO: 25 MG • IG: MUITO BAIXO

Peixe Grelhado ao Molho de Frutas Cítricas

RENDIMENTO: 4 PORÇÕES

4 filés de peixe de carne firme, como atum, salmão ou garoupa

Marinada
1/3 de xícara de suco de laranja
1 colher (sopa) mais 1 1/2 colher (chá) de azeite de oliva extravirgem
1 colher (sopa) de suco de limão siciliano
1 colher (chá) de *dill*, tomilho ou orégano

1 colher (chá) de alho amassado
1/2 colher (chá) de pimenta-do-reino moída
1/4 de colher (chá) de sal

1. Misture bem todos os ingredientes da marinada em um recipiente raso, não metálico. Retire 2 colheres (sopa) da marinada, transfira para uma vasilha, tampe e refrigere até o momento de cozinhar o peixe.
2. Coloque o peixe no recipiente da marinada e vire para cobrir todos os lados com o líquido. Tampe e deixe marinar na geladeira, virando de vez em quando, por uma a duas horas.
3. Asse o peixe, envolto em papel-alumínio, em churrasqueira ou em uma grelha preaquecida por cinco minutos de cada lado ou até a carne se partir facilmente com um garfo. Regue com a marinada reservada durante os últimos minutos de cozimento. Sirva quente.

Informações nutricionais (por porção)

CALORIAS: 170 • CARBOIDRATOS: 1 G • COLESTEROL: 63 MG • GORDURA: 2,5 G • FIBRA: 0 G • PROTEÍNA: 33 G • SÓDIO: 278 MG • CÁLCIO: 25 MG • IG: MUITO BAIXO

Risoto Cremoso

RENDIMENTO: 5 PORÇÕES

2 colheres (sopa) de margarina ou manteiga light
1 1/2 xícara de cogumelos frescos fatiados
1/4 de xícara de cebola picada
1 colher (chá) de alho amassado
1 1/2 xícara de arroz branco de grãos longos ou arroz *basmati*
2 1/2 xícaras de caldo de galinha com baixo teor de sódio (encontrado em lojas de produtos naturais)
1 1/2 xícara de leite desnatado ou semidesnatado
1 colher (sopa) de salsa seca
1 pitada de pimenta branca moída
1/4 de xícara de parmesão ralado

Coberturas
3 colheres (sopa) de alho-poró picado
Parmesão (opcional)

1. Coloque a margarina ou a manteiga em uma panela antiaderente com capacidade para três litros e derreta em fogo médio a alto. Adicione os cogumelos, as cebolas e o alho e cozinhe, mexendo sempre, durante alguns minutos ou até os cogumelos e as cebolas começarem a amaciar (não dourar).
2. Acrescente o arroz, o caldo, o leite, a salsa e a pimenta branca à panela e deixe ferver. Mexa para misturar bem e reduza o fogo. Tampe e cozinhe, mexendo de vez em quando, por aproximadamente 20 minutos ou até a maior parte do líquido ser absorvida e o arroz estar macio, mas ainda um pouco firme.
3. Adicione o parmesão à panela e misture bem. Adicione um pouco mais de leite, se necessário, para conferir à mistura uma consistência úmida e cremosa. Sirva quente, salpicando sobre cada porção o alho-poró e um pouco mais de parmesão, se desejar.

Informações nutricionais (por porção de 1 xícara)

CALORIAS: 300 • CARBOIDRATOS: 53 G • COLESTEROL: 5 MG • GORDURA: 4,2 G • FIBRA: 1,2 G • PROTEÍNA: 10,2 G • SÓDIO: 245 MG • CÁLCIO: 195 MG • IG: BAIXO

PARA VARIAR, EXPERIMENTE UMA DESTAS DICAS ABAIXO:

- Coloque 3/4 de xícara de ervilhas verdes congeladas (descongelar), aspargos frescos cortados ou corações de alcachofra picados congelados (descongelar) na mistura de arroz três a cinco minutos antes de estar cozido.
- Acrescente uma xícara (cheia) de espinafre fresco picado na mistura de arroz juntamente com o parmesão ralado. Cozinhe e mexa por um a dois minutos ou só até o espinafre murchar.
- Junte 3 a 4 colheres (sopa) de tomates secos cortados em uma tigela pequena com água fervendo e tampe. Deixe descansar por 10 minutos ou até os tomates incharem. Escorra o excesso de líquido e adicione os tomates ao risoto pronto.
- Adicione uma xícara de frango assado cortado em cubos junto com o parmesão.
- Coloque 250 g de vieiras no vapor (ou refogadas) ou camarão com o parmesão.

Pizza de Mortadela de Peru

RENDIMENTO: 8 FATIAS

Massa de Pizza Integral de Aveia (página 258)
3/4 de xícara de molho tipo marinada engarrafado
8 a 10 fatias de mortadela de peru
1 xícara de mussarela light ralada
1/2 xícara de cogumelos fatiados
1/2 cebola branca pequena cortada em rodelas finas

1. Espalhe o molho pela massa até 1 cm da beirada e coloque a mortadela por cima. Polvilhe a mussarela e depois acrescente os cogumelos e as rodelas de cebola.
2. Asse em forno a 220°C por cerca de 12 minutos ou até o queijo derreter e a crosta ficar ligeiramente dourada. Fatie e sirva imediatamente.

Informações nutricionais (por porção)

CALORIAS: 136 • CARBOIDRATOS: 21 G • COLESTEROL: 12 MG • GORDURA: 3 G • FIBRA: 2 G • PROTEÍNA: 10 G • SÓDIO: 295 MG • CÁLCIO: 77 MG • IG: MODERADO

Pizza de Cogumelos Portobello

RENDIMEMTO: 8 FATIAS

Massa de Pizza Integral de Aveia (página 258)
2 cogumelos Portobello médios, fatiados, com 1,25 cm de espessura
Azeite de oliva
1 pitada de sal
1 pitada de pimenta-do-reino moída
1/4 de colher (chá) de orégano seco
3/4 de xícara de molho tipo marinada engarrafado
2 colheres (sopa) de parmesão ralado
1 xícara de mussarela light ralada (ou use metade mussarela, metade provolone)

1. Unte uma assadeira média com o azeite e coloque as fatias de cogumelo na assadeira. Unte levemente com o azeite e polvilhe com o sal, a pimenta-do-reino e o orégano. Asse em forno a 230°C por 10 minutos, vire as fatias e asse por mais cinco minutos ou até estarem macias e douradas. Retire do forno e reserve.

2. Espalhe o molho pela massa até 1 cm da margem. Polvilhe o parmesão e coloque sobre a pizza as fatias de cogumelo, arrumando-as como os aros de uma roda. Polvilhe a mussarela.
3. Asse em forno a 220°C por cerca de 12 minutos ou até o queijo derreter e a crosta ficar levemente dourada. Fatie e sirva imediatamente.

Informações nutricionais (por fatia)

CALORIAS: 135 • CARBOIDRATOS: 21 G • COLESTEROL: 9 MG • GORDURA: 3 G • FIBRA: 2 G • PROTEÍNA: 9,7 G • SÓDIO: 264 MG • CÁLCIO: 97 MG • IG: MODERADO

Pizza de Espinafre

RENDIMENTO: 8 FATIAS

Massa de Pizza Integral de Aveia (página 258)
1 xícara de cogumelos frescos fatiados
2 xícaras de espinafre fresco picado grosso
3/4 de xícara de molho tipo marinada engarrafado
1/4 de xícara de queijo *feta* light
1 xícara de mussarela light ralada

1. Unte uma frigideira antiaderente grande e adicione os cogumelos. Leve ao fogo médio a alto e cozinhe, mexendo sempre, por aproximadamente três minutos ou até os cogumelos estarem bem dourados e terem soltado o líquido. Coloque uma tampa na frigideira periodicamente se ela começar a secar (o vapor umedece a frigideira). Ou adicione algumas colheres (chá) de água, se necessário. Acrescente o espinafre à frigideira e cozinhe, mexendo sempre por mais um a dois minutos ou até o espinafre murchar. Retire a frigideira do fogo e reserve.
2. Espalhe o molho na crosta até 1 cm das bordas. Coloque a mistura de espinafre por cima do molho, depois polvilhe primeiro com o queijo *feta* e em seguida com a mussarela.
3. Asse em forno a 220°C por cerca de 12 minutos ou até o queijo derreter e a crosta ficar ligeiramente dourada. Fatie e sirva imediatamente.

Informações nutricionais (por fatia)

CALORIAS: 132 • CARBOIDRATOS: 21 G • COLESTEROL: 8 MG • GORDURA: 2,3 G • FIBRA: 2 G • PROTEÍNA: 10 G • SÓDIO: 310 MG • CÁLCIO: 103 MG • IG: MODERADO

Massa de Pizza Integral de Aveia

A pizza talvez seja uma das refeições preferidas de muitas famílias. E, contrariando o que popularmente se imagina, não precisa necessariamente fazer mal à saúde. Comece com uma massa saudável, como a de pizza integral de aveia, na qual a aveia substitui parte da farinha de trigo para diminuir o IG e aumentar o valor nutricional. Ao acrescentar coberturas de hortaliças e usar queijo com pouca gordura, a pizza poderá se transformar em um prato principal respeitável. Faça com que o IG da sua refeição permaneça baixo adicionando uma salada verde com molho vinagrete. Se tiver uma máquina de fazer pão, verá que preparar pizza é tão simples que você vai querer fabricar a sua própria massa regularmente.

Se estiver sem tempo, você também pode usar pão árabe integral como massa de pizza. Simplesmente divida as coberturas nas receitas de pizza entre quatro pães integrais com 15 cm de circunferência e asse em forno a 210°C por aproximadamente 10 minutos.

Massa de Pizza

1 1/4 de xícara de farinha de trigo integral
1/2 xícara de farelo de aveia
3 colheres (sopa) de leite em pó desnatado
1 1/2 colher (chá) de fermento biológico
1 colher (chá) de açúcar
1/4 de colher (chá) de sal
3/4 de xícara de água

Preparando na máquina de pão

1. Coloque todos os ingredientes da massa no recipiente de uma máquina de fazer pão. Acione a máquina para as funções "crescer", "massa", "manual" ou equivalente, de modo que ela misture a massa e deixe-a crescer. Verifique a mistura cinco minutos após a máquina começar a funcionar. Ela deve formar uma massa macia e lustrosa. Se parecer muito grudenta, acrescente um pouco mais de farinha de trigo (1 colher de sopa cheia por vez). Cuidado para não colocar farinha demais, para que a massa não fique difícil de esticar.

2. Quando a massa estiver pronta, retire-a da máquina e coloque-a em uma superfície um pouco enfarinhada. Abra-a em um círculo de 35 cm, depois transfira para uma fôrma de pizza com 35 cm de diâmetro. Deixe descansar por 10 minutos (para permitir que cresça um pouco) antes de colocar as coberturas.

PREPARANDO MANUALMENTE

1. Misture 3/4 de xícara de farinha de trigo integral e todo o farelo de aveia, leite em pó, fermento, açúcar e sal em uma tigela grande e bata bem. Coloque a água em uma panela pequena e deixe ficar bem quente (50 a 55°C). Acrescente a água à mistura de farinha e mexa por um minuto. Adicione o suficiente da farinha restante (2 colheres de sopa por vez para formar uma massa macia).
2. Polvilhe 2 colheres (sopa) da farinha restante em uma superfície plana e vire a massa na superfície. Amasse-a por cinco minutos, acrescentando, aos poucos, farinha suficiente para fazer uma massa macia e lustrosa. (Cuidado para não deixar a massa muito dura, para que não seja difícil abri-la.)
3. Unte uma vasilha grande e coloque nela a bola de massa. Tampe a vasilha com um pano de prato limpo e deixe crescer por aproximadamente 35 minutos ou até a massa dobrar de tamanho.
4. Quando a massa tiver crescido, amasse-a e lhe dê o formato de uma bola. Coloque em uma superfície levemente enfarinhada e abra com um rolo formando um círculo de 35 cm de diâmetro.

Informações nutricionais (por 1/8 da massa)

CALORIAS: 84 • CARBOIDRATOS: 19 G • COLESTEROL: 0 MG • GORDURA: 0,5 G • FIBRA: 1,6 G • PROTEÍNA: 4 G • SÓDIO: 81 MG • CÁLCIO: 23 MG • IG: MODERADO

Capítulo 14

Sobremesas deliciosas

Talvez você fique feliz em saber que um estilo de vida com IG baixo não significa necessariamente dar adeus às sobremesas. No entanto, algumas delas definitivamente são opções melhores do que outras. Por exemplo, os laticínios e a maior parte das frutas apresentam um IG baixo. Portanto, as sobremesas com esses ingredientes – como frutas assadas, pudins, flãs, cremes e sorvetes – constituem melhores opções do que sobremesas feitas com farináceos, como bolos e biscoitos. E mais: as sobremesas preparadas com frutas e laticínios também têm um respeitável valor nutricional.

Claro que o açúcar é um ingrediente essencial na maior parte das sobremesas. E, embora tenha um IG moderado, lembre-se de que o açúcar é ainda puro carboidrato refinado e, por este motivo, deve ser consumido com moderação. As receitas deste capítulo levam isso em consideração, já que me esforcei ao máximo para usar o mínimo de gorduras e reduzir as calorias.

Muitas das receitas aqui apresentadas utilizam o açúcar natural das frutas. Por isso, só uma pequena quantidade de açúcar é necessária. Outras misturam produtos sem açúcar com uma pequena quantidade de açúcar, para se fazer doces deliciosos e satisfatórios com uma quantidade de calorias e carboidratos deliciosamente baixa. Em algumas receitas, você poderá optar entre usar produtos com ou sem açúcar, como pudins e iogurtes. Isso ajudará na elaboração de pratos que se adaptem melhor ao seu paladar e às suas necessidades nutricionais.

Prepare-se, portanto, para uma doce satisfação sem mergulhar em um excesso de gordura, calorias ou açúcar. Esteja você em busca de um simples pudim, um saboroso creme de frutas ou um doce para deixar seus convidados com água na boca, aqui encontrará uma deliciosa variedade de receitas de sobremesas facílimas e adequadas a qualquer ocasião.

Pêssegos e Amêndoas Cobertas

RENDIMENTO: 8 PORÇÕES

3 a 4 colheres (sopa) de açúcar

1 colher (sopa) de maisena

5 xícaras de pêssegos descascados e fatiados (aproximadamente 5 pêssegos médios)

Cobertura

1/2 xícara de aveia trilhada

3 colheres (sopa) de farinha de trigo integral

1/4 de xícara mais 2 colheres (sopa) de açúcar mascavo claro

1/2 xícara de canela em pó

2 colheres (sopa) de margarina ou manteiga light refrigerada, cortada em pequenos pedaços

2 colheres (chá) de suco concentrado de uva verde ou laranja

1/3 de xícara de amêndoas picadas

1. Misture o açúcar e a maisena em uma tigela pequena. Coloque os pêssegos em uma vasilha grande, polvilhe com a mistura de açúcar e maisena e misture bem. Unte uma fôrma de torta funda de 23 cm e espalhe a mistura por igual.
2. Para fazer a cobertura, misture bem a aveia, a farinha de trigo integral, o açúcar mascavo e a canela em uma vasilha média. Adicione a margarina ou a manteiga até a mistura estar como migalhas. Acrescente o suco concentrado e mexa levemente até a mistura ficar úmida, ainda em migalhas. Ponha um pouco mais de suco concentrado se a mistura estiver muito seca. Junte as amêndoas e misture levemente.
3. Espalhe a mistura de aveia por cima das frutas e asse em forno a 190°C por aproximadamente 35 minutos ou até a fruta estar borbulhante em volta das bordas e a cobertura dourar. Cubra levemente a fôrma de torta com papel-alumínio durante os últimos minutos de forno, se a cobertura começar a dourar muito rápido. Retire do forno e deixe descansar por pelo menos 20 minutos. Sirva morno.

Informações nutricionais (por porção)

CALORIAS: 192 • CARBOIDRATOS: 33 G • COLESTEROL: 0 MG • GORDURA: 6,2 G • FIBRA: 3,6 G • PROTEÍNA: 3,2 G • SÓDIO: 48 MG • CÁLCIO: 33 MG • IG: BAIXO

Variações

Pêra e nozes – Substitua o pêssego por peras descascadas e fatiadas e as amêndoas por nozes ou nozes-pecã.
Maçã – Substitua os pêssegos por maçãs e as amêndoas por nozes ou nozes-pecã. Acrescente 3 colheres (sopa) de suco de maçã ao recheio de frutas junto com o açúcar e a maisena.
Damasco ou ameixa – Substitua o pêssego por damascos frescos fatiados ou ameixas frescas fatiadas.

Tijolinhos de Verão

RENDIMENTO: 8 PORÇÕES

1/4 a 1/3 de xícara de açúcar
1 colher (sopa) mais 1 colher (chá) de maisena
5 xícaras de cerejas frescas
1/4 de xícara de suco de laranja ou de uvas verdes

Cobertura
1/2 xícara de farinha de trigo integral
1/2 xícara de farelo de aveia
3 colheres (sopa) mais 1 1/2 colher (chá) de açúcar
1 1/2 colher (chá) de fermento em pó
1/2 xícara mais 2 colheres (sopa) de iogurte de baunilha light
2 colheres (sopa) de óleo de canola

1. Coloque o açúcar e a maisena em uma vasilha pequena e mexa para misturar bem. Ponha as frutas em uma vasilha larga, acrescente a mistura de açúcar e maisena e mexa bem. Adicione o suco de laranja ou de uvas verdes e volte a mexer.
2. Unte uma fôrma com capacidade para dois litros e espalhe a mistura de frutas por igual no fundo. Cubra a fôrma com papel-alumínio e asse em forno a 190°C por 30 minutos ou até estar quente e borbulhante.
3. Para fazer a cobertura, coloque a farinha de trigo integral, a aveia, 3 colheres (sopa) de açúcar e o fermento em pó em uma vasilha média e misture bem. Adicione o iogurte e o óleo e misture novamente.

4. Coloque colheradas de massa no recheio quente de frutas para fazer oito biscoitos. Polvilhe 1 1/2 colher (chá) restante de açúcar por cima dos biscoitos.
5. Asse a 190°C por 15 minutos ou até os biscoitos estarem levemente dourados nas bordas. Retire a fôrma do forno e deixe descansar por pelo menos 30 minutos. Sirva morno.

Informações nutricionais (por porção)

CALORIAS: 192 • CARBOIDRATOS: 39 G • COLESTEROL: 0 MG • GORDURA: 4,2 G • FIBRA: 3,5 G • PROTEÍNA: 3,4 G • SÓDIO: 87 MG • CÁLCIO: 107 MG • IG: BAIXO

Uvas Gloriosas

RENDIMENTO: 4 PORÇÕES

2 2/3 xícaras de uvas verdes ou rubis sem semente

1/2 xícara de Sour Cream (página 79)

2 colheres (sopa) mais 2 colheres (chá) de açúcar mascavo claro

1. Lave as uvas e seque-as bem com papel-toalha. Transfira para um recipiente com tampa e deixe gelar bem.
2. Misture as uvas e o *sour cream* em uma vasilha média e agite para cobri-las completamente.
3. Coloque colheradas da mistura em quatro pratos de sobremesa e polvilhe com 2 colheres (chá) de açúcar mascavo Sirva imediatamente.

Informações nutricionais (por porção)

CALORIAS: 141 • CARBOIDRATOS: 33 G • COLESTEROL: 0 MG • GORDURA: 0,6 G • FIBRA: 1,1 G • PROTEÍNA: 2,5 G • SÓDIO: 27 MG • CÁLCIO: 55 MG • IG: BAIXO

Frutas Vermelhas Glaçadas

RENDIMENTO: 4 PORÇÕES

2 xícaras de morangos frescos fatiados

1 xícara de framboesas frescas

1 xícara de amoras

1/2 xícara de creme chantilly light (opcional)

2 colheres (sopa) de amêndoas fatiadas (opcional)

Glacê

1/4 de xícara de geléia de framboesa sem sementes

1 colher (sopa) de suco de laranja ou de uvas verdes

1. Lave as framboesas e as amoras, seque com papel-toalha e leve à geladeira.
2. Para fazer o glacê, coloque a geléia de frambroesa em uma tigela pequena própria para microondas e leve ao microondas em potência alta por aproximadamente um minuto ou até estar bem quente. Coloque o suco na geléia quente. Tampe o glacê e refrigere por pelo menos duas horas.
3. Retire as frutas da geladeira, coloque em uma vasilha grande, espalhe o glacê por cima e misture bem. Divida as frutas entre quatro taças e sirva imediatamente, colocando sobre cada porção um pouco do chantilly e das amêndoas, se desejar.

Informações nutricionais (por porção)

CALORIAS: 118 • CARBOIDRATOS: 29 G • COLESTEROL: 0 MG • GORDURA: 0,7 G • FIBRA: 5,2 G • PROTEÍNA: 1,2 G • SÓDIO: 5 MG • CÁLCIO: 25 MG • IG: BAIXO

Morangos com Calda de Chocolate

RENDIMENTO: 24 PEDAÇOS

24 morangos frescos grandes

225 g de chocolate meio-amargo

1. Lave os morangos com água fria (deixe as hastes no lugar) e seque bem com papel-toalha. Reserve.
2. Encha a terça parte de uma panela com capacidade para dois litros com água e leve ao fogo alto. Quando ferver, reduza o fogo.
3. Quebre o chocolate em pequenos pedaços e coloque em um medidor de vidro com capacidade para duas xícaras. Coloque o copo medidor na água fervendo, em banho-maria, e mexa por alguns minutos até o chocolate derreter. Retire a panela do fogo.
4. Insira um palito no local da haste de um morango e mergulhe-o no chocolate derretido, cobrindo os 3/4 de baixo da fruta. Prenda a outra extremidade do palito em um pedaço de isopor ou deixe o morango coberto com a calda de chocolate em um refratário pequeno forrado com papel-manteiga. Refrigere os morangos por pelo menos 30 minutos e por até 12 horas antes de servir.

Informações nutricionais (por pedaço)

CALORIAS: 53 • CARBOIDRATOS: 6 G • COLESTEROL: 0 MG • GORDURA: 3,8 G •
FIBRA: 1 G • PROTEÍNA: 0,9 G • SÓDIO • 0 MG • CÁLCIO: 9 MG • IG: BAIXO

Creme de Maçã

RENDIMENTO: 8 PORÇÕES

8 xícaras de maçãs (aproximadamente 10 maçãs médias) descascadas e cortadas em pedaços grandes (para ter um melhor resultado, use duas ou mais variedades dessa fruta)
1 xícara de suco de maçã
1/2 colher (chá) de canela em pó (opcional)
1/2 colher (chá) de noz-moscada moída (opcional)

1. Misture as maçãs cortadas, o suco e, se desejar, a canela e a noz-moscada em uma panela com capacidade para quatro litros. Tampe e leve ao fogo médio a alto por cinco minutos, mexendo de vez em quando, até a mistura ferver e as maçãs começarem a amaciar e soltar líquido. Reduza o fogo e cozinhe, mexendo de vez em quando por aproximadamente 25 minutos ou até os pedaços de maçã ficarem bem macios.
2. Passe os pedaços de maçã em um espremedor de batatas até obter a consistência desejada, adicionando um pouco mais de suco, se a consistência estiver muito grossa. Transfira o creme de maçã para um recipiente com tampa e refrigere por algumas horas ou até gelar bem, antes de servir.

Informações nutricionais (por porção de 1/2 xícara)

CALORIAS: 73 • CARBOIDRATOS: 18 G • COLESTEROL: 0 MG • GORDURA: 0,3 G •
FIBRA: 2,1 G • PROTEÍNA: 0,2 G • SÓDIO: 2 MG • IG: MUITO BAIXO

Maçã Assada

RENDIMENTO: 4 PORÇÕES

4 maçãs da variedade deliciosa
3 colheres (sopa) de damascos secos picados ou frutas secas mistas picadas
3 colheres (sopa) de nozes ou nozes-pecã picadas
1 colher (sopa) de açúcar mascavo claro
1/4 de colher (chá) de canela em pó
1 pitada de noz-moscada em pó
4 colheres (chá) de margarina ou manteiga light

1/2 xícara de suco de laranja ou maçã
Sorvete de creme light (opcional)

1. Use um cortador de melão ou uma pequena colher para retirar o centro de cada maçã, tomando cuidado para não cortar completamente até o outro lado. Descasque o terço superior de cada maçã.
2. Coloque as maçãs em uma fôrma antiaderente quadrada de 20 cm. Misture os damascos secos ou frutas secas, as nozes, o açúcar mascavo, a canela e a noz-moscada em uma vasilha pequena. Coloque 1/4 da mistura das frutas na cavidade de cada maçã. Ponha no topo de cada maçã 1 colher (chá) de margarina ou manteiga. Despeje o suco no fundo da fôrma.
3. Cubra a fôrma com papel-alumínio e asse em forno a 180°C por 30 minutos. Tire o papel-alumínio e regue as maçãs com o caldo da fôrma. Volte a assar, dessa vez sem o papel, regando de vez em quando por mais 15 minutos ou até as maçãs estarem macias (verifique a consistência perfurando-as com uma faca afiada).
4. Transfira as maçãs para travessas e coloque colheradas do caldo da fôrma por cima. Sirva quente. Se desejar, acrescente uma bola de sorvete de creme light sobre cada maçã.

Informações nutricionais (por porção)

CALORIAS: 171 • CARBOIDRATOS: 32 G • COLESTEROL: 0 MG • GORDURA: 5,2 G • FIBRA: 4,5 G • PROTEÍNA: 1,7 G • SÓDIO: 36 MG • CÁLCIO: 16 MG • IG: BAIXO

Variação

Peras Assadas

Corte o topo de quatro peras largas para que elas fiquem com um formato arredondado como o das maçãs. Tire o centro de cada pêra, encha e asse como indicado na receita anterior, reduzindo o tempo de forno para 20 minutos quando cobertas com o papel-alumínio e aproximadamente 10 minutos sem o papel.

Informações nutricionais (por porção)

CALORIAS: 179 • CARBOIDRATOS: 33 G • COLESTEROL: 0 MG • GORDURA: 5,2 G • FIBRA: 4,5 G • PROTEÍNA: 1,9 G • SÓDIO: 36 MG • CÁLCIO: 32 MG • IG: BAIXO

Pudim de Limão

RENDIMENTO: 5 PORÇÕES

1/2 xícara de água fervendo ou de suco de laranja
1 pacote de gelatina de limão sem açúcar (para 4 porções)
1/2 xícara de *cream cheese* light
1 1/2 xícara de iogurte de limão desnatado
1 1/2 xícara de chantilly light

1. Despeje a água fervendo em um liquidificador. Salpique a gelatina e bata em velocidade baixa, com a tampa ligeiramente aberta (para deixar o vapor escapar) durante um minuto ou até a gelatina ficar completamente dissolvida. Coloque a mistura em uma vasilha grande e deixe esfriar.
2. Acrescente o *cream cheese* à mistura do liquidificador, tampe e bata em velocidade baixa, até a mistura ficar homogênea. Transfira para uma vasilha grande e adicione o iogurte. Leve à geladeira e deixe gelar por uns 15 minutos. Mexa, verificando se adquiriu a consistência de um pudim. Se estiver rala demais, deixe refrigerar mais um pouco.
3. Quando a mistura de gelatina tiver adquirido a consistência adequada, mexa com um batedor de arame até obter uma mistura homogênea. Com a ajuda de uma colher de pau, misture delicadamente o chantilly.
4. Divida o pudim em cinco taças ou pratos de sobremesa. Tampe e leve à geladeira durante pelo menos três horas antes de servir.

Informações nutricionais (por porção de 7/8 de xícara)

CALORIAS: 134 • CARBOIDRATOS: 20 G • COLESTEROL: 3 MG • GORDURA: 1 G • FIBRA: 0 G • PROTEÍNA: 9 G • SÓDIO: 251 MG • CÁLCIO: 220 MG • IG: BAIXO

Pudim de Pão Integral

RENDIMENTO: 6 PORÇÕES

4 xícaras de pão rústico, pão de centeio ou pão de sete cereais cortado em cubos de pouco mais de 1 cm
1/4 de xícara mais 3 colheres (sopa) de açúcar
2 ovos grandes
1 lata de 340 g de creme de leite light
1/2 xícara de leite desnatado ou semidesnatado
1 1/2 colher (chá) de essência de baunilha

3 colheres (sopa) de damascos secos picados
1 pitada de canela moída

Calda (opcional)
3 colheres (sopa) de geléia de damasco
1 colher (sopa) mais 1 1/2 colher (chá) de conhaque
1 colher (sopa) mais 1 1/2 colher (chá) de manteiga light

1. Coloque os cubos de pão em uma vasilha grande e reserve.
2. Junte 1/4 de xícara mais 2 colheres (sopa) de açúcar e os ovos em uma vasilha grande e misture com um batedor de arame até o açúcar se dissolver totalmente. Acrescente o creme de leite, o leite e a essência de baunilha. Despeje a mistura de leite sobre os cubos de pão e reserve durante 10 minutos ou até o pão amolecer e absorver parte do leite. Adicione os damascos secos.
3. Unte um refratário e despeje a mistura. Coloque a colher (sopa) de açúcar restante e a canela em uma vasilha pequena, mexa bem e salpique sobre a mistura.
4. Leve o refratário ao forno dentro de um tabuleiro grande com água quente, em banho-maria. Asse a 170°C durante 55 minutos ou até que uma faca inserida no meio da massa saia limpa. Deixe esfriar em temperatura ambiente durante 45 minutos antes de servir.
5. Para fazer a calda, coloque todos os ingredientes em uma panela pequena. Tampe e leve ao fogo médio durante um a dois minutos ou até esquentar bem. Sirva o pudim morno ou à temperatura ambiente, colocando 1 colher (sopa) da calda sobre cada porção, se desejar. Guarde as sobras na geladeira.

Informações nutricionais (por porção de 2/3 de xícara)

CALORIAS: 171 • CARBOIDRATOS: 32 G • COLESTEROL: 2 MG • GORDURA: 0,8 G • FIBRA: 0,6 G • PROTEÍNA: 8 G • SÓDIO: 230 MG • CÁLCIO: 215 MG • IG: BAIXO

Arroz Basmati Doce

RENDIMENTO: 5 PORÇÕES

1/2 xícara de arroz *basmati* ou arroz branco de grãos longos
3 xícaras de leite desnatado ou semidesnatado
1/4 de xícara de açúcar
1 pitada de sal
1/3 de xícara de damascos secos picados ou passas brancas
1 ovo grande batido

3/4 de xícara de essência de baunilha
Noz-moscada ou canela moída (opcional)

1. Coloque o arroz e o leite em uma panela antiaderente e leve ao fogo médio a alto até levantar fervura. Reduza o fogo, tampe e cozinhe por 20 minutos. Acrescente o açúcar, o sal e o damasco ou as passas, volte a tampar e deixe cozinhar, mexendo de vez em quando, durante mais 10 a 15 minutos ou até o arroz estar cozido e cerca de 3/4 do leite ter sido absorvido.
2. Coloque 1/4 de xícara da mistura em uma vasilha e acrescente o ovo. Ponha na panela, mexendo sempre. Cozinhe por mais dois minutos ou até a mistura engrossar um pouco.
3. Retire a panela do fogo, adicione a essência de baunilha, mexa e deixe descansar por uns 20 minutos. Mexa novamente e, se estiver muito espesso, acrescente um pouco mais de leite. Sirva morno ou leve à geladeira e sirva gelado, salpicando com canela ou noz-moscada, se desejar.

Informações nutricionais (por porção de 2/3 de xícara)

CALORIAS: 168 • CARBOIDRATOS: 34 G • COLESTEROL: 3 MG • GORDURA: 0,5 G • FIBRA: 1 G • PROTEÍNA: 7 G • SÓDIO: 154 MG • CÁLCIO: 190 MG • IG: BAIXO

Creme de Ovos

RENDIMENTO: 6 PORÇÕES

4 ovos grandes
1/4 de xícara de açúcar
1 lata de 340 g de creme de leite light
1 xícara de leite desnatado ou semidesnatado
3 colheres (sopa) de mel
2 colheres (chá) de essência de baunilha
Noz-moscada moída

Cobertura (opcional)
3/4 de xícara de Cobertura de Frutas Vermelhas (página 102)

1. Misture os ovos e o açúcar em uma vasilha grande e mexa com um batedor de arame até o açúcar se dissolver. Acrescente os outros ingredientes.

2. Unte seis fôrmas pequenas e divida a mistura do creme uniformemente entre elas. Adicione uma pitada de noz-moscada. Coloque as fôrmas em um tabuleiro grande com água fervendo, em banho-maria.
3. Asse a 175°C por cerca de 50 minutos ou até que uma faca inserida no centro do creme saia limpa. Retire o tabuleiro do forno e coloque as fôrmas sobre uma grelha para esfriar à temperatura ambiente. Tampe e leve à geladeira durante pelo menos uma hora antes de servir. Sirva nas fôrmas ou passe uma faca pela borda de cada uma e desenforme sobre um prato de sobremesa, cobrindo com 2 colheres (sopa) de cobertura de frutas vermelhas, se desejar.

Informações nutricionais (por porção)

CALORIAS: 132 • CARBOIDRATOS: 24 G • COLESTEROL: 3 MG • GORDURA: 0,2 G • FIBRA: 0 G • PROTEÍNA: 8,7 G • SÓDIO: 137 MG • CÁLCIO: 241 MG • IG: BAIXO

Parfaits de Framboesa

RENDIMENTO: 4 PORÇÕES

2 xícaras de iogurte de framboesa ou natural diet
2 xícaras de framboesas frescas geladas
3 colheres (sopa) de Amêndoas Torradas (página 81), fatiadas

1. Coloque 1 1/2 colher (sopa) do iogurte no fundo de quatro taças de vinho ou sorvete. Acrescente 1/4 de xícara de framboesa e mais 3 colheres (sopa) do iogurte.
2. Repita as camadas de framboesa e iogurte e termine com as amêndoas. Sirva imediatamente. Para variar, experimente outras frutas frescas ou sabores de iogurte, como amora, pêssego e morango. Ou substitua o iogurte por flãs de chocolate, chocolate branco, limão ou creme de baunilha.

Informações nutricionais (por porção)

CALORIAS: 130 • CARBOIDRATOS: 20 G • COLESTEROL: 3 MG • GORDURA: 2,7 G • FIBRA: 4,7 G • PROTEÍNA: 7,2 G • SÓDIO: 92 MG • CÁLCIO: 225 MG: IG: MUITO BAIXO

Maravilha de Frutas

RENDIMENTO: 9 PORÇÕES

8 fatias de pão-de-ló ou 18 biscoitos tipo champanhe ou inglês

Pudim
2 xícaras de leite desnatado ou semidesnatado
1 pacote de flã de baunilha diet

Mistura de frutas
2 xícaras de morangos frescos fatiados ou de pêssegos ou damascos fatiados e descascados
1 xícara de framboesas, amoras ou cerejas frescas ou congeladas (descongelar)
2 colheres (sopa) de açúcar
2 a 3 colheres (sopa) de *amaretto* ou licor de laranja

Cobertura
1/2 xícara de iogurte natural desnatado (sem açúcar ou comum)
1 1/2 xícara de chantilly light
3 colheres (sopa) de Amêndoas Torradas (página 81), fatiadas

1. Prepare o flã de acordo com as instruções da embalagem, usando o leite da forma indicada. Transfira para um recipiente com tampa e refrigere por várias horas.
2. Para fazer a mistura de frutas, coloque os ingredientes em uma vasilha média e mexa bem. Reserve por 20 minutos para que o caldo das frutas se misture.
3. Para montar a sobremesa, arrume as fatias do pão-de-ló ou os biscoitos no fundo de um refratário. Despeje primeiro a mistura de frutas, depois metade do creme. Repita as camadas.
4. Para fazer a cobertura, coloque o iogurte em uma vasilha média e adicione delicadamente o chantilly. Despeje essa mistura sobre as frutas, tampe e refrigere por pelo menos duas horas. Salpique com as amêndoas por cima antes de servir.

Informações nutricionais (por porção)

CALORIAS: 162 • CARBOIDRATOS: 30 G • COLESTEROL: 26 MG • GORDURA: 2,5 G • FIBRA: 2,2 G • PROTEÍNA: 4,4 G • SÓDIO: 221 MG • CÁLCIO: 121 MG: IG: BAIXO

Tiramisù Estilizado

RENDIMENTO: 9 PORÇÕES

8 fatias de pão-de-ló ou 18 biscoitos tipo champanhe ou inglês
1/4 de xícara de licor de café

Pudim
2 xícaras de leite desnatado ou semidesnatado
1 pacote de flã de baunilha (diet ou comum)

Mistura de frutas
2 xícaras de morangos frescos fatiados ou damascos (ou 1 xícara de cada)
1 xícara de framboesas frescas
1 colher (sopa) de açúcar

Cobertura
1 1/2 xícara de chantilly light
1/2 xícara de iogurte natural desnatado (sem açúcar ou comum)
1 colher (chá) de chocolate em pó ou 3 colheres (sopa) de chocolate amargo ralado
3 colheres (sopa) de Amêndoas Torradas (página 81)

1. Prepare o flã de acordo com as instruções da embalagem, usando o leite da forma indicada. Transfira para um recipiente com tampa e refrigere por várias horas.
2. Para fazer a mistura de frutas, coloque os ingredientes em uma vasilha média e mexa bem. Reserve por 20 minutos para que o caldo das frutas se misture.
3. Para montar a sobremesa, arrume as fatias do pão-de-ló ou os biscoitos no fundo de um refratário. Despeje metade do licor sobre as fatias ou os biscoitos. Acrescente metade da mistura de frutas, depois metade do creme. Repita as camadas.
4. Para fazer a cobertura, coloque o chantilly em uma vasilha média e adicione delicadamente o iogurte. Despeje essa mistura sobre as frutas, tampe e refrigere por pelo menos duas horas. Na hora de servir, polvilhe com o chocolate e salpique as amêndoas torradas.

Informações nutricionais (por porção)

CALORIAS: 172 • CARBOIDRATOS: 33 G • COLESTEROL: 26 MG • GORDURA: 2 G • FIBRA: 2,3 G • PROTEÍNA: 4,7 G • SÓDIO: 260 MG • CÁLCIO: 131 MG: IG: MODERADO

Bolo Floresta Negra

RENDIMENTO: 9 PORÇÕES

1/2 xícara de farinha de trigo integral
1/2 xícara de farelo de aveia
1/4 de xícara mais 2 colheres (sopa) de chocolate em pó
2/3 de xícara de açúcar
1/2 colher (chá) de bicarbonato de sódio
1 pitada de sal
2 1/2 xícaras de cerejas congeladas (descongelar)
3 colheres (sopa) de óleo de canola
1 ovo grande, levemente batido
1 colher (sopa) de essência de baunilha
1/3 de xícara de nozes ou nozes-pecã (opcional)
1 1/2 colher (chá) de açúcar de confeiteiro (opcional)

1. Coloque a farinha de trigo integral, o farelo de aveia, o chocolate, o açúcar, o bicarbonato e o sal em uma vasilha média e misture bem. Acrescente a cereja, inclusive o suco que se acumulou durante o descongelamento, o óleo, o ovo batido e a essência de baunilha, misturando bem. Deixe a massa descansar por 10 minutos, depois bata mais um pouco, por 10 a 15 segundos. Se desejar, acrescente as nozes.
2. Unte uma fôrma quadrada e despeje a massa. Asse a 175°C durante 30 a 35 minutos ou até que um palito de madeira inserido no meio do bolo saia limpo.
3. Deixe o bolo esfriar no tabuleiro à temperatura ambiente. Se desejar, polvilhe com o açúcar de confeiteiro antes de cortar em quadrados e servir.

Informações nutricionais (por porção)

CALORIAS: 199 • CARBOIDRATOS: 34 G • COLESTEROL: 0 MG • GORDURA: 5,9 G • FIBRA: 4,6 G • PROTEÍNA: 5 G • SÓDIO: 114 MG • CÁLCIO: 8 MG • IG: MODERADO

Biscoitos Crocantes de Amêndoas

RENDIMENTO: 36 BISCOITOS

1 1/3 de xícara de amêndoas fatiadas
3/4 de xícara de açúcar
2 claras em temperatura ambiente
1 colher (chá) de essência de baunilha

1. Misture 1 1/2 xícara das amêndoas e 1/4 de xícara do açúcar na vasilha de um processador de alimentos e bata até a mistura ficar homogênea. Reserve.
2. Coloque as claras em uma vasilha grande e acrescente o sal. Bata em ponto de neve. Continue batendo e acrescente, aos poucos, a meia xícara restante de açúcar, 1 colher (sopa) de cada vez. Continue batendo até o açúcar misturar totalmente e a massa engrossar. Acrescente a essência de baunilha.
3. Junte, aos poucos, metade da mistura de amêndoas moídas às claras batidas e, depois, a outra metade.
4. Forre dois tabuleiros grandes com papel-alumínio, sem untar. Para fazer os biscoitos, coloque colheres (chá) cheias da massa no tabuleiro, espaçando-as umas das outras. Ponha cerca de 1/3 de colher (chá) das fatias de amêndoa sobre cada biscoito, pressionando um pouco com a ponta do dedo.
5. Asse a 175°C por 16 a 18 minutos, trocando a posição dos tabuleiros depois de 10 minutos ou até os biscoitos estarem dourados. Desligue o forno e deixe os biscoitos dentro dele, com a porta ligeiramente aberta durante 30 minutos. Retire os tabuleiros do forno e deixe os biscoitos esfriarem à temperatura ambiente. Tire os biscoitos, um a um, e sirva imediatamente ou armazene em um recipiente com tampa. Para variar, substitua as amêndoas por nozes-pecã, avelãs ou amendoim sem sal.

Informações nutricionais (por biscoito)

CALORIAS: 44 • CARBOIDRATOS: 5 G • COLESTEROL: 0 MG • GORDURA: 2,4 G • FIBRA: 0,5G • PROTEÍNA: 1,1 G • SÓDIO: 8 MG • CÁLCIO: 12 MG • IG: BAIXO

Biscoitos de Aveia

RENDIMENTO: 42 BISCOITOS

1 1/3 de xícara de aveia de rápido cozimento (1 minuto)
3/4 de xícara de farinha de trigo integral
2/3 de xícara de açúcar
1/2 colher (chá) de bicarbonato de sódio
1/2 colher (chá) de fermento
1/2 colher (chá) de canela moída
1/4 de xícara de *maple syrup*
1 ovo grande batido levemente
1 colher (sopa) de água ou suco de laranja
3 colheres (sopa) de óleo de canola
1 colher (chá) de essência de baunilha

3/4 de nozes ou nozes-pecã picadas

1/2 xícara mais 1 colher (sopa) de frutas desidratadas, damascos, passas ou ameixas secas

1. Coloque a aveia, a farinha de trigo integral, o açúcar, o bicarbonato, o fermento e a canela em uma vasilha grande e misture bem. Acrescente o *maple syrup*, o ovo batido, a água ou o suco, o óleo de canola e o extrato de baunilha e mexa. Adicione as nozes e as frutas.
2. Unte um tabuleiro grande e, com 1 colher (chá), vá colocando a massa às colheradas, deixando um espaço entre um biscoito e outro. Amasse ligeiramente cada biscoito com a ponta de uma colher. Leve ao forno baixo por aproximadamente 14 minutos ou até os biscoitos dourarem e ficarem assados nas bordas. (Eles não ficarão muito dourados durante o cozimento.)
3. Retire a assadeira do fogo e deixe esfriar por três minutos. Depois, transfira os biscoitos para uma grelha para esfriarem. Sirva imediatamente ou guarde em uma vasilha com tampa.

Informações nutricionais (por biscoito)

CALORIAS: 61 • CARBOIDRATOS: 8 G • COLESTEROL: 3 MG • GORDURA: 2,6 G • FIBRA: 0,9 G • PROTEÍNA: 1,4 G • SÓDIO: 22 MG • CÁLCIO: 9 MG • IG: MODERADO

VARIAÇÃO

Biscoitos de Aveia com Chocolate

Substitua 1/4 da xícara de farinha de trigo integral por chocolate em pó, e as frutas secas, por pedaços de chocolate amargo.

Informações nutricionais (por biscoito)

CALORIAS: 67 • CARBOIDRATOS: 8 G • COLESTEROL: 3 MG • GORDURA: 3,2 G • FIBRA: 0,9 G • PROTEÍNA: 1,4 G • SÓDIO: 22 MG • CÁLCIO: 9 MG • IG: MODERADO

Uvas Geladas

RENDIMENTO: 4 PORÇÕES

450 g de uvas verdes ou roxas sem sementes

1. Lave as uvas em água fria e seque com papel-toalha. Coloque-as em um saco plástico próprio para congelamento e leve ao congelador durante várias horas ou da noite para o dia.
2. Retire e deixe descongelar por um ou dois minutos antes de servir.

Informações nutricionais (por porção de 2/3 de xícara)

CALORIAS: 85 • CARBOIDRATOS: 21 G • COLESTEROL: 0 MG • GORDURA: 0,7 G • FIBRA: 1,2 G • PROTEÍNA: 0,8 G • SÓDIO: 2 MG • CÁLCIO: 13 MG • IG: BAIXO

Sundae Maluco

RENDIMENTO: 4 PORÇÕES

4 bolas (1/2 xícara cada) de sorvete diet de creme ou chocolate
1 xícara de framboesas frescas
1/4 de xícara de *amaretto*, licor de framboesa ou licor de avelã
2 colheres (sopa) de Amêndoas Torradas (página 81) picadas ou avelãs torradas e picadas, ou chocolate amargo ralado

1. Coloque uma bola de sorvete em cada taça.
2. Por cima do sorvete, ponha 1/4 da framboesa e 1 colher (sopa) do licor. Salpique com as amêndoas ou o chocolate e sirva imediatamente.

Informações nutricionais (por porção)

CALORIAS: 187 • CARBOIDRATOS: 29 G • COLESTEROL: 5 MG • GORDURA: 3,9 G • FIBRA: 3,3 G • PROTEÍNA: 4 G • SÓDIO: 51 MG • CÁLCIO: 115 MG • IG: BAIXO

Sundae de Pêssego com Amêndoas

RENDIMENTO: 4 PORÇÕES

4 bolas de sorvete diet de creme
1 xícara de pêssegos frescos, sem casca, cortados em cubos
1/4 de xícara de *amaretto*
2 colheres (sopa) de Amêndoas Torradas (página 81)

1. Coloque uma bola de sorvete em cada taça.
2. Por cima do sorvete, ponha 1/4 quarto dos pêssegos e 1 colher (sopa) do licor. Salpique com as nozes e sirva imediatamente. Para variar, substitua o pêssego por damasco.

Informações nutricionais (por porção)

CALORIAS: 187 • CARBOIDRATOS: 29 G • COLESTEROL: 5 MG • GORDURA: 3,3 G • FIBRA: 3,3 G • PROTEÍNA: 4 G • SÓDIO: 51 MG • CÁLCIO: 115 MG • IG: BAIXO

Sorvete com Calda de Cereja e Conhaque

RENDIMENTO: 4 PORÇÕES

4 bolas de sorvete diet de creme ou de chocolate
2 colheres (sopa) de Amêndoas Torradas (página 81) picadas ou nozes picadas

Calda
1/4 de xícara de suco de laranja
1/4 de xícara (chá) de maisena
1 xícara de cerejas frescas ou congeladas (descongelar), cortadas ao meio
2 colheres (sopa) de conhaque
1 colher (sopa) de açúcar

1. Para fazer a calda, misture 1 colher (sopa) do suco com a maisena em uma vasilha pequena e mexa bem. Junte as cerejas, o restante do suco, o conhaque e o açúcar em uma panela e leve ao fogo médio a alto, deixando ferver. Reduza o fogo, tampe e cozinhe, mexendo freqüentemente, durante uns cinco minutos ou até as cerejas terem soltado o suco e começarem a desmanchar. Cozinhe sem tampa, mexendo sempre, durante mais dois minutos ou até que a mistura fique reduzida a 1/4. Junte a mistura de maisena ao suco e cozinhe, sem parar de mexer, por mais um a dois minutos ou até a calda engrossar um pouco e ficar reduzida a meia xícara. Tire do fogo e deixe esfriar por cinco minutos.
2. Coloque uma bola de sorvete em cada taça.
3. Despeje 2 colheres (sopa) da calda por cima do sorvete. Salpique algumas nozes por cima e sirva imediatamente.

Informações nutricionais (por porção)

CALORIAS: 189 • CARBOIDRATOS: 29 G • COLESTEROL: 5 MG • GORDURA: 4,4 G • FIBRA: 2,2 G • PROTEÍNA: 4 G • SÓDIO: 50 MG • CÁLCIO: 112 MG • IG: BAIXO

Apêndice

Índice glicêmico de alguns alimentos

Este apêndice apresenta uma lista mais detalhada dos alimentos que foram apresentados no capítulo 1. Inclui o IG de diversos alimentos que foram publicados na literatura científica, além de informações fornecidas por fabricantes.

Aqui você encontra o IG dos alimentos em comparação com a glicose pura, que tem um IG de 100. Ao comparar os alimentos, a escala a seguir ajuda a colocar o IG em perspectiva:

IG muito baixo: 39 ou menos
IG baixo: 40 a 54
IG moderado: 55 a 69
IG alto: 70 ou mais

Em alguns estudos, os pesquisadores utilizam o pão branco como referência em lugar da glicose. Isso faz com que o IG de um alimento seja diferente dos valores aqui apresentados. Se você encontrar essa situação, poderá converter o IG baseado no pão branco no IG que utiliza a glicose como alimento de referência: basta multiplicar o IG com base no pão branco por 0,7.

O IG atribuído aos alimentos deve ser usado apenas como um guia geral. Fatores como variedade genética, grau de amadurecimento, tempo de cozimento e tipo de processamento podem causar variações do IG de qualquer alimento. Embora os alimentos, em sua maioria, apresentem pouquíssima variação no IG quando testados em estudos diferentes, alguns chegam a ter uma variação considerável. Por exemplo, o IG do milho já foi classificado como 46 em um estudo e 60 em outro, e o da cenoura já ficou em 49 em um estudo e em 92 em outro. O IG de produtos de padaria e cereais pode variar de uma marca para outra e também sofrer alterações quando esses produtos são reformulados.

Alguns dos valores dos índices glicêmicos apresentados nas tabelas a seguir representam os resultados de somente um estudo, enquanto outros equivalem a médias de dois ou mais estudos. Os valores derivados de uma média de estudos são os mais confiáveis – e são seguidos da palavra média entre parênteses (média). À medida que outras pesquisas forem sendo realizadas e um número maior de fabricantes comece a testar o IG de seus produtos, o conhecimento do IG dos alimentos continuará se expandindo.

Ao analisar as tabelas, tenha em mente que tanto o IG quanto a quantidade de carboidratos ingerida contribuem para a sua carga glicêmica. Isso significa que se um alimento tiver um IG alto mas tiver baixo teor de carboidratos (como a cenoura), seu impacto sobre os níveis de insulina e de açúcar no sangue será muito menor do que o de um alimento com IG alto e alto teor de carboidratos (como a jujuba). Por fim, lembre-se de que o fato de um alimento ter IG baixo não o torna necessariamente uma opção saudável. As tabelas a seguir incluem os valores aproximados de carboidratos, gordura e calorias para ajudá-lo a escolher os alimentos mais adequados às suas metas nutricionais.

Alimento e quantidade	IG	Carboidratos (g)	Gordura (g)	Calorias
Cereais para o café da manhã				
All-Bran (média) (1/2 xícara, 30 g)	42	20	1	50
Aveia instantânea (1/2 xícara, 40 g)	65	27	3	150
Aveia tradicional (média) (1/2 xícara 40 g)	49	27	3	150
Coco Krispies (3/4 de xícara, 30 g)	77	27	1	120
Corn Flakes (média) (1 xícara, 30 g)	84	24	0	100
Farelo de arroz (1/4 de xícara, 25 g)	19	9	6	119
Fibrocrac de aveia (2 biscoitos, 35 g)	75	28	1	120
Flocos de grão integral (3/4 de xícara, 15 g)	76	23	1	110
Muesli (média) (1/2 xícara, 60 g)	56	45	3	210
Nesfit (1 xícara, 15 g)	54	23	0	110
Oat bran (farelo de aveia) (1/2 xícara, 40 g)	50	25	3	145
Rice Krispies (1/4 de xícara, 33 g)	82	29	0	120
Trigo-sarraceno (média) (1 xícara, 50 g)	69	41	0,5	170

Alimento e quantidade	IG	Carboidratos (g)	Gordura (g)	Calorias
Pães				
Bagel, farinha branca (pequeno, 71 g)	72	38	1,1	195
Baguete (2 fatias, 30 g)	95	15	0,9	78
Chapati (pão) (média) (40 g)	57	20	2,5	120
Croissant (60 g)	67	28	16	260
Muffin	60	26	1	131
Farelo de aveia (50% farelo de aveia) (média) (1 fatia, 30 g)	47	12	1,3	70
Pão árabe (60 g)	57	31	0,5	130
Pão branco (média) (1 fatia, 30 g)	70	15	1	80
Pão-careca (1, 40 g)	73	22	4,3	133
Pão de centeio para coquetel (1 fatia, 15 g)	58	7	0,5	36
Pão de centeio rústico (1 fatia, 30 g)	57	14	1	80
Pão de cevada (média) (1 fatia, 15 g)	66	15	1	80
Pão de farinha de centeio (média) (1 fatia, 30 g)	65	15	1	80
Pão de hambúrguer (1, 40 g)	61	23	2,5	130
Pão de semente de centeio (80% de sementes) (média) (1 fatia, 35 g)	46	16	1	70
Pão de semente de cevada (50% de sementes) (1 fatia, 15 g)	46	13	1	70
Pão de semente de linhaça (1 fatia, 40 g)	55	17	2	100
Pão de semolina (1 fatia, 30 g)	64	14	1	80
Pão de trigo *bulgur* (50% trigo sarraceno) (1 fatia, 15 g)	58	13	1	70
Pão de trigo com frutas desidratadas (1 fatia, 40 g)	47	22	4,3	134
Pão de trigo integral (média) (1 fatia, 30 g)	69	15	1	80
Pão de trigo integral (moído em moinho de pedra) (1 fatia, 30 g)	60	15	1	80
Pão rústico (1 fatia, 30 g)	54	14	1	80
Pão sueco (3 fatias, 15 g)	71	13	0	60
Pumpernickel (integral) (1 fatia, 15 g)	46	13	0,9	70
Taco shells (1, 15 g)	68	11	4	85
Waffles (regular) (1, 35 g)	76	15	3	98
Bolachas				
Água e sal (média) (5 bolachas, 15 g)	72	13	1,5	70
Bolachas *crackers* integral (4 bolachas, 30 g)	74	22	2,8	118
Bolachinhas (5 bolachas, 15 g)	67	10	1,5	60
Bolo de arroz (2 unidades, 20 g)	82	15	0,5	70
Saltines (5 biscoitos, 15 g)	74	11	2	70
Torrada Bauducco (3 unidades, 15 g)	70	11	0	50

Alimento e quantidade	IG	Carboidratos (g)	Gordura (g)	Calorias
Grãos				
Arroz *basmati* (1/2 xícara, cozido)	58	22	0,1	100
Arroz branco de grãos curtos (média) (1/2 xícara, cozido)	88	27	0,2	120
Arroz branco de grãos longos (média) (1/2 xícara, cozido)	56	22	0,1	100
Arroz instantâneo (1/2 xícara, cozido)	87	22	0,1	100
Arroz integral de grãos longos (média) (1/2 xícara, cozido)	55	22	1	108
Arroz parboilizado (convertido) (média) (1/2 xícara, cozido)	47	22	0,2	100
Arroz selvagem (1/2 xícara, cozido)	57	18	0,3	83
Arroz selvagem de grãos longos (1/2 xícara, cozido)	54	21	0,2	95
Cevada (média) (1/2 xícara, cozida)	25	22	0,4	96
Cuscuz (1/2 xícara, cozido)	61	18	0,1	88
Fubá (3 colheres de sopa, 30 g)	68	20	0,4	95
Milharina (1/2 xícara, cozida)	71	18	1	94
Semente de trigo (média) (1/2 xícara, cozida)	41	10	0,2	42
Trigo *bulgur* (média) (1/2 xícara, cozido)	48	17	0,2	75
Trigo-sarraceno (média) (1/2 xícara, cozido)	54	17	0,5	77
Massas				
Capellini (60 g)	45	42	1	210
Noodles (60 g)	26	48	0	190
Espaguete (média) (60 g)	41	42	1	210
Espaguete integral (média) (60 g)	37	42	1	197
Fettuccine com ovos (60 g)	32	40	2,4	216
Linguine, fino (média) (60 g)	55	42	1	210
Linguine, grosso (média) (60 g)	46	42	1	210
Massa tipo caracol (60 g)	45	42	1	210
Macarrão-parafuso (60 g)	43	42	1	210
Massa-estrelinha (60 g)	38	42	1	210
Ravióli de carne (1 1/4 de xícara cru, 115 g)	39	46	9	330
Tortellini de queijo (3/4 de xícara cru, 90 g)	50	39	6	250
Vermicelli (60 g)	35	42	1	210
Legumes				
Ervilha partida (1/2 xícara, cozida)	32	21	0,4	116
Fava branca (1/2 xícara, cozida)	39	22	0,4	117
Fava em lata (1/2 xícara)	45	18	0,5	110
Feijão branco (média) (1/2 xícara, cozido)	38	24	0,5	129

Alimento e quantidade	IG	Carboidratos (g)	Gordura (g)	Calorias
Feijão-mulatinho (média) (1/2 xícara, cozido)	27	20	0	110
Feijão-de-soja (média) (1/2 xícara, cozido)	18	10	5,8	148
Feijão-fradinho (1/2 xícara, cozido)	42	18	0,5	100
Feijão-manteiga (média) (1/2 xícara, cozido)	31	18	0	80
Grão-de-bico (média) (1/2 xícara, cozido)	33	22	2	134
Grão-de-bico, em lata (1/2 xícara)	42	20	2	120
Lentilha verde (média) (1/2 xícara, cozida)	30	20	0,4	115
Lentilha vermelha (média) (1/2 xícara, cozida)	26	20	0,4	115
Hortaliças				
Abóbora madura (1/2 xícara, amassada)	75	6	0,1	25
Batata-baroa (1/2 xícara, cozida)	97	15	0,2	63
Batata-bolinha (média) (3 médias, 115 a 140 g)	62	24	0,1	106
Batata cozida (média) (1 média, 115 g)	85	32	0,1	139
Batata frita (média, 115 g)	75	43	20	370
Batata-doce (média) (1/2 xícara, amassada)	54	24	0,1	103
Beterraba (1/2 xícara, cozida)	64	8,5	0,2	37
Cenoura (média) (1/2 xícara, cozida)	71	8	0,1	35
Couve-nabo (1/2 xícara, cozida)	72		0,2	33
Ervilha verde (média) (1/2 xícara, cozida)	48	11	0,2	62
Feijão-de-lima, baby (1/2 xícara, cozido)	32	17	0,3	94
Inhame (1/2 xícara, cozido)	51	24	0,1	103
Milho verde (média) (1/2 xícara, cozido)	55	16	0,4	66
Frutas				
Abacaxi (1 xícara, 156 g)	66	19	0,7	76
Ameixa (1 média, 65 g)	24	9	0,7	76
Banana (média) (1 média, 120 g)	53	27	0,5	108
Cereja (1 xícara, 116 g)	22	19	1,1	84
Coquetel de frutas, enlatado no suco (1/2 xícara, 120 g)	55	14	0	55
Damasco, desidratado (média) (1/4 de xícara)	31	20	0,1	77
Damasco, em lata com calda fina (1/2 xícara, 150 g)	64	21	0,1	80
Grapefruit (1/2 média, 154 g)	25	16	0	60
Kiwi (1 médio, 73 g)	52	12	0,5	50
Laranja (média) (1 média, 150 g)	43	17	0,3	69
Maçã (média) (1 média, 150 g)	36	22	0	80
Mamão papaia (média) (1 xícara, 140 g)	58	14	0,2	55

Alimento e quantidade	IG	Carboidratos (g)	Gordura (g)	Calorias
Manga (1 xícara de fatias, 164 g)	55	28	0,5	107
Melancia (1 xícara, 153 g)	72	11	0,7	50
Melão cantalupo (1/2 melão, 150 g)	65	12	0	50
Pêra (média) (1 média, 167 g)	36	25	0,7	97
Pêssego (1 médio, 100 g)	28	11	0,1	42
Pêssego, em lata, com suco natural (1/2 xícara, 125 g)	30	14	0,1	55
Pêssego, em lata, em calda fina (1/2 xícara, 125 g)	52	14	0,1	52
Pêssego, em lata, em calda grossa (1/2 xícara, 130 g)	58	26	0,1	96
Suco de *grapefruit* (1/2 xícara)	48	11	0,1	48
Suco de laranja (média) (1/2 xícara)	57	13	0,3	56
Suco de maçã (média) (1/2 xícara)	41	15	0,1	60
Uva (1 xícara, 160 g)	43	28	0,9	113
Uva passa (1/4 de xícara)	64	29	0,2	109
Pizza				
Pizza de queijo (2 fatias, 215 g)	60	58	14	470
Sopas				
Sopa de ervilha partida (1 xícara)	60	25	3	170
Sopa de feijão-preto, em lata (1 xícara)	64	30	1,5	170
Sopa de lentilha, em lata (1 xícara)	44	22	2	140
Sopa de tomate, em lata (1 xícara)	38	16	2	85
Laticínios				
Iogurte desnatado com fruta e açúcar (1 xícara)	33	42	2,6	225
Iogurte desnatado com fruta e aspartame (1 xícara)	14	18	0,4	115
Leite achocolatado (1 xícara)	34	26	5	178
Leite de soja (1 xícara)	31	13	8	150
Leite desnatado (1 xícara)	32	12	0,4	85
Leite integral (média) (1 xícara)	27	11	8	150
Sorvet diet (1 xícara)	50	36	4	200
Sorvete (media) (1 xícara)	61	31	14	265
Bebidas				
Refrigerante (340 ml)	68	35	0	140
Suco de *grapefruit* (1/2 xícara)	48	11	0,1	48
Suco de laranja (1/2 xícara)	57	13	0,3	56
Suco de maçã (1/2 xícara)	41	15	0,1	60

Alimento e quantidade	IG	Carboidratos (g)	Gordura (g)	Calorias
Tira-gostos				
Amendoim (média) (1/4 de xícara)	14	7	18	209
Chips de batata (média) (30 g)	54	15	10	108
Chips de milho (Doritos) (média) (30 g)	73	16	9,5	152
Pipoca light de microondas (3 xícaras)	55	13	2	71
Pretzels (30 g)	80	22	1	108
Doces e sobremesas				
Barra de granola de grãos integrais Nutry (chocolate *chip*, 1 barra, 37 g)	62	25	6	161
Biscoito de araruta (5 biscoitos, 30 g)	66	18	4	110
Biscoito de aveia (média) (2 biscoitos, 37 g)	55	25	6,5	162
Bolo (60 g)	54	28	11	220
Bolo de banana (com açúcar) (90 g)	47	30	5	170
Bolo de banana (sem açúcar) (60 g)	55	24	8	170
Creme inglês (1/2 xícara)	43	15	6,6	148
Donut (1 unidade, 60 g)	76	24	19	280
Massa de torta (1/8 de massa)	59	11	8	121
Pão de banana (60 g)	47	31	6	185
Pão-de-ló (60 g)	46	35	1,5	165
Tapioca com leite (1/2 xícara)	81	28	4	160
Wafers de baunilha (7 biscoitos, 30 g)	77	21	4,4	122
Balas e chocolates				
Chocolate (1 barra, 42 g)	49	26	13,5	225
Jujuba (1/4 de xícara, 42 g)	80	40	0	156
M&M's (amendoim) (1/4 de xícara, 42 g)	33	25	11	220
Mars Bar (1 barra, 50 g)	62	31	11,5	233
Skittles (1/4 de xícara, 42 g)	70	37	2	170
Snickers (1 barra, 600 g)	41	34	14	283
Twix Cookie Bars (caramelo) (1 barra, 60 g)	44	37	14	283
Açúcar e adoçantes				
Frutose (média) (1 colher de sopa)	23	12	0	48
Mel (1 colher de sopa)	58	17	0	64
Sacarose (açúcar branco) (média) (1 colher de sopa)	65	12	0	48

ÍNDICE DAS RECEITAS

Receitas básicas

Receitas favoritas para o café da manhã

Entradas com um toque especial

Sopas para aquecer o coração

Saladas para todas as estações

Sanduíches inteligentes

Acompanhamentos espertos

Massas perfeitas

Pratos principais soberbos

Sobremesas deliciosas

Informações sobre os próximos lançamentos

Para receber informações sobre os lançamentos da EDITORA SEXTANTE, basta enviar um e-mail para
atendimento@esextante.com.br
ou cadastrar-se diretamente no site
www.sextante.com.br

Para saber mais sobre nossos títulos e autores, e enviar seus comentários sobre este livro, visite o nosso site:
www.sextante.com.br

EDITORA SEXTANTE
Rua Voluntários da Pátria, 45 / 1.404 – Botafogo
Rio de Janeiro – RJ – 22270-000 – Brasil
Telefone (21) 2286-9944 – Fax (21) 2286-9244
E-mail: atendimento@esextante.com.br